海上应急通信

MARITIME EMERGENCY COMMUNICATIONS

主编 ◎ 林彬　闫秋娜

主审 ◎ 何荣希

大连海事大学出版社

图书在版编目(CIP)数据

海上应急通信 / 林彬，闫秋娜主编. — 大连 : 大连海事大学出版社，2021.6

ISBN 978-7-5632-4156-9

Ⅰ. ①海…　Ⅱ. ①林… ②闫…　Ⅲ. ①航海通信—应急通信系统　Ⅳ. ①U675.7

中国版本图书馆 CIP 数据核字(2021)第 079089 号

大连海事大学出版社出版

地址:大连市凌海路1号　邮编:116026　电话:0411-84728394　传真:0411-84727996

http://press.dlmu.edu.cn　E-mail:dmupress@dlmu.edu.cn

大连永发彩色广告印刷有限公司　　大连海事大学出版社发行

2021年6月第1版　　2021年6月第1次印刷

幅面尺寸:184 mm×260 mm　　印张:13.25

字数:324千　　印数:1~500册

出版人:刘明凯

责任编辑:杨　森　　责任校对:王　琴

封面设计:解瑶瑶　　版式设计:解瑶瑶

ISBN 978-7-5632-4156-9　　定价:29.00元

前　言

随着世界各国海洋活动日益增加，海上事故频繁发生，造成巨大的人员伤亡、经济损失和政治影响。海上应急通信主要为海洋自然灾害和海上突发事件提供应急通信保障。不同于陆地应急，海上应急通常面对复杂、多变、恶劣的海洋环境，薄弱的基础通信设施，并且具有事发突然、应急响应窗口短、后果严重等特点，构成了自身的行业特征，在通信领域已逐渐形成一个新的学科分支。

作为海上应急通信的重要组成——全球海上遇险与安全系统（GMDSS）全面实施已近30年，其间海上无线电通信技术、设备和业务都发生了很大的变化。Inmarsat-A 和 Inmarsat-E 系统已经关闭，相继诞生了全球宽带 FB 系统和第五代卫星系统"Global Xpress（全球特快）"，Inmarsat-B/M/Mini-M 系统也于2016年12月31日关闭，IMO 和 ITU 也对 GMDSS 部分设备的性能标准做了新的修订。另外，STCW 公约（马尼拉修正案）对职位船员提出了新的要求，国家海事局对"GMDSS 适任证书考试大纲"也做了新的修订。为探索海上应急通信技术和体系发展、顺应 GMDSS 新变化，在吸取同类著作精华的基础上，编者结合多年教学实践和课程建设经验，梳理了 GMDSS 现代化的新兴应急通信技术研究与应用成果，重新编写了本书。

本书注重理论与实践相结合、设备与原理相结合、基础与前沿相结合，可以作为电子信息类、交通运输类等相关专业的本科和研究生教材，也适合作为相关专业的工程技术人员的参考书。

本书共分为13章。第1~12章讲述海上应急通信的意义、发展历程、特点、要求、分类等，系统阐述 GMDSS 这一全球性庞大系统的形成、地面通信及卫星通信两个分系统的构成原理，以及对应的船用通信设备的基本组成、工作原理、主要性能、工作流程及应用情况。内容包括：海上应急通信概述、无线通信基础知识、全球海上遇险和安全系统（GMDSS）概述、船用 MF/HF 通信设备、船用 VHF 通信设备、地面系统数字终端之一——NBDP、地面系统数字终端之二——DSC、寻位系统终端——搜救雷达应答器、国际海事（移动）卫星通信系统、Inmarsat 船站终端技术、紧急无线电示位标（EPIRB）及搜救卫星系统、船用电源与天线。第13章介绍了 GMDSS 现代化及其新兴通信技术。

本书由大连海事大学相关专业的任课老师编写。第1、2、13章由林彬编写，第3~12章由闫秋娜编写。林彬负责统稿。崔昆涛老师，韩晓玲、刘琳、刘振秋、车雨笛同学为本书的编写做了资料搜集整理工作。全书由何荣希教授主审。

由于编者经验和资料来源有限，加之时间仓促，书中难免存在一些缺点和错误，殷切希望同行和读者批评指正。

编　者

2021年5月

目　录

第 1 章　海上应急通信概述

海洋总面积约占地球表面积的 70.8%。海洋是生命的摇篮、资源的宝库、国防的屏障、贸易的通道、交通的命脉。船舶是人类探索海洋、认识海洋、开发海洋的重要载运工具，是货物运输、水上交通的重要手段。目前，在国际货物运输总量中，80%的货物是通过海上运输完成的。其中，位于世界首位的美国的海运贸易量占其货物贸易总量的比例高达 95%，英国 95%的对外贸易量是通过海港运输到国际市场的，我国的海运贸易量占货物贸易总量的 85%。可见，世界经济贸易目前仍以海上运输为基础。在庞大的国际海运量中，有 50%～60%的货物为能源、矿产资源、粮食等重要战略物资。总体而言，航运业是国际贸易的主要方式，是国家增加外汇收入的重要渠道，是关乎世界各国能源与资源安全的重要保障。在未来全球经济一体化的发展中，航运业将担负越来越重要的角色。

在航运业高速发展的同时，水运安全问题也越来越突出。

一些重特大海上事故引起了国际社会的广泛关注。如 1912 年 4 月 11 日，英国大型豪华客船“泰坦尼克”号从英国南安普敦启航驶往美国纽约。航行 4 天后，“泰坦尼克”号在北大西洋水域与冰山相撞，于 15 日凌晨沉没。该船所载 2 201 人中只救起 705 人，其余全都葬身海底，成为世界上最大船舶海上事故之一。紧急关头，报务员先用“CQD”信号呼救，接着又试发“SOS”信号呼救，可是附近的船舶无线电报务员不在值班，而别人又不懂这些信号的意义，在无人救援的情况下，造成 1 522 人葬身海底的悲剧。

1987 年 3 月 6 日，英渡船“自由企业先驱(Herald of Free Enterprice)”号倾覆，仅 4 min 即翻沉，整个过程只有 90 s 的时间，造成 184 人丧生。1994 年，9 月 8 日，大型客船“爱沙尼亚”号，因为一个舱门没有关紧导致海水流入船体，船上包括乘客在内共有 823 人丧生，这是欧洲自第二次世界大战以来最严重的一次海上事故。

2019 年 4 月 15 日夜间，在刚果民主共和国(金)东部的基伍湖发生一起沉船事故。截至 2019 年 4 月 18 日，船上乘客中有 30 余人获救，104 人确认遇难。事故发生后，刚果民主共和国总统齐塞克迪宣布事故遇难者举行为期一天的全国哀悼，并宣布采取一系列措施保障航行安全。

一艘航行在茫茫大海之中的船舶，随时会遇到各种各样的危险。怎样能在危机之中得到救助，海上通信无疑发挥着重大作用。海上通信技术为船舶安全航行保驾护航，使船舶人员生命安全、船舶上物资安全获得最大限度的保障，避免各种船舶海上事故发生。

1.1　海上应急通信的含义、作用与意义

海上突发事件是指船舶、设施在海上发生火灾、爆炸、碰撞、搁浅、沉没，油类物质或危险化学品泄漏及民用航空器海上遇险造成或可能造成人员伤亡、财产损失的事件。本书中所指

“海上”也包括内河水域。

海洋自然灾害是指海洋自然环境发生异常或激烈变化，导致在海上或海岸发生的灾害。海洋灾害主要有风暴潮、赤潮、灾害性海浪、海岸侵蚀、海雾、海冰、海底地质灾害、海水入侵、沿海地面下沉、河口及海湾淤积、外来物种入侵等。

海上应急通信是指在海上突发事件与紧急情况或海洋自然灾害时，综合利用各种通信资源，提供保障救援、紧急救助及必要信息和数据传输的通信方法与手段。

海上应急通信的意义重大，有效、快捷的通信是预防海难发生、组织海上救助的根本保证，可以最大限度地减少或避免人员伤亡和经济损失。在发生海洋自然灾害或海上突发事件与紧急情况时，海上应急通信承担着及时、准确、畅通地传递第一手信息的“急先锋”角色，是决策者正确指挥海上应急救援的“中枢神经”。其目标是利用各种管理和技术手段，保证海上应急指挥中心与现场之间的通信畅通；及时发布、调整或解除预警信息，保证国家应急平台之间的互联互通和数据交互。海上应急通信能力是有效应对海上自然灾害和突发事件的基础保障。

1.2 海上应急通信的特点与需求

海上应急事件通常具有事发突然、应急响应窗口短、后果严重等特点。不同于陆地应急通信保障，海上应急通信保障通常要面对海上基础通信设施缺乏，海上工况环境复杂、恶劣多变等不利情况，因此海上应急通信保障要求相对较高。满足全面覆盖、重点强化、应急出动、快速响应等是海上应急通信的基本保障需求。

(1)海上应急通信对可靠性、快速反应要求极高

对于现代各类海上活动而言，海上通信覆盖的范围，就是各种海上力量能够投射的范围，海上通信条件的缺乏也正是限制海上活动的最大瓶颈。在海上应急活动中，通信条件通常对应急方案的决策、应急过程的实施具有决定性的影响。因此，一方面，对应急通信的可靠性，尤其是在恶劣海况下通信的可靠性提出了非常高的要求；另一方面，海上救援、海上权益维护等诸多场景下，应急响应窗口很短，要求能快速建立现场通信条件，对应急通信的快速反应提出了非常高的要求。

(2)海上应急通信要求技术手段多样、覆盖范围较广

受海上自然环境制约，海上通信基本上以无线通信为主。海上环境和海上应急场景的多样化，决定了海上应急通信必然包括多种无线通信手段，如卫星通信、短波/超短波通信、移动通信等。海上应急事件的发生地覆盖全球海域，涉及天、空、岸、海、潜等诸多环境，需要充分利用各种通信手段的技术特点，以应对不同条件下的应急通信需求。

(3)海上应急通信涉及多部门、多系统

海上应急处置过程中，涉及海洋、海警、海事、航道、救捞、运输、医疗、海上工程等多个部门，应急处置现场通常需要多方协同进行。任何一个部门、机构都很难独立完成全部的通信保障服务，任何独立的系统也很难适应全部的应急场景，需多部门、多系统的深度互联互通。这就使海上应急通信体系的建设成为一项庞大的系统工程，需要依托多方力量，结合典型应用场景，进行统筹规划，长期建设。

1.3　海上应急通信的发展现状

信息时代以电子信息业的突破与迅猛发展为标志，晶体管和大规模集成电路极大地降低了信息传播的费用，也为长距离海上通信提供了基础技术支撑。

1977年，国际海事组织(IMO)和国际水道测量组织(IHO)联合建立全球航行警告服务(WWNWS)系统，协调世界各国无线电航行警告播发业务，为海上航行船舶提供航行警告播发服务。中国属于第11航警区(NAVAREA)，全国各海岸电台是此项业务的实际主要执行者，负责按时播发航行警告、气象预报及其他紧急海上安全信息。20世纪70年代末，甚高频无线电话和单边带无线电话通信技术逐步应用于海上通信。此后，上海、天津和广州海岸电台相继开放窄带直接印字电报(NBDP)通信业务，海上通信手段不断丰富。

1980年，我国先后加入《1974年国际海上人命安全公约》《1979年国际海上搜寻救助公约》，对促进中国与世界各国间航运技术合作和海上船舶航行安全等具有积极意义。

1988年，国际海事组织确定于1999年2月1日开始全面实施全球遇险与安全通信系统(GMDSS)，国际水运通信发展由此迎来了新局面。

1998年6月18日，国务院办公厅组建中华人民共和国海事局(交通部海事局)及20个交通部直属海事局，实行垂直管理体制，全国各海岸电台划归所在地海事局领导。

2000年，中国GMDSS地面无线电数选值班台新建工程竣工，全国18个海岸电台的GMDSS-DSC通信系统相继投入使用，开始承担相关海域的DSC遇险通信值守职责。该工程在全国13个重要港口水域形成半径25英里(1 mi≈1 609.344 m)的甚高频通信覆盖区，在距岸100 mi以内水域基本形成沿海中频链状通信覆盖区，在距岸100~400 mi水域形成海上高频通信覆盖区，以及对西北太平洋海域的高频通信覆盖区。各海岸电台全面实现数字选择性呼叫国际遇险电路的自动值守，遇险通信处置能力有了极大提高，通信设备更新换代，技术性能大幅提高，基础设施条件显著改善，中国水运通信体系与世界融为一体。

进入21世纪后，无线、宽带、泛在、融合、立体的网络技术飞速发展，为信息共享、互联互通、统一指挥、协调应急的海上应急通信平台建设赋能。综合运用物联网(Internet of Things)、大数据(Big Data)、云计算(Cloud Computing)、边缘计算(Edge Computing)、虚拟现实技术(Virtual Reality，VR)、人工智能(Artificial Intelligence，AI)、卫星通信、多媒体通信、移动通信、北斗卫星导航系统(BDS)等先进技术，出现了“空天地海潜”一体化的立体融合应急通信方式，这些崭新的技术手段将为海上航行安全和海上作业提供更加安全、可靠的通信信息保障。

1.4　海上应急通信的发展趋势

对于海上搜寻与救助，通信联络是至关重要的。海上应急通信网的建设是海上搜救系统的重要组成部分，也是国际海事组织实施全球海上遇险及陆上的搜救组织、搜救船舶能最快地被呼叫到事故现场，迅速地帮助协调搜救工作进行的必要条件。海上应急通信能为搜救部门提供遇险告警，为搜救单位提供指挥手段、信息和帮助，并迅速接通政府主管部门或企业的通信线路，为搜寻与救助提供必备通信服务，最大限度地保障海上人命与国家财产的安全。

(1)常态储备，动态调配。依托沿海和岛礁的基础条件(机场、港口、站点、通信设施等)，常态化储备海洋应急通信系统的资源；根据对热点海区可能的应急突发事件预判结果，在各站点间动态调配系统资源。

(2)全球覆盖，重点强化。基本通信保障的能力应覆盖全球，强化保障能力覆盖南海和东海；满足现阶段国内海上终端用户通信应急接入和突发事件处置要求。

(3)应急出动，快速抵达。能够实现快速部署；从服务需求提出至服务能力就位的响应时间尽量缩短，满足应急救援 72 h 黄金时间的要求。

(4)无缝衔接，持续保障。能够通过多种应急通信手段之间的无缝衔接，在月级的时间段内进行应急通信持续保障；服务能力就位后，能持续填补面向特定场景的大规模专业救援装备赴应急海域的时间空档。

(5)机动灵活，动态服务。能够实现应急通信服务海区的动态迁徙，按应急通信保障的具体需求，灵活、机动地调整服务区域范围。

(6)面向用户，服务多样。既能接入海面用户，也能接入水下用户；面向的终端类型覆盖海面手机和船舶自动识别系统(AIS)等大众型终端、水面 SOS 搜救终端、水下声通信定位终端，服务类型和通信速率覆盖语音、数据通信、网络连通等多种类型。

(7)互联互通，融入大网。能够在单个应急服务海区内建立多用户之间的互联互通；能够在多个应急服务海区之间建立互联互通；能够在应急服务海区与大陆之间建立互连互通，符合相应的技术标准；能够接入海上既有通信系统的骨干节点，在既有通信系统的基础上，对相应海域提供强化通信保障；能够接入中国既有的通信干线基础设施(通信卫星、微波干线链路、光纤干线链路)，建立应急海区用户与公网的互联互通，能够接入中国自有的北斗搜救信息，实现信息的快捷无缝交换。

(8)突破技术，夯实基础。在集成有较好技术和装备基础的既有手段，面向海上突发事件快速形成的应急通信服务能力的同时，瞄准中国尚未发展成熟的应急通信关键技术，如低轨卫星通信技术等，开展关键技术攻关和演示验证。

(9)建立规范，衔接未来。建立海上应急通信技术体系，开展实验验证，形成标准规范，为中国即将建设的海洋通信系统奠定技术基础。

(10)以民为主，军民融合。在以民用需求为主导研制建设的通信系统的基础上，针对海洋应急通信领域的军事需求，开展民用于军的应用探索，为军民在海上通信领域的融合发展模式海上应急通信技术研究进展积累经验。

习题

1. 简述海上应急通信的含义、作用与意义。
2. 试述海上应急通信的特点与需求。

第 2 章　无线通信基础知识

2.1　电波的传播

2.1.1　电磁波的发现与应用

1820 年,丹麦物理学家奥斯特发现,当金属导线中有电流通过时,放在它附近的磁针便会发生偏转。接着,学徒出身的英国物理学家法拉第明确指出,奥斯特的实验证明了“电能生磁”。

著名的科学家麦克斯韦进一步用数学公式表达了法拉第等人的研究成果,并把电磁感应理论推广到了空间。他认为,在变化的磁场周围会产生变化的电场,在变化的电场周围又会产生变化的磁场,如此一层层地像水波一样推开,便可把交替的电磁场传得很远。1864 年,麦克斯韦发表了电磁场理论,成为人类历史上预言电磁波存在的第一人。

1877 年某日,海因里希·鲁道夫·赫兹在一间暗室里做实验:在两个相隔很近的金属小球上加高电压,随即便产生一阵阵“噼噼啪啪”的火花放电声;在他身后放着一个没有封口的圆环,当赫兹把圆环的开口调小到一定程度时,便看到有火花越过缝隙。通过这个实验,他证实了电磁能量可以越过空间进行传播。电磁波的单位因此被命名为“赫兹(Hz)”。

俄罗斯一位从事电灯推广的青年亚历山大·波波夫获悉赫兹发现电磁波的消息,兴奋地说:“用我一生的精力去装电灯,对广阔的俄罗斯来说,只不过照亮了很小的一角,要是我能指挥电磁波,就可飞越整个世界!”1894 年,波波夫改进了无线电接收机并为之增加了天线,使其灵敏度大大提高。1896 年,波波夫成功地用无线电进行莫尔斯电码的传送,传送距离为 250 m,电文内容为“海因里希·赫兹”。

1897 年 5 月 18 日,另一位研究无线电的年轻人古列尔莫·马可尼,改进了无线电传送和接收设备,在布里斯托尔海峡进行了无线电通信实验并取得成功,把信息传播了 12 km。1898 年,英国举行了一场游艇赛,终点设在离岸 20 m 的海上。《都柏林快报》特聘马可尼为信息员。他在赛程的终点用自己发明的无线电发报机向岸上的观众及时通报了比赛的结果,引起了很大的轰动,这被认为是无线电通信的第一次实际应用。

1899 年,在美国邮轮“圣保罗”号上第一次装配无线电台,并收到了相距 100 km 外的怀特岛上发出的电报。后来沿海岸线陆续建立了海岸无线电台。海上无线电通信接二连三地在援救海上遇险船只的行动中发挥了重要作用。

可以说,电波传播-无线电通信实质上是从海上开始的。

2.1.2 电波的辐射与传播途径

2.1.2.1 电波的辐射

什么是无线电波呢？无线电波实质上是一种电磁波，它的传播过程就是交变电磁场向前波动的过程，换句话说，无线电波的传播就是交变电磁场的传播。

那么这种交变的电磁场是如何产生的呢？我们知道，电荷周围有电场存在，当电荷做定向运动时产生电流，在电流周围会产生磁场。若电流大小和方向随时间变化，这种交变电流会在其周围产生交变的电磁场，当交变频率足够高时，交变的电磁场将会摆脱电流的束缚辐射出去，这就是交变电磁场。实际的无线电波发射台让高频交变电流通过发射天线，从而产生向外辐射的交变电磁场。

2.1.2.2 电波传播途径及特点

无线电波从出发点到接收点，由于其频率的不同而有不同的主要传播途径，按照离开地面的高度可划分为三种主要的传播途径。

(1)地波传播

地波传播是指无线电波沿地球表面传播，又称绕射传播或地表面波传播，如图 2-1 所示。由于地表面呈球形，因此地波实际上依靠绕射传播。如果地表面有小山或建筑物，只要无线电波的波长大于或接近于这些障碍物的几何尺寸，就能顺利地绕过障碍物，波长越长，绕射作用就越强。

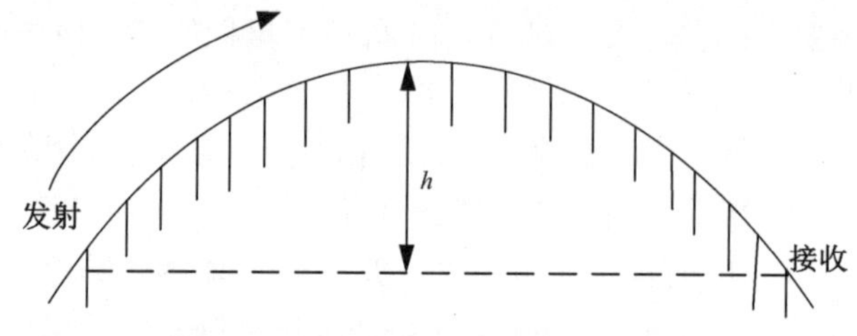

图 2-1 地波传播

地波传播是有衰减的，原因主要有两个：一是无线电扩散而引起的自然衰减；二是无线电波在地表面上传播时，在地表面产生感应电流而不断被地面电阻所吸收损耗。因此，电波沿地面传播时会受到衰减，而且波长越短，衰减越大。原因是波长越短，无线电波的频率越高，产生的感应电流更趋于地表面流动，地面电阻增大，因而损耗增大。

地波传播主要应用于中波、长波和超长波信号的传播。在发射功率足够大、天线足够长的情况下，长波和超长波的传播距离可达几千千米到几万千米。但中波的波长相对较短，地面衰减效益增加，沿地面绕射传播的能力较差，传播距离较近，一般可达几百千米。短波及其以上各波段的无线电波很难绕过地球曲面，而且衰减大，基本上不靠地波传播。短波依靠地波传输的距离一般不超过 100 km。由于土壤的电性能参数、地形和地物随季节和时间的变化一般不大，也不受气候条件的影响，因而地波传播比较稳定、可靠。

(2)空间波传播

无线电波具有光波那样的直线传播特性，无线电波的直线传播方式称为空间波传播。由于地球近似于球体，空间波的传播不会超过视线的距离，所以空间波传播又称视距传播，它表示收和发两端点处在直视范围内，能互相“看得见”，可见，空间波传播的最远距离就是视距。实际上，空间波传播时，由于大气介质是不均匀的，其折射系数随高度升高而减小，这导致电波的射线变弯曲，使实际空间波传播距离会大于视距，称为超视距。

以这种传播方式工作的是微波和超短波，如海上 VHF 通信和卫星通信。当收、发天线都架设在地面上时，由于地面球形弯曲的阻挡作用，视距传播的距离一般只有几十千米。为了延长传播的距离，收、发天线架设得越高越好，但一般传播距离不超过 200 km。为了解决无线电信号远距离传输的要求，常采用“接力”的办法，即每隔一定距离（40～50 km）设置一个中继站，接收上一站来的信号，处理后又转发到下一站，或由卫星对无线电信号进行“接力”，使通信距离大大延长。

（3）电离层波传播

电离层波又称天波。电波由发射天线出发经电离层反射到达接收天线，我们称这种传播方式为电离层波传播。经电离层反射一次叫单跳传播，反射两次叫双跳传播，以此类推。图 2-2 所示为双跳传播。

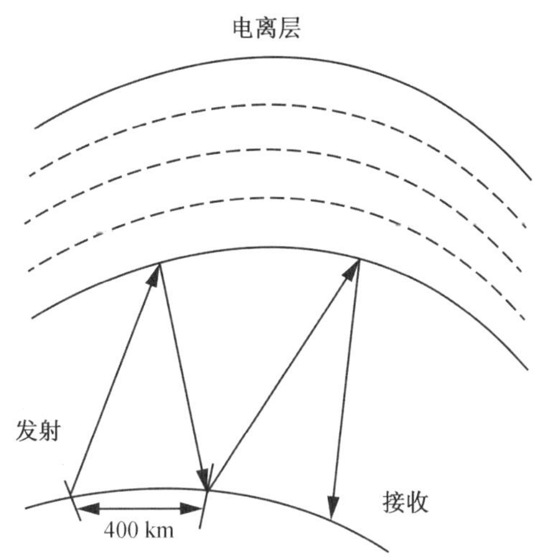

图 2-2　电离层双跳传播

电离层是指离地球表面 60～450 km 高度存在着被电离的气体层，包含大量的自由电子和离子。大气电离主要是由于大气中的中性气体受到太阳辐射出来的紫外线和带电微粒的作用造成的。到了晚上，没有太阳光照射，大气电离程度减弱，电离层高度也随之降低。电离层主要分为 D、E、F1、F2 层，电子浓度大小随高度变化。一般来说，高度越高，电子浓度越大。由于电离层的形成是由太阳辐射引起的，显然随日光照射的强弱变化，电离层将会发生变化。中午日照最强，电子密度也最大，上午、下午相对中午对应下降，到夜晚，空气较为稠密，电子复合机会较多，D 层就消失了。F 层在夏天的白天分为两层，较低的一层称为 F1 层，较高的一层称为 F2 层。F1 层的变化和 D 层一样较有规律，到晚上即行消失。在夜间，整个电离层只存在 E 层和 F2 层。

无线电波进入电离层时，电离层的吸收使电波能量损失。电离层对频率越高的无线电波的吸收能力越弱,频率越高的无线电波穿透电离层的能力越强。因此,频率太高的信号会穿过电离层而进入外层空间。超短波及以上各波段电波由于射向电离层后不能返回地面,不能靠天波传播。

由于电波从发射点到接收点的传播并非只有一条路径,往往既有地波又有天波,天波因反射的电离层不同和反射的次数不同,传播的路径也不同。因此,到达接收点的电波场强是各条路径来的电波的矢量和,这就是多径效应。由于传播路径长短不同,到达接收点的时间延迟和相位不同,我们把两条路径时延差称为多径时差。由于电离层是变化的,而且不是理想平整的反射面,因此很容易产生漫射现象,接收点接收到的信号由许多漫射波相互叠而形成。因各漫射波的传播路径不同,且随电离层反射高度而变动,故各条路径信号不能保持固定的相位差,使叠加后信号的幅度产生变化,这种现象称为衰落。衰落现象也会导致接收点的接收信号产生波形失真。

由于电离层离地面较高,所以天波传播的最大优点是通信距离远。中短波广播收音机在晚上能收听到许多远方电台的道理就在于此。如果利用电离层与地面的多次反射,电波传播距离还可以明显延长。

天波传播的最大缺点是不稳定,原因在于电离层的高度和电离程度受季节、时间、地理位置的影响较大。天波传播的另一个缺点是存在通信寂静区,如图 2-3 所示,也就是存在着实际上不能进行无线电通信的区域。在发射天线是无方向性的情况下,寂静区是围绕发射天线的某一环形区域。在这个区域内几乎接收不到信号,而在离开发射机很近或相当远的距离上反而能接收到信号。

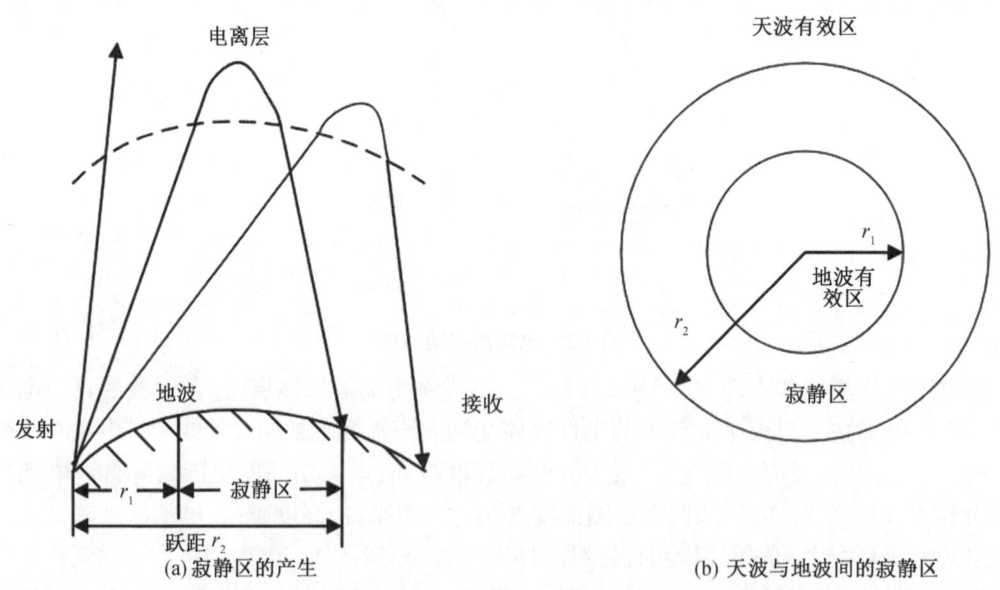

(a) 寂静区的产生　　(b) 天波与地波间的寂静区

图 2-3　短波的寂静区

主要在短波波段产生寂静区。寂静区就是一个地波、天波均不能传播到的区域,对短波而言,地波衰减快,传播距离近,寂静区内因距发射台太远,以地波传播的信号不能到达,地波传播最远的距离 r_1 为寂静区的内边界;而以天波传播的信号,存在着跃距现象,寂静区内因距发射台太近同样也接收不到信号,天波传播最近距离 r_2 为寂静区的外边界。克服通信寂静区最有效的办法就是降低发射频率。

2.2 噪声的分类及表示

2.2.1 噪声及其分类

通信系统的功能是将信息从一点通过通信链路传输到另一点。对任一通信系统均存在一个基本局限,即噪声。

最终在接收机负载(扬声器)上呈现的任何不需要的电压或电流统称为噪声。它可能是连续的或间断的令人厌烦的"沙沙"声。此噪声有时甚至能淹没有用信号。

噪声在接收机输入端或其内部产生时通常很弱,在毫伏或微伏级,那么它为何能产生如此大的干扰呢?因为接收机天线上感应出的有用信号的电动势通常在微伏级;若不采取措施,将有用信号和噪声同时放大的话,输出端必定分不清哪些是有用信号,特别是接收机内部也产生噪声,情况会更糟。

从接收机输入端进入的一切非有用信号称为外部噪声(或干扰),而接收机本身产生的噪声称为内部噪声。

2.2.1.1 外部噪声(或干扰)

(1)工业干扰

工业干扰是由各种各样的电气设备中发生的电流(或电压)的急剧变化形成电磁辐射,并作用于接收天线而产生的,如电动机、电焊机、高频电气装置、X 光机、电气开关及内燃机点火系统等。它们所产生的火花放电都将伴随有电磁辐射,从而形成工业干扰。

工业干扰的强弱决定于产生干扰作用的电气设备的多少、性质及分布情况。当这些干扰源离接收机较近时,产生的干扰就强,而且很难消除。工业干扰的传播途径除直接辐射外,更主要的是可沿电力线传播,并通过接收机的交流电源直接进入接收机;也可通过天线与有干扰的电力线之间的分布电容耦合而进入接收机。

工业干扰沿电力线传播要比它直接辐射在同样距离时的强度大得多。显然,在城市中这种干扰要比在农村严重得多。海岸电台,尤其是接收岸台为什么都设在远离城市的郊区,其中一个重要原因就是尽可能地减少工业干扰。

(2)天电干扰和宇宙干扰

自然界中的雷电现象是天电干扰的主要来源。除此之外,带电的雨、雪和灰尘的运动及它们对天线的碰撞都可引起天电干扰。对于地面接收机来说,其主要的天电干扰就是由工业干扰经天线或雷电放电引起的。对船舶接收机来讲,因为船舶可能经常在雷雨区航行,所以受雷电干扰的可能性就更为严重。

据统计,地球上每秒钟要发生约 100 次的空中闪电,而每次闪电都产生很强烈的电磁波辐射,并向四面八方传播到很远的地方,即使相距千里之外,在闪电现象还看不到的情况下,干扰都可能很严重,更何况近距离。显然,雷电干扰的大小与地理位置(如发生雷电较多的赤道、热带和高山等地区)、季节(夏季比秋季多)和时间(白天比夜间多)等有关。

宇宙干扰是指由大气层以外的各种物理变化过程产生的无线电辐射引起的干扰。这种干扰在整个空间内的分布是不均匀的，其最强的来源是靠近银河系的中心区。这种干扰随时间与季节而变化，并随频率的变化而急剧变化，一般具有起伏性质。

来自太阳系的噪声称为太阳系噪声。太阳系噪声是周期性的，每 11 年达到一次峰值；峰值也是周期性的，以 1957 年峰值最大。

宇宙干扰出现在 8 MHz~1 GHz，在 30~60 MHz 相对集中，8 MHz 以下基本上被电离层吸收了。

天电干扰也属于脉冲干扰。如果所在地区的雷电是非常密集的，几乎电磁辐射一个接一个地进入接收机，则它们在谐振回路中引起的自由振荡将会互相重叠。在此情况下，天电干扰就具有起伏性质。

2.2.1.2　内部噪声

内部噪声产生于接收机内部本身。它与外部噪声叠加后共同出现在输出端，接收机内部噪声主要取决于第一级放大器的性能，因为这里有用信号幅度最小，而注入的噪声相对来说是最大的。即使后级也引入噪声，但它们的影响相对第一级来说可以忽略不计，这是因为后级的信号电平比第一级高得多。

(1)热噪声

热噪声是由导体内自由电子和振荡的离子间相互作用引起的。电阻是主要贡献者，但所有其他电子元件因内部分布电阻的存在也产生热噪声。一个电阻本身就持续产生一种电压，且与温度有关，故称为热噪声。又由于它在整个有用频谱内均匀分布，故又称为白噪声。

(2)散弹噪声

散弹噪声又称晶体管噪声，它是由半导体材料内载流子的离散性决定的。这些载流子即使在直流条件下也不会绝对地齐头并进，而是参差不齐地行进，于是造成电流的起伏，从而形成起伏噪声。

(3)噪声的频率效应

其他两个不太好理解的元件噪声(闪烁噪声和高频效应)出现在工作频率的两端。低频端效应(1 kHz 以下)称为闪烁噪声，它与频率值成反比，而与温度及直流电平成正比。闪烁噪声在双极结型晶体管和场效应管中均存在。

当工作频率达到高频截止频率以上时元件内部噪声快速增加。相对而言，噪声的频率效应对工作在 1 kHz 以上、高端截止频率以下的元件来说是不重要的；然而对低频放大器，其低端效应是重要的。

元件噪声与工作频率的关系曲线如图 2-4 所示。

2.2.2　噪声的表示

在实际工程中，考虑的不是噪声本身的大小，而是噪声与信号间的相对值，这就是信噪比的定义，用 S/N 表示。

$$S/N = \text{信号功率} / \text{噪声功率} = P_S/P_N$$

若用分贝表示，则有

$$(S/N)_{dB} = 10 \times \lg(P_S/P_N)$$

然而，S/N 仍然不能衡量出一个元件或系统本身所产生的噪声大小，因此引入噪声系数这个概念。

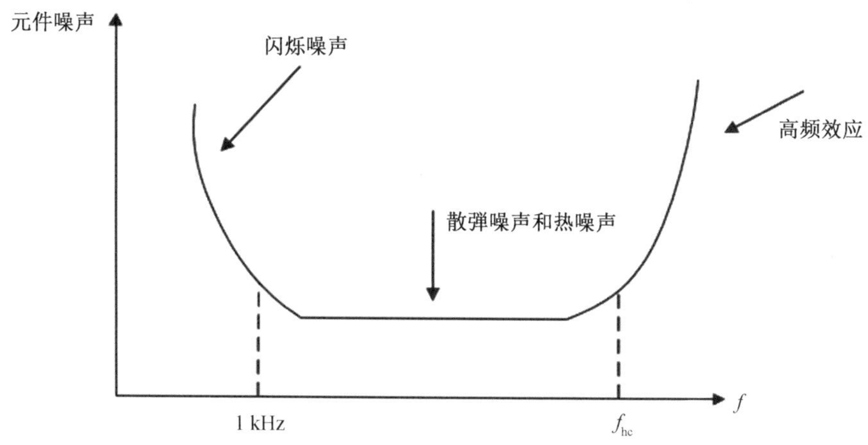

图 2-4　元件噪声与工作频率关系曲线

对任意一个系统,若其输入端 S/N 为 S_i/N_i,输出端 S/N 为 S_o/N_o,则它的噪声系数为:

$$NF = \frac{S_i/N_i}{S_o/N_o} \tag{2-1}$$

若用分贝表示,则:

$$(NF)_{dB} = 10 \times \lg \frac{S_i/N_i}{S_o/N_o}$$

式中,S_i/N_i 和 S_o/N_o 分别表示输入端和输出端信号与噪声的功率比。

式(2-1)还可以表示为:

$$NF = \frac{S_i}{S_o} \cdot \frac{N_o}{N_i} = \frac{N_o}{G}/N_i$$

我们知道,任一系统的输出端噪声包含两部分:一部分是从输入端注入经系统放大 G 倍后的噪声,称为源噪声;另一部分是系统本身产生的噪声 N_n,即:

$$N_o = N_i \cdot G + N_n$$

$$NF = 1 + \frac{N_n}{N_i G} \tag{2-2}$$

2.3　卫星通信系统概述

2.3.1　卫星通信系统的基本概念

2.3.1.1　卫星通信的定义

卫星通信是利用人造地球卫星作为中继站来转发无线电波,从而实现两个或多个地球站之间的通信。地面站是指设在地面、海洋或大气层中的通信站,如可连接地面用户的固定地球站和移动地球站。卫星天线的波束覆盖到地球站所在的地域,各地球站的天线均指向卫星。这样各地球站都可通过卫星转发来进行通信,所以卫星通信的主要特征能同时与地球上许多用户接通,如图 2-5 所示。

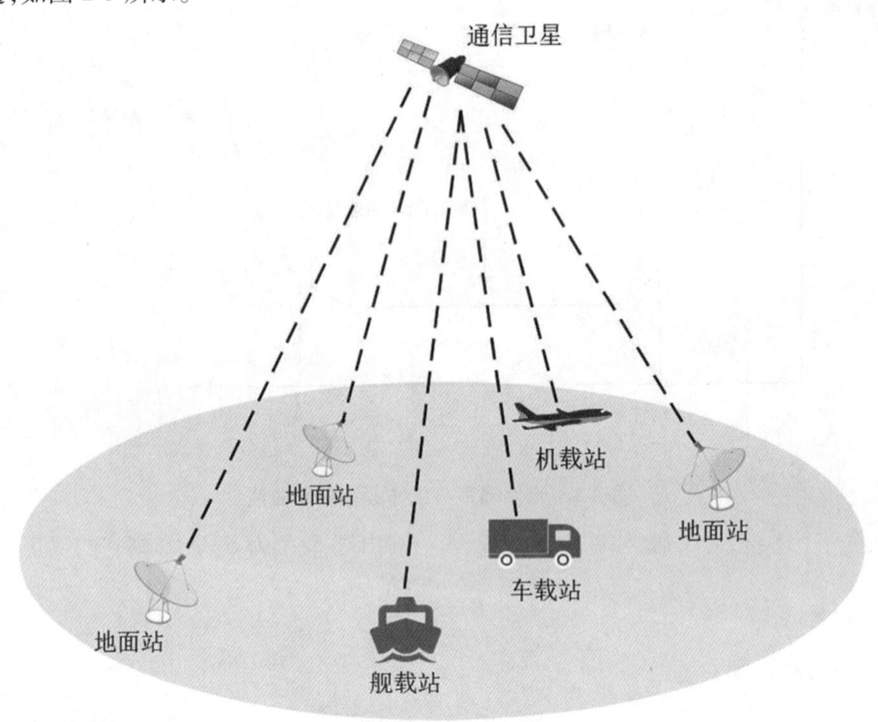

图 2-5 卫星通信示意图

卫星通信是在地面微波中继通信和空间电子技术的基础上发展起来的,因为微波是沿直线传播的,即只有在"看得见"的两点间才能通信,所以地球的曲率会限制需通信的两点间的最远距离。一般微波通信天线的铁塔高度为 50~60 m,在使用 4~6 GHz 时,其通信距离约为 50 km。所以要通过微波实现全球通信是不现实的,因为:

(1)架设成千上万个微波接力站代价高昂。

(2)传输信号经过多次转接,通信质量差。

(3)大部分岛屿间距很远,不可能在海洋中建中继站。

(4)车辆、轮船和飞机等移动通信问题不易解决。

所以利用卫星即可实现超远距离通信。与其他通信方式相比,卫星通信具有覆盖面广、通信容量大、距离远、不受地理条件限制、性能稳定可靠等优点。卫星本身还具有独特的广播特性,组网灵活,易于实现多址连接,可以作为陆地移动通信的扩展、延伸、补充和备用。因此,对航空用户、航海用户、缺乏地面通信基础设施的偏远地区用户,以及对网络实时性要求较高的专门用户都具有很大的吸引力。

2.3.1.2 卫星通信的发展历程

卫星通信发展的历史最早要追溯到 1945 年 10 月,当时的英国空军雷达阿瑟·克拉克在《无线电世界》杂志上发表了《地球外的中继站》一文。文中提道:以太阳能为动力,在赤道上空的静止轨道上配置 3 颗静止卫星,即可实现全球通信,如图 2-6 所示。

19 年后,这一设想成为现实。通过不断研究和试验,1964 年 8 月美国发射第三颗"新康姆"卫星,通过它成功完成电话、电视和传真的传输试验。至此,卫星通信的早期试验阶段基

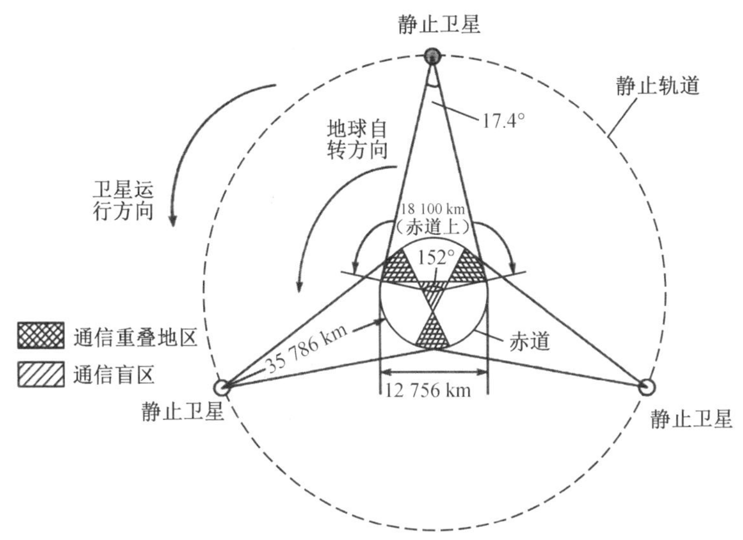

图2-6　三颗静止卫星实现全球通信

本结束。20世纪60年代中期，卫星通信进入实用阶段。1965年4月，西方国家财团组成的“国际卫星通信组织”将第一代“国际通信卫星”发射到35°W的大西洋上空的静止同步轨道。两周后，苏联也成功地发射了第一颗非同步通信卫星“闪电-1”，这标志着卫星通信开始了国际通信业务。20世纪70年代初期，卫星通信开始作为国内通信手段。1972年，加拿大首次发射了国内通信卫星“ANIK”，率先开展了国内卫星通信业务，获得了明显的规模经济效益。此间还出现了海事卫星通信系统，通过大型岸上地球站转接，为海运船只提供通信服务。20世纪80年代，VSAT（Very Small Aperture Terminal，甚小口径终端）卫星通信系统问世，卫星通信进入突破性的发展阶段。20世纪90年代，中低轨道移动卫星通信的出现和发展开辟了全球个人通信的新纪元，大大加速了社会信息化的进程。

我国对卫星的研究和使用始于20世纪70年代初。1972年，我国租用国际第4代卫星，引用国外设备，首次开展了商业性的国际卫星通信业务。1984年4月8日，我国成功地发射了第一颗试验通信卫星（STW-1）。1988年3月7日和12月22日，我国又相继成功发射了2颗经过改进的实用通信卫星；同年，又发射了亚洲一号“东方红三（DFH-3）”号卫星，主要用于电视传输、电话、电报、传真、广播和数据传输等业务。目前，卫星通信实现了多个国家和地区进行远地通信，应用范围也从陆地向海洋扩展，使我国卫星通信的水平进入了一个新的阶段。

2.3.1.3　卫星通信业务

卫星通信业务包括宇宙研究业务、电波天文业务、卫星间业务、标准频率卫星业务、报时卫星业务、气象卫星业务、地球探测卫星业务、无线电导航卫星业务、无线电测位卫星业务、固定卫星业务、移动卫星业务、广播卫星业务等。其中需要说明的是：

（1）固定卫星业务

固定卫星业务的基本特点是地球站固定不动。

(2)移动卫星业务

移动卫星业务是指舰船、飞机、车辆等利用卫星进行通信的业务,包括舰船之间、飞机之间、车辆之间或它们与固定站之间的通信。总之,通信双方至少有一个是移动的。

(3)广播卫星业务

广播卫星业务包括电视广播和语音广播。

卫星通信各项业务必须遵守ITU(国际电信联盟)制定的《无线电规则》中有关宇宙通信的规则和建议,1963年的世界临时无线电行政会议(EARC)、1971年及1979年的世界无线电行政会议(WARC)为宇宙通信制定的有关规则,以便和其他系统保持协调。

2.3.1.4 卫星通信的特点

(1)优点

①覆盖区大、通信距离远

卫星距离地球的高度较高,因此经卫星转发的无线电波在地球表面所形成的覆盖区较大,所以卫星通信距离较远。

②便于多址连接

在卫星的无线电波覆盖区内,卫星通信网所属地球站,可同时与其他地球站建立各自的通信线路,即可同时与多个地球站通信,形成一种多方向、多点的通信。

③机动灵活

无论地处山区、海洋、岛屿还是高空,无论是车辆、舰船、飞机还是个人,只要位于卫星的无线电波覆盖区内,均可利用卫星进行通信,而不受地理条件的限制。

④频带宽、容量大

卫星通信工作在微波波段,可供使用的频带很宽,可用信道很多,加上采用各种复用技术,一个信道可传输多路信号,因此卫星通信容量很大。

⑤通信质量好、可靠性高

卫星通信中的无线电波,主要在大气层以外的自由空间传播。由于电波在自由空间的传播受外界的干扰和影响很小,因此卫星信道比较稳定、可靠。另外,在卫星通信中通常只经过卫星一次转接,噪声干扰小,通信质量好,而微波接力中,会因噪声积累使通信质量下降。

⑥通信成本与距离无关

微波中继或光缆、电缆的载波通信系统的建设投资和维护使用费用都会随距离增加而增加,使通信成本上升。卫星通信的地面站与空间转发器之间不需要线路投资,在同一卫星覆盖区内的两个地面站,无论远近均只经过一次卫星转接,因此通信成本与距离无关。相对于国际通信或远程通信而言,与按每话路、每千米计费的费用比较,卫星通信的费用是最低的。

(2)存在的问题

①需先进的电子和空间技术

由于卫星距离地球的高度较高,电磁波在空间传播时损耗较大,加上空间环境恶劣且复杂多变,要把卫星发射到轨道上并精确定点需要先进的空间技术进行遥测和遥控。为保证通信质量,需要高增益的天线、大功率发射机、低噪声接收机、高稳定度的电气化设备等一系列先进的电子和空间技术。

②有较大的信号延迟和回声干扰

在静止卫星通信系统中,卫星与地球站相距约40 000 km,这样以光速传播的电波从一个地球站经卫星转发到另一地球站的时间约为0.27 s。如果要得到对方的回答，就必须额外等候0.54 s，这会给人以不自然的感觉。如果不采取特殊的措施，加上混合线圈不平衡等因素的干扰，会产生“回波效应”，即发话者会在0.54 s后听到反射回来的自己讲话的声音，成为一种干扰。但低轨卫星通信基本上没有这一问题。

③卫星寿命短

由于卫星距离地球的高度较高，卫星上又无人值守、无人维修，卫星上有数以万计的电子元器件及相应的机械设备，若其中一个发生故障或损坏，就可能引起通信卫星的失效。另外，自由空间的环境恶劣、复杂多变，故一般卫星的设计寿命为3~10年。随着卫星通信业务的不断增长，需要更大容量、功能更全的新一代卫星通信系统，因此一般每隔3~5年需要发射新一代卫星。同时，每颗卫星都会通过配备备用卫星来保障卫星通信的可靠性。

2.3.2　卫星通信系统组成和工作过程

从地球站发射信号到通信卫星所经过的通信路径称为上行链路，而通信卫星将信号再转发到其他地球站的通信路径就称为下行链路。当卫星运行轨道较高时，相距较远的两个地球站可同时“看”到卫星，这样就可采用立即转发式，只用一颗卫星就能实现，这种系统称为立即转发式通信系统。其通信链路由发端地球站、上行链路和收端地球站组成。

2.3.2.1　卫星通信系统基本组成

卫星通信系统包括通信和保障通信的全部设备。一般由空间分系统（通信卫星）、通信地球站分系统、跟踪遥测指令分系统和监控管理分系统四部分组成，如图2-7所示。

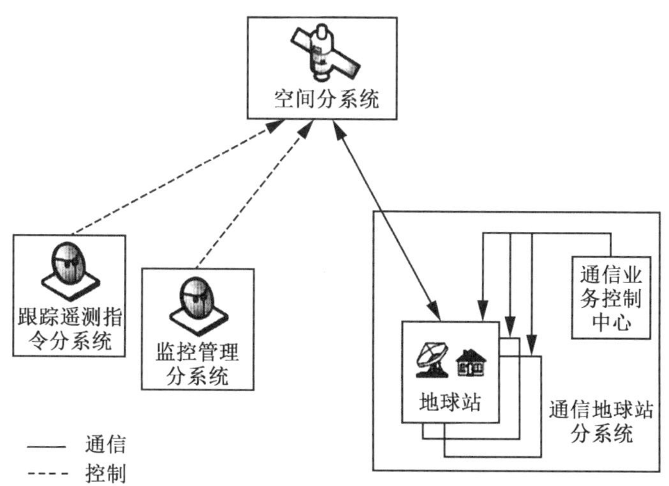

图2-7　卫星通信系统的基本组成

（1）空间分系统（通信卫星）

①卫星组成及其作用

通信卫星主要由通信装置、遥测指令装置、控制系统和电源装置（包括太阳能电池和蓄电池）等几部分组成。其中通信装置是通信卫星上的主体，它主要包括转发器和天线，每个转发器能同时接收和转发多个地球站的信号，从而起到中继站的作用；通信天线收、发共用，最大辐射方向始终指向地球。

通信卫星是卫星通信系统中重要的组成部分,其转发器的性能、工作的可靠性、通信量的大小及所采用技术的先进程度直接影响卫星通信系统的性能。

②卫星分类

卫星分类的方法有多种,但通常是按照卫星运行轨道倾角和高度来划分的。

(a)按卫星轨道倾角分类

卫星在空间运动的路径称为卫星的轨道,而卫星所在的轨道平面与地球的赤道平面所形成的夹角为轨道倾角,记为 i。按卫星轨道倾角分为以下三类:

i. 赤道轨道卫星:$i=0°$,轨道面与赤道面重合。

ii. 极轨道卫星:$i=90°$,轨道面与赤道面垂直,穿过南、北极。

iii. 倾斜轨道卫星:$0°<i<90°$。

(b)按卫星高度分类

一般是以卫星离地面的最大高度 h_{max} 来分类的。卫星的运行周期指卫星绕地球旋转一周所需要的时间。

i. 低轨道卫星:h_{max}<5 000 km,周期为 1~4 h;

ii. 中轨道卫星:5 000 km< h_{max}<20 000 km,周期为 4~12 h;

iii. 高轨道卫星:h_{max}>20 000 km,周期大于 12 h。

③静止卫星

静止卫星又称同步卫星。凡是同时具备以下三个条件的卫星被称为静止卫星。

(a)卫星轨道必须是一个圆轨道,且轨道面必须与赤道面重合,即位于 $i=0°$的平面内;

(b)卫星距地球的高度约为 35 786 km,运行周期为 24 h;

(c)卫星运行的方向和速度与地球保持同步关系,即地球与卫星是相对静止的。这也就是为什么把它称为静止卫星。

不同类型的卫星有着不同的特点和用途,其中以静止卫星在卫星通信中用得最多。

静止卫星的主要优点:

(a)卫星高度高、覆盖面大。只需三颗就能实现除南、北极附近地区以外的全球通信;三个覆盖区有部分重叠,故当两个地球站不在同一覆盖区内时,可通过重叠区内的地球站转发,即通过两次跳跃,用两颗卫星进行通信。

(b)由于卫星相对地球是静止的,故地球站天线易于保持对准卫星,不需复杂的跟踪设备。

(c)由卫星相对于地球站运动产生的多普勒频移可以忽略。

(d)通信连续,不必因更换卫星而中断。

(e)信道的绝大部分位于自由空间,工作稳定。

静止卫星的缺点:

(a)静止卫星在两极附近有区;

(b)传输损耗和时延都较大;

(c)对地静止轨道只有一条,故能容纳的卫星数量有限;

(d)静止卫星的发射和在轨遥测遥控技术较复杂。

④卫星的摄动

地球并不是理想的球体,卫星还受到月亮、太阳等其他天体的影响,所以卫星运动的实际轨道会不断发生不同程度的偏离理想轨道的现象，这一现象称为摄动。

(a)太阳、月亮引力的影响

对于低轨道卫星，地球引力占绝对优势，太阳、月亮引力的影响可忽略。对于高轨道卫星，地球引力虽仍是主要的，但太阳、月亮的引力已有一定的影响。以静止卫星为例，太阳和月亮对卫星的引力分别为地球引力的 1/37 和 1/6 800。这些力将使轨道倾角发生积累性的变化，其平均变化速率约为 0. 85°/年。从地球看去，这种摄动使静止卫星的位置主要在南北方向上缓慢地飘移。如不进行校正，则在 26. 6 年内，倾角将从 0°增大到 14. 67°，然后经同样时间减小到 0°。

(b)地球引力场不均匀的影响

地球是在一个赤道部分有些膨胀的扁平旋转椭圆体，且表面起伏不平。这样就导致地球四周等高处的引力不为常数。即使在静止轨道上，地球引力仍然有微小的起伏。显然，地球引力的这种不均匀性，将使卫星的瞬时速度偏离理论值，从而在轨道平面内产生摄动。对静止卫星而言，瞬时速度的起伏将使它的位置在东西方向上飘移。

(c)太阳辐射压力的影响

对于一般卫星来说，可不考虑太阳辐射压力的影响。但对于表面积较大(如带有大面积的太阳能电池帆板)且定点精度要求高的静止卫星来说，就必须考虑太阳辐射引力引起的静止卫星在东西方向上的位置飘移。

(d)地球大气层阻力的影响

高轨道卫星处于高度真空的环境中，故可不考虑大气阻力的影响。但对于低轨道卫星，大气阻力将阻碍卫星的运动，使轨道半径逐渐缩小。

为减少摄动现象，必须采用轨道控制措施。同时为了降低摄动对通信的影响，直径在 6 m 以上的天线必须采取天线自动跟踪措施。

⑤星蚀和日凌中断

(a)星蚀

静止卫星和月球相似，不仅绕地球旋转，还随地球一起环绕太阳公转。在春分及秋分前后各 23 天，每当卫星的星下点(指卫星与地心连线同地球表面的交点)进入当地时间午夜前后，卫星、地球和太阳共处在一条直线上。此时，地球挡住了阳光，卫星处于地球的阴影区，这种现象我们称为星蚀。在星蚀期间，卫星上的太阳能电池不能正常工作，整个卫星所需的能源需由星载蓄电池来供给。为了减轻蓄电池的负荷，可以通过卫星在轨道上定点位置的设计，使星蚀发生在服务区通信业务量最低的时间里。

(b)日凌中断

每年春分和秋分前后，在静止卫星星下点进入当地中午前后的一段时间里，卫星处于太阳地球之间。地球站天线在对准卫星的同时有可能同时对准太阳，从而使大量的太阳噪声进入地球站接收设备，严重时将导致通信的中断，这种现象称为日凌中断。中断在春分和秋分时节持续数日，每日持续约几分钟，这与地球站的纬度及天线口径等因素有关。一般来讲，天线口径越大，中断现象就越严重，但中断时间也越短。

星蚀及日凌中断的几何关系如图 2-8 所示。

(2)通信地球站分系统

地球站是指地球上(包括地面、海洋和底层大气层中)的无线电通信站。根据地球站的站

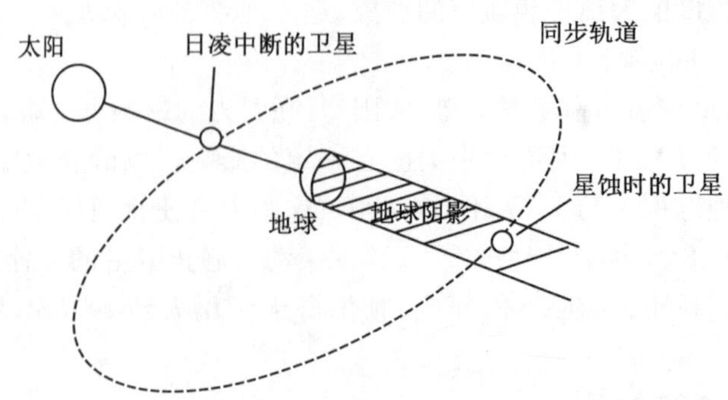

图 2-8　星蚀及日凌中断时的几何关系

址是否固定,地球站分为固定地球站和移动地球站。固定地球站通常指连接地面用户的地面站,而移动地球站通常指安装在移动体上的地球站,如安装在海上航行船舶上的船载站、空中飞机的机载站及安装在陆地行驶车辆上的车载站都称为移动地球站。要实现卫星通信,各地球站必须在卫星的无线电波覆盖区域内,并且地球站的天线要指向卫星。用户通过地球站接入卫星线路,进行通信。典型地球站由天线、馈线设备、发射设备、接收设备、信道终端设备、电源设备及监控设备组成。

(3)跟踪遥测指令分系统

跟踪遥测指令分系统通常由指挥控制中心、测控数据交换中心、分布在各地的测控站及测量船组成,负责对卫星进行准确可靠的跟踪测量,控制其准确进入静止轨道上的指定位置。待卫星正常运行后,要定期对卫星进行轨道位置修正和姿态保持等控制。

(4)监控管理分系统

监控管理分系统负责对通信卫星和地球站在业务开通前后进行各项通信参数的监测和控制。例如,对卫星转发器功率、卫星天线增益及地球站发射的功率、射频频率和带宽等基本通信参数进行监控,以保证正常通信。

在卫星通信系统中,监控管理系统的功能一般由系统的网络中心站来承担。

2.3.2.2　卫星通信系统的工作过程

在一个卫星通信系统中,各地球站中各个已调载波的发射或接收通路经过卫星转发器转发,可以组成很多条单跳或双跳的单工或双工卫星通信线路,如图 2-9 所示。可以看出,地球站可同时接通多路用户,也就是多路复用。卫星只起到频率变换的作用,所以通常将其称为卫星转发器。卫星转发器和地球都采用抛物面天线,其主要原因是卫星比较高,并且卫星转发器的功率不可能做得很大,这样本来就很小的信号再经远距离衰减后会变得很微弱,所以只有采用天线增益很高的抛物面天线才能满足通信质量的要求。

整个通信系统的通信任务就是分别利用这些线路来实现的。

单跳单工的卫星通信系统进行通信时,地面用户发出的基带信号经过地面通信网络传送到地球站。在地球站,通信设备对基带信号进行处理,使其成为已调射频(RF)载波后发送到卫星。卫星作为空中的一个大中继站,接收此系统中所有地球站用上行频率发来的一条射频载波,然后进行放大和变频,用下行频率发送到接收地球站,信号功率增益一般为 100 ~ 130 dB。接收地球站对接收到的已调射频载波进行处理,解调出基带信号,再通过地面网络传送给用户。为了增大发送输出信号和接收输入信号之间的隔离度，避免两者相互干扰，上行频率和下行频率一般使用不同的频谱，且尽量保持足够大的间隔。

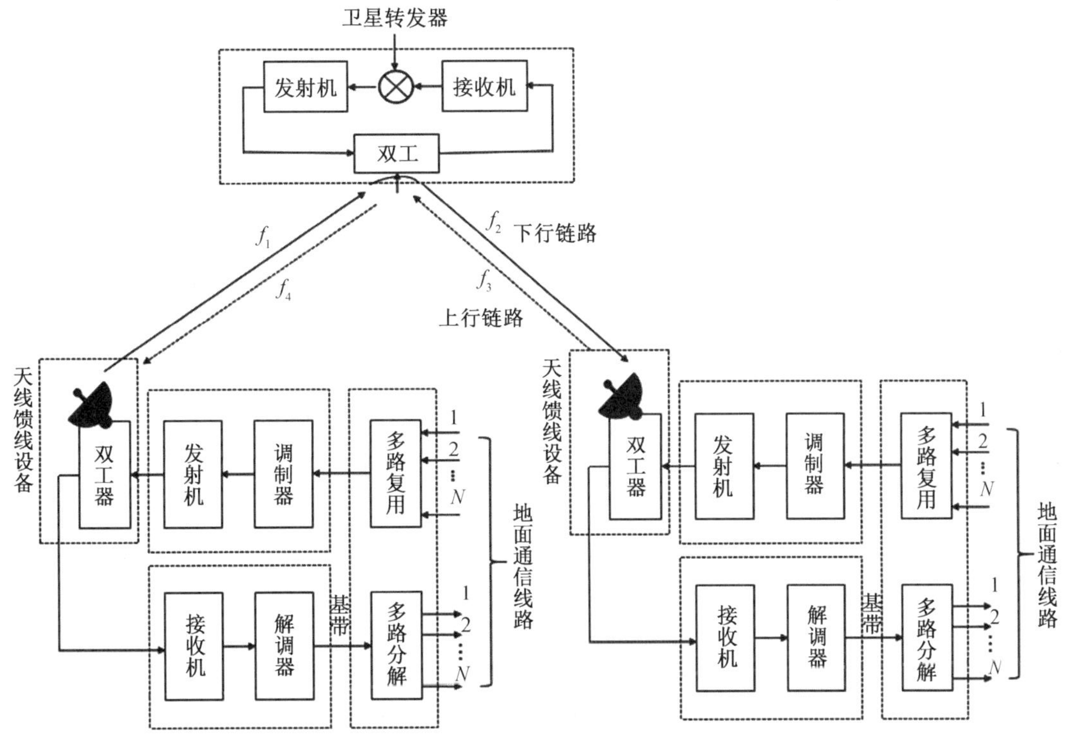

图 2-9　卫星通信线路的组成

2.3.3　卫星通信的频段及电波传播

由于卫星通信往往是利用在大气层外的卫星作为中继站，故卫星通信系统的性能与频率的选取、星站之间的大气层及电波传播路径关系很大。在此，将简要地讨论。

2.3.3.1　卫星通信的使用频段

在卫星通信中，工作频段的选择是个十分重要的问题，它将直接影响到整个卫星通信系统的通信容量、质量、可靠性、卫星转发器和地球站的发射功率、天线口径的大小及设备的复杂程度和成本的高低等。一般说来，在选择卫星通信的工作频段时，主要考虑以下因素：

(1)选用频段的原则：

①工作频段的电磁波应能穿透电离层；

②电波传播中系统引入的外部噪声要小；

③电波传输损耗及其他损耗要小；

④有较宽的频带，较大的通信容量，满足信息传输的要求；

⑤与其他地面无线系统(如微波中继通信系统、雷达系统等)之间的相互干扰要尽量小；

⑥能充分利用现有技术设备，并便于与现有通信设备配合使用等。

(2)使用的频段

鉴于对上述因素的考虑，卫星通信的频率范围应选择在微波频段，其中一个重要原因是卫星处于外层空间(即在电离层之外),地面上发射的电磁波必须能穿透电离层才能到达卫星。同样,从卫星到地面上的电磁波也必须能穿透电离层而不被电离层反射。微波频段具有很宽的频率范围、频率高,可以获得较大的通信容量、高的天线增益和小的天线尺寸,而且现有的通信设备稍加改造就可以利用。另外,当电波在地球站与卫星之间传播时,必须穿过地球周围的大气层,因此要受到电离层中自由电子和离子的吸收,受到对流层中的氧分子、水蒸气分子和雨、雾、云、雪、冰雹等的吸收和散射,从而形成损耗。这种损耗与电波的频率、波束的仰角及气候条件有密切关系。

从电波中引入的外部噪声来看,工作频率越高,从外部进入天线系统的宇宙噪声和工业噪声就越小。当工作频率大于 1 GHz 时,这些噪声的影响就很小。但是,随着频率增加,大气层中的水蒸气、氧气、云和雨等引起的噪声也不断增加,特别是在 10 GHz 以上时,对通信的影响较大。由此可见,1~10 GHz 是卫星通信的最佳频段,无线电波在这个频段内传播大体上可看作在自由空间里传播,因此这个频段被人们称作卫星通信的电波之窗。

但目前 1~10 GHz 这个最佳频段已显得十分拥挤,且它与地面微波中继系统的相互干扰的矛盾十分突出,随着卫星通信的迅速发展,该频段已不能满足通信容量的需求。从系统的通信容量或信道可用带宽来考虑,频率选择得越高越好。随着微波器件水平的不断提高和通信技术的日益发展,国际上大多建议采用的宽带卫星通信系统已运行在 Ka 频段(26. 5~40. 0 GHz)。随着 Ka 频段的成功运行,有不少技术先进的国家正在开发更高的频段(Q、V 频段)。

目前,卫星通信所用的微波频段又被分成许多频段,如表 2-1 所示。

表 2-1　通信系统作用的工作频段划分

微波频段	频率范围/GHz	微波频段	频率范围/GHz	微波频段	频率范围/GHz
L	1. 0~2. 0	K	18. 0~26. 5	E	60. 0~90. 0
S	2. 0~4. 0	Ka	26. 5~40. 0	W	75. 0~110. 0
C	4. 0~8. 0	Q	33. 0~55. 0	D	110. 0~170. 0
X	8. 0~12. 0	U	40. 0~60. 0	G	140. 0~220. 0
Ku	12. 0~18. 0	V	50. 0~75. 0	Y	220. 0~325. 0

2.3.3.2　大气层对卫星通信电波的影响

卫星通信中的无线电波,主要在大气层以外的自由空间传播。在目前使用的频段内,大气的衰减损耗与自由空间传播损耗相比可以忽略不计,所以电波的传播可以近似地看作在自由空间的传播。这一点和地面微波中继通信及对流层散射通信有很大区别,因为这两种通信方式电波传播都是在大气层以内传播的,受地理及气象因素的影响较大。卫星信道是比较稳定近似看作恒参信道,信息论的许多重要的研究成果在这里获得了成功的运用。根据具体情况,如在坏天气时也必须考虑对流层和电离层对卫星通信中电波传播的影响,在系统设计或线路计算时留有足够的备余量,确保通信系统在任何情况下都能达到规定的质量指标。

(1)大气的影响

①大气气体引起的吸收衰减

在卫星通信中,当无线电波穿过大气层时,大气中的氧气和水蒸气对电波有吸收作用,从而使电波的能量受到衰减。大气吸收衰减和频率的关系密切,10 GHz 以上的影响较大,而

10 GHz 以下的影响较小。对于 10 GHz 以上的频段，在某些频带内衰减系数出现极大值，衰减十分严重，在选择卫星通信工作频段时，应该充分考虑到这个因素。在实际工作中，电波穿过大气层的路径长度与天线仰角有关，当天线仰角低时，路径长度长，相应的损耗也大；当天线仰角高时，路径长度短，相应的损耗就小。

②大气产生的噪声温度

大气产生的噪声温度是仰角和频率的函数。总的来讲，仰角越小，频率越高，则大气噪声温度越大。

③大气折射的影响

大气折射指数在大气层中不是一个固定的常数，随着仰角的增加，折射指数按指数规律减小。这样，当地球站天线指向卫星时，电波射线因传播路径上大气折射指数随仰角的变化而产生弯曲，于是使该路径的仰角比真实的仰角偏高。仰角越小，电波射线越弯曲。

(2)降雨的影响

在雨中传播的电波由于雨滴吸收和散射而产生衰减，这种现象叫作降雨衰减。当电波的波大于雨滴的直径时，降雨衰减主要由雨滴的吸收引起；当雨滴的直径增加或波长缩短时，衰减的作用就明显增加。当频率一定时，降雨量越大，降雨衰减系数越大；当降雨量一定时，频率越高，降雨衰减也越大。

(3)电离层的影响

电离层对卫星通信的影响，主要表现在以下两个方面：

①法拉第旋转效应

由于地磁场的存在，电离层为各向异性介质。左旋和右旋圆极化波通过这种各向异性介质传播时，两者的传播速度不同，致使两个圆极化波的相位差发生变化。我们知道，一个线极化分解为两个幅度相等的左旋与右旋圆极化波，当它们通过电离层时，由于传播速度不同，两个圆极化波间的相位差将会发生变化，结果重新合成以后的线极化波的极化面相对于入射波发生了旋转，这就是法拉第旋转。在 4 GHz 频段上法拉第旋转角最大值约为 9°，6 GHz 频段上约为 4°。电波极化面旋转后除了造成极化失配损耗外，在双极化频率复用系统中还会使电波的交叉极化鉴别率恶化，因而使同频道的两个极化波之间发生相互干扰。为了减小这种干扰，电波的极化方式应采用圆极化。当频率大于 10 GHz 时，法拉第旋转效应可以忽略，这时电波的极化方式就可以用线极化，从而使地球站特别是星载天线的馈源简化，使整个系统的成本明显降低。

②电离层闪烁

宇宙空间的射电源或宇宙飞行体发出的电波，通过电离层时，由于小范围折射率不规则的起伏变化，地面接收到的信号的振幅和相位发生快速的起伏，这种现象称为闪烁。电离层闪烁的强度近似地随频率增加而降低，频率在 7 GHz 以上就不明显了。从全球来看，在南、北两个极光带和磁赤道区闪烁最强，中纬度地区闪烁强度最弱，高纬度地区次之。在赤道地区，夜间一年内 40%时间闪烁强度大于 6 dB。电离层闪烁有明显的季节性和昼夜变化，一般春、秋两季较强，冬季较弱；夜晚强，白天弱，并与太阳黑子活动情况有关，在太阳黑子活动的高峰期，闪烁频繁。

2.3.4 卫星通信的基本技术

卫星通信系统所涉及的基本技术有很多,这里只介绍多路复用技术、多址连接技术、随机(争用)多址方式和信道分组技术。

2.3.4.1 多路复用

多路复用是指采用某种方式将多个用户的信号变换为单一的基带信号再用同一信道进行传输,而在接收端能将各用户信号进行分离。除卫星通信系统外,多路复用技术也普遍应用于其他现代通信系统中。在通信系统中,信道所能提供的带宽通常比传送一路信号所需的带宽大得多。早期的电通信中,一对线路只能传送一路信号,信道容量不能得到充分利用,造成浪费。为了能够充分利用信道的带宽,就广泛采用多路复用技术。这里主要介绍频分多路复用和时分多路复用两种技术。

(1)频分多路复用(FDM)

频分多路复用(Frequency Division Multiplex)就是利用频谱搬移技术,将各路信号的频谱分别搬移到基带信道互不重叠的频段上,然后通过一个基带信道同时传输,形成多路复用。也就是将不同的调制频率指定给各个不同的用户,以基带信号频率的分割来达到用同一个基带信道同时传输多路信号,达到同时而不同频的多路通信。

频分多路复用技术的特点是信号在频域上是分开的,但在时域上是重叠的,通常用于模拟信号的传输。譬如话音信号,一般把话音信号的频带限制在 300~3 400 Hz,如信号带宽为 3 100 Hz 就可得到满意的通话效果。但通信线路通常都具有远比 3 100 Hz 宽得多的通频带,如果一个信道只传输一路信号,将会造成极大的浪费,若是简单地将多路信号放在一个信道中同时传输,那么各路信号之间将会重叠在一起而产生相互干扰,接收端就无法接收。为提高信道的利用率,通常采用频分多路复用技术。即将多路信号通过调制分别搬移到基带信道的不同频段,同时占用一个基带信道进行传输,如图 2-10 所示。如果每一个话路带宽为 B_{ch},则实现 M 路话音复用要求的信道带宽 $B_r = M \cdot B_{ch}$,但在实际中由于无法实现理想矩形的带通滤波器,为防止各话路间的信号串扰,相邻话路应在频谱排列时留有足够的频率间隔以防止相邻信道信号的重叠。对于话音信号,一般取 900 Hz,这样每一话路的带宽实际上是 4 000 Hz。

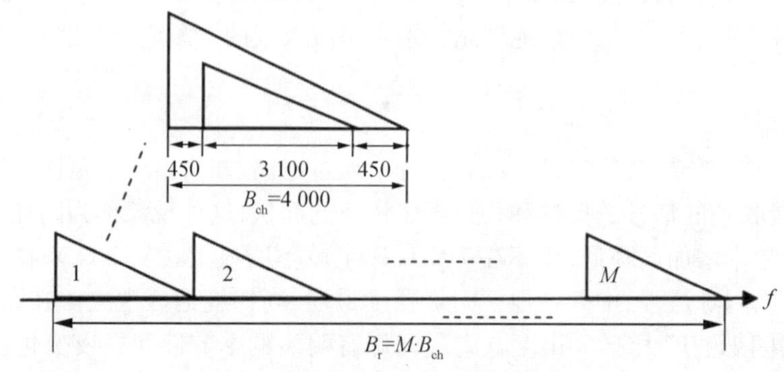

图 2-10 话音频分多路复用示意图(单位:Hz)

(2)时分多路复用(TDM)

时分多路复用(Time Division Multiplex)有时也称为“时间复用”或“时间分割”,是指各路信号用同一载波在不同时间交替占用同一信道进行传输的方式。具体说就是各路信号采用相同的载波频率，收、发双方按规定的时间依次循环地占用信道进行传输，其传输原理如图 2-11 所示。

时分多路复用技术的特点是信号在时域上是分开的，但在频域上是重叠的，通常用于数字信号的传输。如果对模拟信号进行时分复用，则必须首先进行模数转换。时分多路复用技术中，收、发双方严格同步是关键，此外，收、发设备的部件通用性也至关重要。

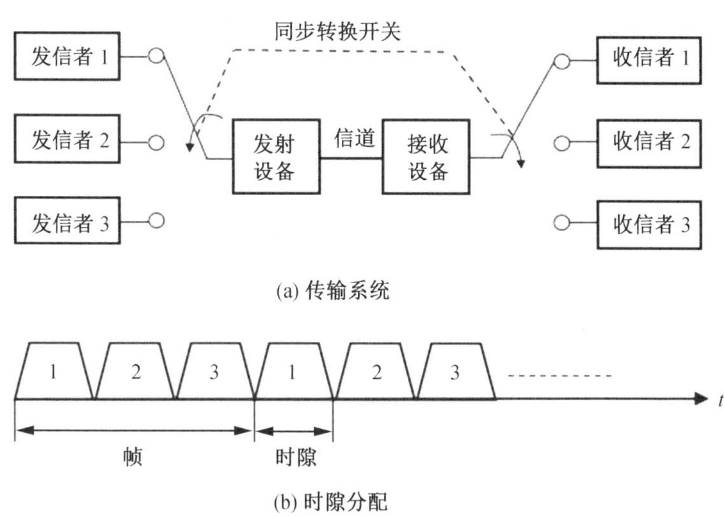

(a) 传输系统

(b) 时隙分配

图 2-11　时分多路传输系统示意图

2.3.4.2　多址连接

在卫星通信中，同一卫星覆盖区内的多个地球站利用共同的卫星实现双边或多边通信，这种工作方式称为卫星通信的多址连接或多站通信。卫星通信的多址连接方式要解决的基本问题是如何识别、区分各个地球站发出的信号（即地球站的"地址"），使多个信号源共享同一颗卫星。

多址连接与多路复用都是解决多路信号共用信道的问题，但它们之间有两个差别。一是应用场合不同：多路复用应用在基带信道内，解决的是基带内的信号复用问题；而多址连接应用在射频信道内，解决的是射频信道的复用，以共享信道资源问题。二是信号来源不同：多路复用的信号直接来自话路，区分信号即区分话路；而多址连接的信号来自站址，区分信号就是区分站址。

多址连接的方式有频分多址、时分多址、码分多址和空分多址等几种。

（1）频分多址

频分多址（Frequency Dvision Multiple Access，FDMA）是指把卫星转发器的可用射频频带分割成若干个互不重叠的部分，分配给各地球站所要发射的各载波使用，以此来区分地球站站址的多址连接方式。就是说，它是根据配置的载波频率的不同来区分地球站地址的，如图 2-12 所示。FDMA 是卫星通信系统中普遍采用的一种多址连接方式，在这种卫星通信系统中，每个地球站向卫星转发器发射一个或多个载波，每个载波具有一定的频带，为了避免相邻载波间的互相重叠，各载波频带间要设置一段很窄的保护频带。卫星转发器接收其频带内所有的载波，将它们放大后，再发射回地面。被卫星天线波束覆盖的地球站，能够有选择地接收某些载波，这些载波携带着地球站所需的信息。

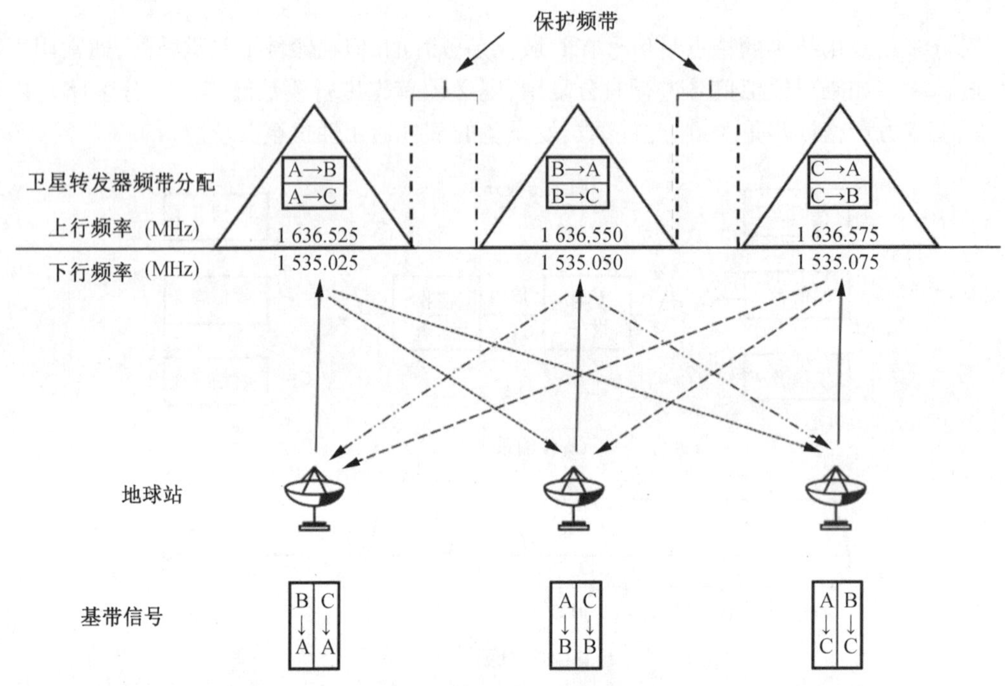

图 2-12　FDMA 系统示意图

频分多址连接依据地球站发射载波的方式不同可分为单址载波、多址载波和单路单载波三种方式，其中单路单载波方式广泛应用于移动卫星通信系统中。单路单载波（Single Channel Per Carrier，SCPC）或称每载波单路，是指每个载波只传送一路信号，每个地球站只有在需要通信时才被分配给载波。这种方式很灵活，尤其适用于地球站多，而各站业务量较小的情况，如 Inmarsat 卫星通信。采用这种方式的卫星通信系统可以使用"话音激活"技术，即不通话时，自动停止载波的发射，有话音时才发射载波。这样，不仅可以节省卫星的功率，还可以增加卫星通信的容量，减少干扰。

频分多址连接具有以下几方面的特点：

①设备简单，技术成熟。

②系统工作时不需要网同步，且性能可靠。

③在大容量线路工作时效率较高。

④转发器要同时放大多个载波，容易形成多个交调干扰，为了减少交调干扰，转发器要降低输出功率，从而降低了卫星通信的有效容量。

⑤各站的发射功率要求基本一致，否则会引起强信号抑制弱信号现象，因此，大站、小站不易兼容。

⑥灵活性小，要重新分配频率比较困难。

⑦需要保护带宽以确保信号被完全分离开，频带利用不充分。

(2)时分多址

时分多址(Time Division Multiple Access,TDMA)是把卫星转发器的工作时间分成周期性的互不重叠的时隙(一个周期为一帧,每个时隙也称分帧)分配给各地球站使用,如图 2-13 所示。在 TDMA 方式中,为防止各地球站发射的信号在卫星转发器中重叠,需建立精确的同步。这样就需要确定一个地球站为基准站。各地球站从基准站的射频信号提取出位同步及帧同步信号。在国际移动卫星通信系统中是以岸站为基准站。

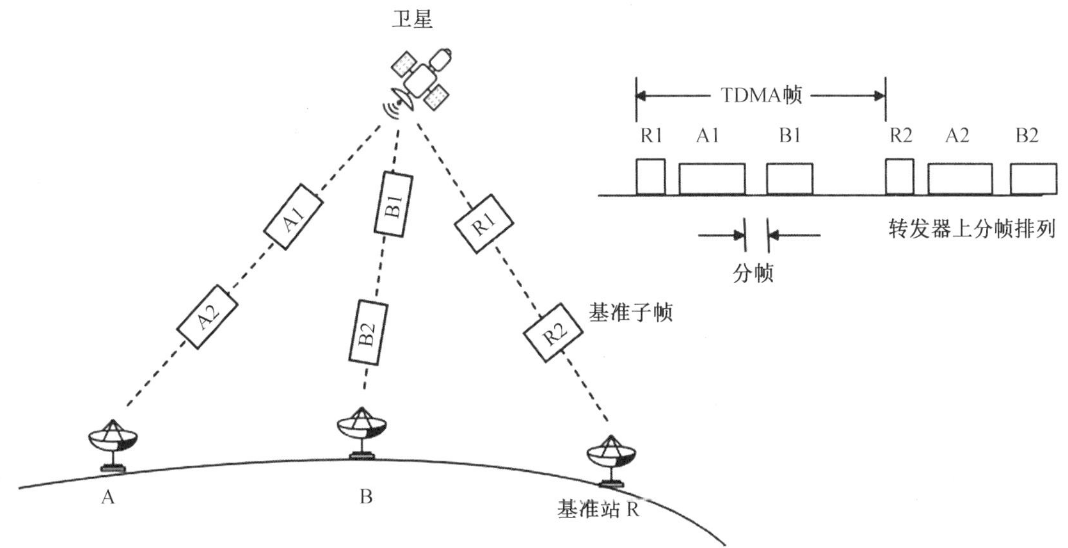

图 2-13　TDMA 方式示意图

时分多址具有以下几方面的特点:

①任何时刻在卫星转发器中都只有一个载波工作,因而从根本上消除了转发器中的互调干扰。

②可以比 FDMA 方式更充分地利用转发器的输出功率,不需要较多的输出补偿。

③对地球站 EIRP 变化的限制不像 FDMA 方式那样严格。

④易于实现信道的"按需分配"。

⑤全网正常工作要靠网同步,且技术和设备比较复杂。

(3)码分多址

各地球站所发信号在结构上各不相同且相互具有准正交性以相互区分地址的通信方式,称为码分多址(Code Division Multiple Access,CDMA),如图 2-14 所示。也就是说,它的基本特征是靠不同的地址码来区分地球站的站址。各地球站所发射的载波既受基带信号的调制,又受地址码的调制,接收时,只有地址码与发射站要求相同的地球站才能解调出相应的基带信号,收到信息。其他地球站因地址码不同而不会产生响应。

在 CDMA 方式中,所有地球站可以共用一个射频载波,可以占用转发器的全部时隙,这是它与 TDMA 和 FDMA 的不同之处,其特点是:

①通信容量大,抗干扰能力强,特别是抗多径衰落能力强。

②保密性好,易于实现多址连接,灵活性大。

③信号功率谱密度低,电磁污染小。

④占用频带较宽,频带利用率较低,技术要求比较复杂。

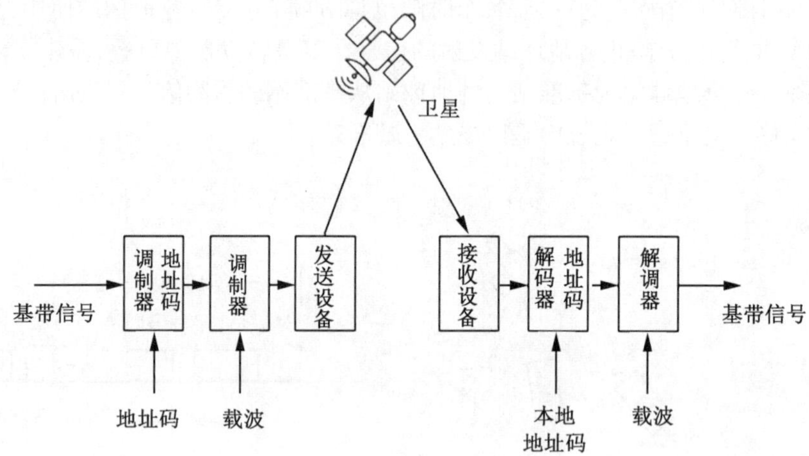

图 2-14　CDMA 系统示意图

之前用于移动通信的 CDMA 技术已取得很大成功,在此基础上的 IS-95 标准也被接受为世界标准。以 CDMA 移动通信为代表的无线通信在全球范围激起了持续的热潮,被称为第三代移动通信技术。

(4)空分多址

在空分多址(Space Division Multiple Access,SDMA)方式中,卫星天线有多个窄波束,每个窄波束覆盖地球表面上一定的区域。利用卫星天线波束在空间指向的差异来区分地球站的地址。卫星上装有转换开关设备,某区域中某一站的上行信号经星上波束转换开关转接到另一区域中的一个地球站去,如图 2-15 所示。显然,一个通信区域内如果有几个地球站,则它们之间的站址识别还要借助于 FDMA 或 TDMA 方式。

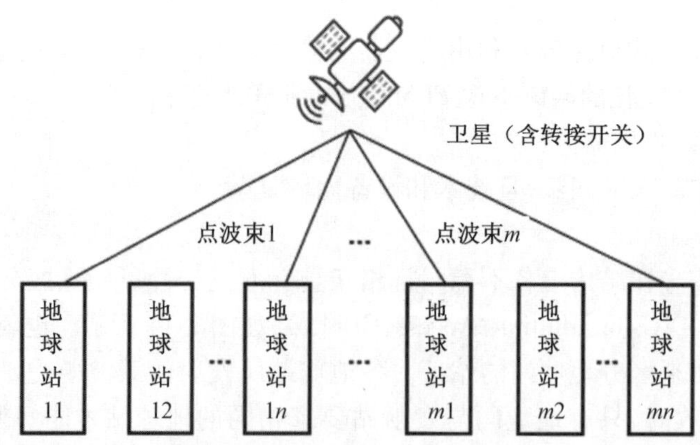

图 2-15　SDMA 方式示意图

SDMA 方式有许多优点:卫星天线增益高;卫星功率可得到合理有效的利用;不同区域地球站所发信号在空间互不重叠,即使在同一时间用相同频率,也不会相互干扰。因而,SDMA 方式可以实现频率重复使用,能成倍地扩大系统的通信容量。此外,卫星对其他地面通信系统的干扰减小了,对地球站的技术要求也降低了。正因为SDMA具有上述一系列优点,它在卫星通信中得到广泛的使用。SDMA方式的缺点有:SDMA方式对卫星的稳定及姿态控制提出很高的要求,卫星的天线及馈线装置也比较庞大和复杂;转换开关不仅使设备复杂,而且由于空间故障难以修复,增加了通信失效的风险。

2.3.4.3 随机(争用)多址方式

除数据业务十分繁忙或数据量很大之外,若一般数据的传输仍沿用电话和电传业务中使用的FDMA或TDMA预分配方式,则其信道利用率都会很低。即使使用按申请分配方式,也不会有多大提高,因为发送数据的时间远小于申请分配信道的时间。为此,发明了一种称为ALOHA(Additive Links On-line HAwaii)的数据分组通信方式。ALOHA是一种为交互计算机数据传输而设计的按需分配时分多址(TDMA)方式,1968年开始研究,最初由夏威夷大学应用于地面网络,1973年第一次用于卫星通信系统。

Inmarsat-C系统采用存储转发技术,由于数据是非实时传输的,尤其适用于这种ALOHA方式。ALOHA系统所采用的多址方式实质上是一种无规则的时分多址,或随机多址方式。它可以分成下列几种基本方式。

(1)纯ALOHA(P-ALOHA)方式

纯ALOHA方式,又称为“经典ALOHA”方式,它是一种完全随机的多址方式,全网不需要定时和同步,用户终端根据其需要向公用信道发送数据分组,并以这种方式来竞争信道。每个地球站都有一个发射控制单元,它将数据分成若干段,每段加上报头和报尾,构成一个数据分组,每次以分组的形式发射数据。报头中包含收、发方的地址和其他控制比特,数据段最后为检错码,这就构成了一个数据分组。

在纯ALOHA系统中,任何站只要有信息需要传输,便可以随时发射。所有接收站都能接收到该发射数据,但只有与报头中收方地址一致的接收站才能提取出该发射数据中的信息。接收方接收的信息经检验若没有错误,则发应答信号,否则不给予应答。发射方发射数据后等待一段时间(等于电波往返传播时间,卫星通信约为0.54 s),如果该站在这段时间内收到对方的应答信号,就认为发射成功。如果由于各站间发射的信号发生碰撞,或因信道噪声产生误码,接收方不能正确接收,这样发射方将收不到接收方的应答信号,则该站必须重发。为了避免连续碰撞,各站应经过随机的时延后再分别重发。如果若干次(如2~3次)重发后均失败,则发射方就应该放弃重发。

由此可见,这种系统非常简单,但由于碰撞与信道空闲时间多,故信道利用率低。当业务量较少时,信道利用率随业务量的增加而增加,但到一定程度后,业务量再增加,由于碰撞概率增加,信道利用率反而下降,极端情况下甚至无法正常通信。

纯ALOHA系统的信道最大利用率为18.4%,显然不高,还会出现不稳定现象,需要进一步改进和提高。

(2)时隙ALOHA(S-ALOHA)方式

时隙ALOHA是一种时分随机多址方式。它是将信道分成许多时隙,每个时隙正好传送一个数据分组。时隙的定时由系统时钟决定,各站控制单元必须与此时钟同步。各站只允许在时隙始端开始发射。因此,一旦发生碰撞就是完全重叠。分析表明,这一简单的改进可使信道利用率增加一倍。和纯ALOHA一样,发生碰撞后,各站仍须经过随机的时延后再分别重发。

显然,S-ALOHA仍然没有解决信道出现不稳定性现象的问题,同时要求信息包的长度固定,全网需要定时和同步,设备比较复杂。如果各站发送的信息重要性不同,应采取措施保证重要的信息优先发送并减少其碰撞的概率。一种方法是把终端分成不同的优先等级。高优先级的用户在发射前先发一个“通知”信号,全网各站都能收到这个“通知”,等级低的用户收到“通知”后将不再争用该时隙。如果分成多个等级,效果会更好,但控制设备要复杂一些。另一种方法是各发射站能根据其业务的等级改变它的发射功率。因为当两个功率相差足够大的分组在同一时隙中相碰时,功率大的分组仍能被正确接收,该时隙没有浪费掉,只是功率小的需要重发。

(3)预约 ALOHA(R-ALOHA)方式

预约 ALOHA 是在 S-ALOHA 的基础上考虑到系统内各地球站业务量不均匀而提出的改进型,其目的是解决长、短报文的兼容,以防止像 P-ALOHA 或 &ALOHA 方式把长报文分成许多个数据包,然后逐一发送出去,使传输时延过长的弊病。其基本原理是:各地球站要发长报文时,经该站申请预约,分配给它一段时隙,让其一次发送一批数据;对于短报文则使用非预约的时隙,按 S-ALOHA 方式传输短报文以便充分利用通道。这样既解决了长报文传输的时延问题,又保留了 S-ALOHA 传输短报文时信道利用率高的优点。

R-ALOHA 的具体方案很多,双信道 R-ALOHA 方式是其中之一。双信道 R-ALOHA 方式是指网中的用户站使用一个信道(以 S-ALOHA 方式)申请预约信道,这一信道(以 R-ALOHA 方式)用来传送数据信息,中心站根据用户的申请,使用另一个信道(以 R-ALOHA 方式)广播分配方案,给第一个信道分配时隙及发送同步突发。由此可见,双信道 R-ALOHA 方式能获得较高的信道利用率,并且在工作范围内其平均分组时延基本不变。

2.3.4.4 信道分组

卫星通信系统中,与多址连接方式密切相关的一个问题是信道分配。信道分配与基带复用、调制和多址连接方式相结合,共同决定转发器和各地球站的信道配置、信道工作效率、线路组成及整个系统的通信容量,以及对用户的服务质量和设备复杂程度等。卫星通信中常用的信道分配方式有预分配方式、按需分配方式和随机分配方式。

(1)预分配(Pre-assigned,PA)方式

在卫星通信系统中,可以把信道按频率、按时隙或其他无线电信号参量分配给各地球站,给每个地球站分配的数量可以不相等,而是由各地球站的通信业务量多少来决定的。分配给各地球站的信道在使用过程中其归属一直固定不变,即各地球站只能使用自己的信道,不论业务量大小、线路忙闲,都不能占用其他地球站的信道或借用自己的信道,这种信道分配方式就是预分配方式。

PA 方式的优点是载频是专用的,实施连接简单,建立通信快,基本上不需要控制设备。其缺点是使用不灵活,信道不能互相调剂,在业务量较轻时信道利用率较低,所以 PA 方式只适用于业务量大的线路。

(2)按需分配(Demand Assigned Multiple Access,DAMA)方式

PA 方式的主要矛盾是业务量随机变化而信道的分配是固定的,两者难以达到很好的匹配。对于业务量较少且地球站较多的卫星通信系统,最好采用信道分配可变的方式,即卫星的信道(载频或时隙)不是或不完全是固定分配给各地球站专用,而是根据各地球站的申请临时分配信道为其使用,业务完成后又收归公用。这种信道分配方式通常称为按需申请分配或按需分配方式。

DAMA 方式是对固定预分配制的一种重大改进,比较灵活,各地球站之间的信道可以互相调剂,因而可用较少的信道为较多的地球站服务,这样基本上可以避免忙闲不均的不合理现象。在地球站多而业务量都较少的情况下,DAMA 方式的信道利用率是很高的。但是,为了实现按需分配,要使用比较复杂的控制设备,并且一般要在转发器上单独开辟一个专用频道作为公用信道,供各地球站申请、分配和拆除信道时使用。

(3)随机分配方式

随机分配是面向用户而选取信道的方法。卫星通信系统中的每个用户可以随机地选取(占用)信道。数据发送的时间一般是随机的、间断的,而且传送时间很短,对于这种“突发式”的业务,如果仍使用 PA 或 DAMA 方式,则信道的利用率就很低,采用随机占用信道方式则可大大提高信道利用率。此时,若有两个以上的用户同时争用信道,势必发生“碰撞”,因此必须采取措施减少或避免“碰撞”,并重发已发生“碰撞”的数据。

习题

1. 电波主要有几种传播途径?
2. MF、HF 和 VHF 电波在传播过程中各有什么特点?
3. 什么叫电波的衰落?怎样克服它?
4. 噪声可分为几类?各种噪声分别具有什么特点?
5. 什么是卫星通信?什么是地球站?什么是宇宙站?
6. 卫星通信的业务有哪些?
7. 卫星通信的特点是什么?它和微波中继系统有何异同点?它和短波通信有何不同?
8. 卫星通信系统有哪几部分组成?各部分的功能和作用是什么?
9. 简述卫星轨道的分类。
10. 卫星摄动是由什么引起的?什么叫星蚀?什么叫日凌中断?
11. 什么是大气的无线电频率窗口?在该窗口内进行卫星通信有什么好处?
12. 大气层对卫星通信电波的影响有哪些?
13. 有哪些多路复用方式?它们的基本原理是什么?
14. 什么是多址连接?它与多路复用有什么相似之处,又有什么不同点?
15. R-ALOHA 的含义是什么?为什么要引入 R-ALOHA?
16. 双通道 R-ALOHA 方式采用几种信道?各信道的作用是什么?

第3章 全球海上遇险和安全系统(GMDSS)概述

3.1 GMDSS基本概念

3.1.1 从海上无线电通信到GMDSS

1899年11月,美国"圣保罗(St. Paul)"号上的无线电台与位于怀特岛(Isle of Wight)上的马可尼电台实现了人类历史上第一次海上无线电通信。

20世纪初已有不少船舶装备了这种简单的无线电通信设备——火花式发报机和矿石收信机,采用500 kHz附近的狭窄频段,用人工莫尔斯(Morse)电报进行通信。

1906年,29个国家在德国柏林举行了第一次国际无线电会议,制定了第一个国际无线电通信规则,并规定了海上无线电通信所使用的频段和通信程序。

1912年4月14日,英国新造的大型客船"泰坦尼克(Titanic)"号撞冰山沉没,酿成了1 500多人丧生的巨大惨案。同年,在英国伦敦召开了第二次国际无线电会议,根据这次海难的经验教训,修改了无线电规则的相关条款。大会一致认为必须制定普遍适用的海上遇险搜救与安全通信的规则,以保障海上航行船舶和人命安全。

1914年1月20日,英、法、美、瑞士、意大利等海运国家在英国伦敦签订了第一个《国际海上人命安全公约》(SOLAS公约)。该公约对船舶无线电通信提出了强制要求,要求船舶必须配备由蓄电池供电的应急无线电收、发射机及在500 kHz上工作的无线电自动报警器,还规定500 kHz为国际无线电报遇险和呼叫专用频率,每艘船舶应指配"船舶呼号",同时应建立报务员的值班制度。

1922年,"美洲(America)"号蒸汽船与"蒂尔比切(Deal Beach)"岸上的电台成功地进行了第一次船岸间的双向无线电话通信。

1974年10月21日—11月1日,联合国的政府间海事协商组织(Intergovernmental Maritime Consultative Organization,IMCO)(国际海事组织前身)在伦敦召开第五次国际海上人命安全会议,包括中国在内的67个国家派代表出席,讨论并通过了《1974年国际海上人命安全公约》,该公约于1980年5月25日生效,前海上无线电通信系统就此退出历史舞台。SOLAS公约强制规定:

(1)所有客船和1 600总吨及以上的货船必须配备500 kHz莫尔斯无线电报收、发机及合格的无线电报务员。无线电报务员必须按规定守听500 kHz无线电报国际遇险频率电台,守听遇险船舶发出的电报遇险信号和遇险信息。

(2)所有客船和300总吨及以上的货船必须配备2 182 kHz无线电话收、发设备和甚高频(VHF)无线电话设备。船舶都要在2 182 kHz和VHF CH16(156. 800 MHz)的无线电话国际遇险频率上值班,守听遇险船舶发出的电报遇险信号和遇险信息。

为了保证遇险船舶发出的电报或电话遇险信号、遇险信息能被海岸电台或附近航行船舶电台接收到,每小时的第 15 至第 18 分、第 45 至第 48 分为无线电报静默时间;每小时的第 00 至第 03 分、第 30 至第 33 分为无线电话静默时间。在这些时间段内,所有正常航行的船舶、海岸电台应在遇险频率上停止发射并在 500 kHz、2 182 kHz 上认真守听,以确保能听到遇险船舶发出的或者其他船舶电台转发的无线电遇险信号和遇险信息。

尽管过去的海上无线电通信系统在船舶的遇险通信与救助中发挥过很大的作用,成功地完成过无数次的遇险通信和海上救助工作,但无论在遇险通信、搜救协调通信,还是常规的无线电通信方面,都存在严重局限性和缺陷:

(1)通信系统不能提供远距离报警,它所报警的距离最大值为 100~150 n mile,主要依赖于遇险船舶附近海域内其他船舶接收其报警信息,而不能依靠岸上营救中心组织有效的营救。遇险船舶能否组织营救及营救工作能否成功存在很大的偶然性。

(2)由于无线电话通信受使用者的口音、方言、母语等差异及外来干扰等的影响,语音可懂度很差,所以莫尔斯电报是当时海上通信联络业务的基础。培养训练有素和富有实践经验的报务员需要许多年,如果船上无线电报务员发生了意外,不能操作无线电报设备时,船上的其他人员不会使用无线电报设备,这意味着船上将无法与外界保持有效的通信联系。

(3)遇险报警通常是人工操作的。然而在船舶发生倾覆、爆炸等突发性事故时,经常来不及采取人工报警。此外,旧系统要求无线电报务员在指定的国际遇险频率上保持连续地值守,这就存在许多人为因素。虽然也有自动守听的设备,但由于通信方案不恰当,自动守听的效率很低。因此在海难事故发生时,船舶发射的报警信号虽在电波的有效作用距离范围内,但是由于种种客观原因和人为因素,报警未获成功。

(4)虽然后来船舶配备了可用于远距离通信的高频(HF)通信设备,但由于短波波段的信号传输质量受气候与环境影响严重,同时接收地点的信号场强极不稳定,存在衰落和寂静区现象,国际上对于在高频上连续值班守听没有做出相应的规定,因此,无法保证短波通信方式在海上遇险与安全通信中的可靠性。

(5)在过去,由于缺乏适宜的海上远距离通信手段,很难有效实现远距离通信报警,世界各国无法建立一个卓有成效的全球性搜救协调体系。不少国家在 GMDSS 实施前,建立并发展了海上通信设施,但是由于缺乏合理统一的区域性搜救程序,这些设施不能充分发挥其应有的作用。

多年来,海上通信系统经过了多次的变革。由于现代数字通信与导航技术的发展,包括卫星通信、卫星导航、大规模集成电路和微处理技术的发展,新型的海上通信系统的建立不但必要也成为可能。

经过几十年的不断探索和努力,崭新的全球海上遇险和安全系统(Global Maritime Distress and Safety System,GMDSS)终于诞生,它的发展过程如下:

1973 年,IMCO 第八届全体会员国大会通过了“发展海上遇险和安全系统”的第 A-283 号决议案,正式开始了新的海上通信系统的研究。

1979 年,IMCO 召开了国际海上搜救大会,通过了《1979 年国际海上搜寻与救助公约》和“发展全球海上遇险与安全系统”的决议。同年,IMCO 第 11 届大会又通过了修改“发展海上遇险和安全系统”的 A-420(X1)号决议。决议提出建立关于“未来全球海上遇险和安全系统

(FGMDSS)"工作组,目的是建立一个有助于海上航行安全的全球性通信网,且新系统应服从于《1979年国际海上搜寻与救助公约》。

此后,国际海事组织(International Maritime Organization,IMO)开展了大量工作,提出了各项具体指标要求。在国际无线电咨询委员会(International Radio Consultative Committee,CCIR)和国际海事卫星通信组织的协助下,IMO开展了大量研究课题,提出了许多论证报告。IMO所属的无线电通信分委员会(COM)每年召集各国主管部门召开国际会议,研究和讨论GMDSS有关事项。

1986年12月召开的第32次无线电分委员会将"FGMDSS"改名为"GMDSS",并决定GMDSS系统的实施分为两个阶段:1986—1992年为过渡阶段,1992—1999年为实施阶段。

1987年9月,国际电信联盟(International Telecommunication Union,ITU)召开了世界无线电行政大会(World Administrative Radio Conference,WARC),会上为适应GMDSS要求对频率和使用做了新的划分与规定。

1988年10月,IMO召开扩大海上安全委员会(Maritime Safety Committee,IS/EC)会议,对《1974年国际海上人命安全公约》进行了修订,特别是对第四章"通信规则与通信设备"进行了全面修改,成为SOLAS公约新的第四章,这意味着GMDSS已在法律上得到认可。

1991年5月,对STCW公约的部分内容进行了修订,提出GMDSS无线电人员的四类证书及各类证书和资格的最低知识结构和操作要求,以适应GMDSS的实施。

由此可见,《1979年国际海上搜寻与救助公约》的制定、1987年ITU召开的WARC会议上修订的《无线电规则》及1988年IMO对SOLAS公约的修订无疑是GMDSS发展的重要里程碑。

GMDSS系统是在旧的海上无线电通信系统(简称"旧系统",或传统地面通信系统)的基础上发展而来的。用数字通信终端DSC、NBDP取代了地面通信系统中的莫尔斯电键和耳机;用DSC的连续自动值守替代了报务员每小时四次的人工定时值守,对传统地面通信系统进行了数字化改造;用Inmarsat卫星通信系统替代了传统的HF远距离通信,又用COSPAS-SARSAT卫星系统弥补了Inmarsat卫星通信系统在南、北两极的遇险报警盲区。因此,GMDSS可以说是改进后的地面通信和卫星通信组成的海上综合通信系统,是用于海上遇险与救助行动、安全和常规通信的系统。

3.1.2 GMDSS的基本概念

GMDSS是一个系统化的服从于《1979年国际海上搜寻与救助公约》的全球性通信网络,这个通信网络的建立目的是最大限度地保障海上人命与财产安全。GMDSS是一个全球性的系统,该系统以岸基为核心,陆上负责搜索和营救的主管部门和遇险船舶附近的船舶协同行动,船舶一旦发生遇险,能够向岸上及附近的船舶迅速发出报警。同时,附近船舶和所在海域救助协调中心(Rescue Coordination Center,RCC)能可靠地接收到船舶的遇险报警信息,以最短的时间延迟进行协同的搜救活动,加大搜救的成功率,如图3-1所示。系统不仅提供发生海难后的搜寻与救助,GMDSS还向航行船舶提供航行警告、气象警告、气象预报及其他紧急安全信息(Maritime Safety Information,MSI),最大限度地避免海难事故的发生。同时要求各缔约国政府按IMO的建议,提供适当的岸上设施来支持空间和地面无线电通信。

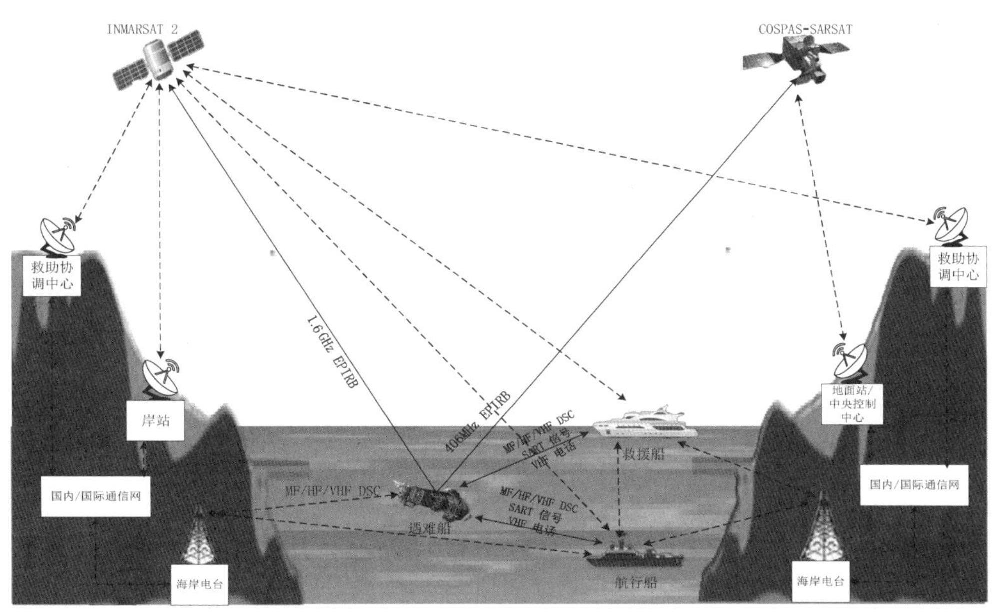

图 3-1　GMDSS 的基本概念

3.1.3　GMDSS 的功能及特点

按 IMO 要求,自 1999 年 2 月 1 日起,凡从事国际航行的 300 总吨以上的货船和一切客船必须装备 GMDSS 设备,并要求具有以下功能:

3.1.3.1　遇险报警

遇险报警是 GMDSS 的首要功能,船舶遇险时向 RCC 或附近的船舶迅速有效地发出遇险报警信息,RCC 收到报警后立刻采取措施,通过岸台、岸站或地面专用通信网络,将报警信息转发给相关搜救单位和遇险船舶附近的船舶,并负责指挥协调救助工作。

GMDSS 中的遇险报警的内容主要包括遇险船舶的识别、遇险的位置、遇险的时间和遇险的性质及有助于救助的其他信息。遇险报警可以在三个方向上进行,即船到岸方向、船到船方向、岸到船方向。岸到船方向的遇险报警其实是遇险转发,也就是 RCC 通过岸台或岸站将报警信息转发给遇险船舶附近的其他船舶,采用以遇险船舶为中心向特定海区转播的群呼方式。但是,船对船的报警只能在 100 n mile 范围内有效,在 100 n mile 以内没有其他船舶的情况下,可利用卫星通信或短波通信或两者的组合形式报警,请求岸上提供援助。

由于 GMDSS 地面通信系统中的三个分系统在地理覆盖范围和提供的业务方面具有各自的局限性,所以在 GMDSS 船舶的设备配备方面,原则上要求由船舶的航行海区来确定。海区共划分四个等级,如图 3-2 所示:

A1 海区——VHF 岸台覆盖范围的海域,在这个区域内可以进行连续的 VHF DSC 报警,一般是距沿岸 25~30 n mile 的海域;

A2 海区——除 A1 海区以外的、至少有一个 MF 海岸电台所覆盖的区域,在这个区域内可以进行连续的 MF DSC 报警,一般距岸约 150 n mile;

A3 海区——除 A1 和 A2 海区以外,同步通信卫星所覆盖的区域,一般为 76°S~76°N 的海

域;

A4 海区——A1、A2 和 A3 海区以外的海域范围,即南、北纬 70°以外到两极之间的海域。

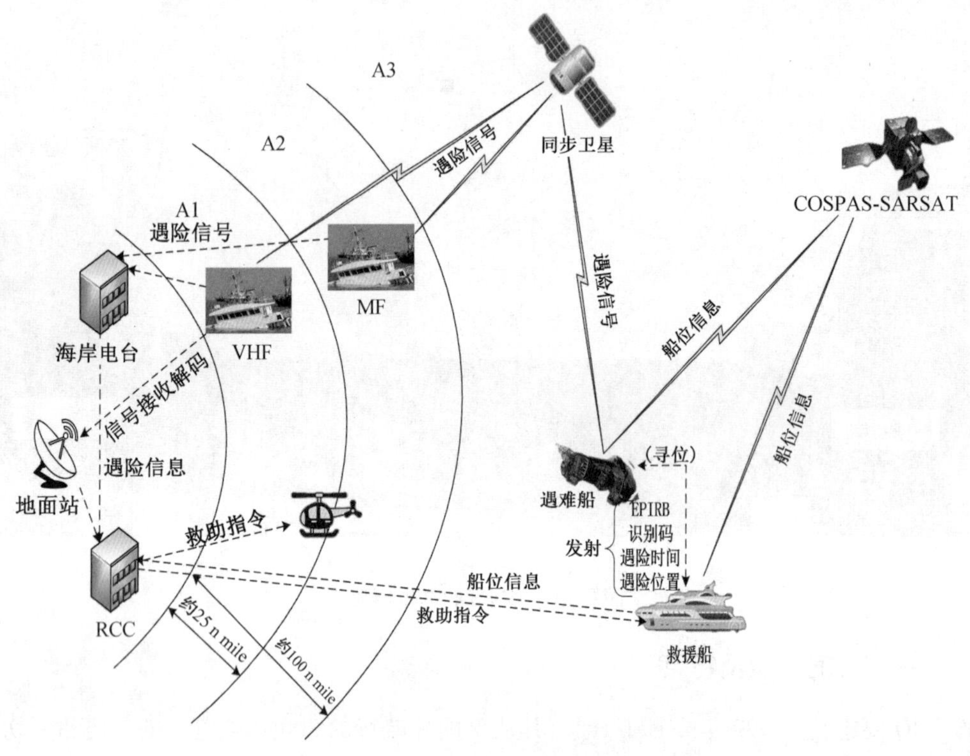

图 3-2 GMDSS 的海区划分

在 A1 海区航行的船舶,船对船、船对岸报警分别使用 VHF CH70 上的 DSC 或 VHF EPIRB 进行。

航行于 A2 海区的船舶,船对船、船对岸报警分别使用 VHF CH70 和/或 MF 2 187.5 kHz 上的 DSC、卫星 EPIRB 进行。

航行于 A3 海区和 A4 海区的船舶,船对船报警使用 VHE CH70 和/或 MF 2 187.5 kHz 上的 DSC 进行,船对岸报警则使用 Inmarsat 船站和 HF DSC 或 COSPAS-SARSAT ERIRB(A3 海区可用 1.6 GHz EPIRB 代替)中的某一种进行。

GMDSS 系统中,除 A1 海区航行的船舶外,其他海区航行的船舶分别应增配相应的设备,具体如下:

(1)A1~A2 海区的船舶增配带有 DSC 的 MF 无线电话设备 1 套,可在 287.5 kHz DSC 频率上值守、发送 DSC 遇险报警,可在 2 182 kHz 频率上进行无线电话的遇险、紧急和安全通信;

(2)A1~A3 海区的船舶有两种配备方案:

第一种方案:增配带有 DSC 的 MF 无线电话设备 1 套(可在 2 187.5 kHz DSC 频率上值守、发送 DSC 遇险报警,可在 2 182 kHz 频率上进行无线电话的遇险、紧急和安全通信)和满足 GMDSS 要求的卫通船站,此卫通船站应具有 EGC 接收功能,否则应配备 EGC 接收机,用来接收海上安全信息。

第二种方案:增配 MF/HF 无线电设备 1 套,包括单边带无线电话、NBDP 和 DSC 终端,能够在 MF/HF DSC 诸频率上值守、发送 DSC 遇险报警。此外,HF NBDP 设备应具有接收海上

安全信息的功能。若航行区域不具备 HF NBDP 播发的 MSI 业务,则应配备 EGC 接收机;

(3)A1~A4 海区的船舶增配 MF/HF 无线电设备 1 套,包括单边带无线电话、NBDP 和 DSC 终端,能够在 MF/HF DSC 诸频率上值守、发送 DSC 遇险报警。此外,HF NBDP 设备应具有接收海上安全信息的功能。

通常遇险报警是人工启动的,所有遇险报警信息的确认收发也由人工发送。当船舶下沉时,飘浮式卫星 EPIRB 将自动启动发射。

从 RCC 向现场附近的船舶转发遇险报警,是通过 Inmarsat 系统发给船站或选用地面通信系统在适当频率上发给船台进行的。在这种情况下,为避免大范围内的船舶收到此遇险报警,通常以"区域性呼叫"方式进行,只向现场附近特定海域内的船舶报警。在收到遇险报警的转发后,无论何时都应与其 RCC 建立通信,以便协调支援。

3.1.3.2　搜救协调通信

搜救协调中心(RCC)通过岸台或岸站与遇险船及参与救助的船舶、飞机和陆上其他有关的搜救机构进行有关搜救的直接通信称为搜救协调通信。搜救协调通信是双方进行有关遇险船舶遇险与安全信息的交换,它具备双向的通信功能,与"报警"功能中"单向"传输特定信息不同。

搜救协调通信应选择一个合适的遇险和安全通信频率,采用无线电话或无线电传的通信方式进行,这主要取决于船舶配备的设备及海事发生的海域。

3.1.3.3　搜救现场通信

现场通信是指在遇险现场遇险船舶或救生艇(筏)与救助船舶或飞机之间及船舶与搜寻和救助作业单位之间的通信,包括与事件区域的现场指挥员(On-Scene Commander,OSC)或海面搜救协调员(Coordinator Surface Search,CSS)之间的通信。现场指挥员或海面搜寻协调员应负责管制现场通信,选择或指定现场通信使用的频率。通常情况下,现场通信一般使用甚高频(VHF)无线电话或双向(Two-Way VHF)无线电话设备,也可使用 MF 单边带无线电话或无线电传(NBDP)或 Inmarsat 船站。

3.1.3.4　寻位

寻位就是指发现并找到遇险船舶、救生艇(筏)或幸存者的过程。通常救助船舶和飞机通过遇险船舶无线电设备所发出的信号来寻找 GMDSS 有两种寻位方式:一种是采用搜救雷达应答器(SART)或自动识别搜救发射器(AIS-SART,Automatic Identification System and Rescue Transmitter);另一种是使用应急无线电示位标(EPIRB)发射的引航信号。

3.1.3.5　海上安全信息的播发与接收

海上安全信息(MSI)包括航行警告、气象警告、气象预报及其他有关航行安全的紧急信息。GMDSS 向船舶及时播发 MSI,船舶配备的设备自动接收,从而为船舶航行提供预防性的安全保障。GMDSS 系统中,MSI 的播发和接收功能的实现主要依靠 NAVTEX 系统、增强群呼系统(EGC)和高频无线电传系统(HF NBDP)。

3.1.3.6　常规无线电通信

系统要求配备的通信设备除了进行遇险、紧急和安全通信外,还能进行有关公众业务的通信,即船舶与岸上管理部门、用户进行有关管理、调度及个人方面的通信,如引航和拖船的需求、货物情况、有关修理、备件需求等。

3.1.3.7 驾驶台对驾驶台的通信

驾驶台与驾驶台之间的通信是指在船舶通常的驾驶位置上为实现船舶航行安全进行的无线电话通信。这种通信是通过驾驶台的 VHF 无线电话进行的,主要用于在狭水道航行、进出港口时避让,以确保船舶相互间的安全。

GMDSS 的特点如下:

(1)在 GMDSS 中,取消了莫尔斯信号的使用。

(2)可在各种频段上进行遇险和安全通信。

(3)在 GMDSS 中,采用了先进的通信技术和系统:

①数字选择呼叫(DSC)技术;

②窄带直接印字电报(NBDP)技术;

③国际海事卫星(Inmarsat)通信系统;

④卫星紧急无线电示位标(EPIRB)与雷达应答器(SART);

⑤航行警告电传(NAVTEX)系统;

⑥增强群呼(EGC)技术。

(4)采用设备自动值守,代替人工值守。

(5)确保遇险报警迅速可靠地发送。

(6)由海上船舶之间的相互救助转为由岸上搜救组织采取的协调救助。

GMDSS 所提供的各项功能都是从航行安全观点出发的,其中遇险报警是 GMDSS 最基本的功能。遇险船舶成功地被救助,除了它本身及时可靠的报警以外,还依靠岸上救助部门提供救助手段。因此,要求岸台或岸站与搜救协调中心(RCC)有畅通的岸基通信网,要求参与救助的船舶或岸上救助机构(SAR)能够迅速响应来自岸台或岸站和 RCC 的报警和指挥。显然,上述要求不同于以前海上通信系统基于船对船报警及其提供的救助手段。

此外,GMDSS 系统中的设备具有高可靠性和高效率,并应尽量采用自动工作方式,避免人工干预。例如,关于收听方式,应废弃人工收听而采用自动值班与报警方式。海上安全信息的播发与接收也应采用自动方式。另外,要求设备便于操作,例如遇险报警应使用按键式启动,采用标准格式的遇险报文,以便于自动产生与接收,在船舶发生突然性倾覆这一类恶性突发事故时,发出有效的可靠报警。

3.2 GMDSS 子系统

GMDSS 的功能是通过地面通信系统和卫星通信系统两大通信子系统实现的。GMDSS 系统是一个庞大的海上通信系统,按结构和功能有两种划分方式:一种是划分成四个分系统,即 Inmarsat 卫星通信系统、地面通信系统、寻位系统及海上安全信息播发和接收系统;另一种是划分成两个分系统,即卫星通信系统和地面通信系统。卫星通信系统可分为 Inmarsat 系统和 COSPAS-SARSAT 系统,地面通信系统可分为中频(MF)、高频(HF)和甚高频(VHF)三个分系统。以下为按第二种方式划分的 GMDSS 系统的两大子系统。

3.2.1　地面通信系统

地面通信系统可分为中频(MF)、高频(HF)和甚高频(VHF)三个分系统,分别用于近距离、中距离和远距离的遇险、紧急、安全和日常通信,能够完成 GMDSS 中的遇险报警、搜救协调通信、现场通信和驾驶台对驾驶台的通信等功能。具体频段划分如表 3-1 所示。

表 3-1　频段划分

波段名称	波长名称	频率	频段名称	主要传播方式和用途
中波(NW)	$10^2 \sim 10^3$ m	300 kHz~3 MHz	中频(MF)	地波、天波;广播、海上通信、无线电导航
短波(SW)	10~100 m	3~30 MHz	高频(HF)	天波、地波;广播、海上通信
超短波(VSW)	1~10 m	30~300 MHz	甚高频(VHF)	散射传播、透射传播;海上通信、导航、移动通信

地面通信系统由船舶电台、海岸电台和与岸台连接的国际/国内陆地公众通信网或专用通信网组成。海岸电台相当于船舶电台与陆地通信网用户的接口,起到有线通信与无线通信转接的作用。地面通信系统能完成 GMDSS 中的遇险报警、搜救协调通信、现场通信和驾驶台对驾驶台的通信等功能,该系统是目前船舶为实现业务往来和船岸之间通信所使用的系统。它是目前海上通信的主要部分,船用通信设备主要包括:

(1)VHF 通信设备,其中包括 VHF 无线电话、DSC 和 DSC 值班接收机。

(2)MF/HF 通信设备,其中包括单边带无线电话、窄带直接印字电报(NBDP)、数字选择性呼叫(DSC)和 DSC 值班接收机。

(3)便携式 VHF 双向无线电话。

(4)NAVTEX、搜救雷达应答器(SART)。

MF/HF/VHF 通信设备是主体,所有终端都必须通过 MF/HF/VHF 通信设备进行通信,其中 DSC 是根据 CCIR 建议建立的电台之间或台组间使用数字编码传送信息的一种无线电通信技术。它仅能呼出某一电台并传输简单的信息。每个电台都分配有自己的识别码和组呼码。只有与自识别码或组呼码相同的呼叫,本台才予以响应。VHF 无线电话通常用在 A1 海区与岸台进行通信,尤其是在靠近港区内进行通信。VHF 无线电话不仅传输话音,也可接入 DSC,即进行数字通信。目前,已经划定 CH70(156. 525 MHz)专门作为船舶遇险时首选呼叫的信道。

①DSC 接收机

DSC 作为终端只有与 MF/HF/VHF 无线电通信设备相连接,才能够实现遇险报警、遇险确认、遇险转播、呼出某一电台及接通陆地网的某一用户的功能。

②单边带无线电话通信

单边带无线电话通信是一种话音通信,它与其他无线电话通信(如卫星通信、甚高频无线电话等)的区别在于调制方式不同。它仍属于幅度调制,但是占据普通幅度调制的一半带宽。随着通信技术的发展,单边带无线电话可以经海岸电台直接进入公众通信网,用户可直接与船舶电台进行联系。在 GMDSS 中,单边带无线电话担负搜救协调通信和搜救现场通信的任务。在 ITU 制定的《无线电规则》中已指配 MF/HF 波段的专用于单边带无线电话遇险与安全通信的频率。

③窄带直接印字电报(NBDP)

NBDP 是按照 CCIR 有关建议所采用的一种自动通信技术,它把陆地公众通信网使用的有线用户电报(Telex)赋予特殊传输形式后应用到海上无线通信中。它占据较窄的带宽(0.3 kHz),作为 MF/HF 通信设备的终端,可用于遇险与安全通信及常规通信。

④岸基 NAVTEX 业务

在 GMDSS 中,海上安全信息(MSI)的播发与接收是一项重要内容,除了由 Inmarsat 系统岸站或网络协调站通过该系统的卫星在公共信道上播发远海域的海上安全信息外,即 EGC 业务,还有岸基的 NAVTEX 业务。NAVTEX 业务是指在 518 kHz 频率上,由各国主管部门指定的岸台向约 400 n mile 海域内的船舶,使用英语定时播发航行警告、气象预报和其他海上紧急信息,船上 NAVTEX 接收机自动接收该信息,并打印输出。

⑤搜救雷达应答器(SART)

在 GMDSS 中,使用搜救雷达应答器(SART)完成寻位功能。搜救雷达应答器在遇险时由人工启动或自动启动,响应 X 波段船舶导航雷达发来的脉冲,并发出特殊序列的信号,使船舶导航雷达荧光屏上显示出不同于普通目标回波的亮点信号,并可以此判断出待救援的船舶或个人的位置,迅速展开营救。

⑥AIS 搜救应答器(AIS-SART)

AIS-SART 内置了 GPS 接收装置,并预先写入设备的唯一识别码。AIS-SART 在 VHF 频段上的 AIS 频道(AIS 1 为 161.975 MHz,AIS 2 为 162.025 MHz)发射。

自 2010 年 1 月 1 日起,根据 GMDSS 规则,AIS-SART 可以作为雷达 SART 的替代品。

能够接收 AIS 信号的任何船舶、台站或飞行器都可以探测到 AIS-SART。在海面上航行的船舶,可在 8~10 n mile 精确探测到 AIS-SART 位置信息,在船舶电子海图上显示其精确位置,平均通信延迟小于 26 ms。根据飞行高度,直升机和飞机可以在 130 n mile 外探测到 AIS-SART 信号。

AIS-SART 发射的信息包括识别信号和位置信号。AIS-SART 有独特的九位数字的识别码,识别码由“970+六位数”组成。其中六位数包括两位生产厂家代码和四位产品序列码。

现行版 *IMO Resolution MSC.* 246(83) *Adoption Of Performance Standards For Survival Craft AIS Search And Rescue Transmitters* (*AIS-SART*) *For Use In Search And Rescue Operations* 于 2007 年生效,明确了 AIS-SART 除要满足相关 ITU-R 建议书的要求,以及 IMO 第 A.694(17)号决议中规定的一般要求外,还应遵守该决议中规定的性能标准。决议规定:AIS-SART 应该能够发送规定的消息,以指示遇险设备的位置信息、静态信息和安全信息。传输的消息应与现有安装的 AIS 设备兼容。所发送的消息应能够被 AIS-SART 接收范围内的辅助设备识别和显示,并清楚地区分 AIS-SART 与 AIS 设备。

(1)远距离通信

船岸间双向地面远距离通信使用的是短波(HF)。在 Inmarsat 覆盖海域内船站可实现较远距离通信,但是在 Inmarsat 覆盖海域之外只能用 HF 实现远距离通信。这时使用 HF DSC 进行遇险报警,随后的遇险安全通信可使用 HF NBDP 或 HF 无线电话。使用的频率是 4 MHz、6 MHz、8 MHz、12 MHz、16 MHz 频段中的 5 个频道,一般根据当时电波传播情况、遇险船位置、报警给出的区域等因素来选择。

(2)中距离通信

中距离通信使用 2 MHz 波段,在船对岸、船对船、岸对船的通信中,用 MF DSC(2 187.5 kHz)进行遇险报警和安全呼叫,若采用无线电话,则频率为 2 182 kHz;若采用 NB-DP,则频率为 2 174.5 kHz。

岸对船的 MSI 播发,由船上 NAVTEX 接收机在 518 kHz 频段接收并打印。

(3)近距离通信

近距离通信只用 VHF 频段,其中遇险报警呼叫使用 VHF DSC 或 VHF EPIRB 进行,遇险安全通信使用 VHF 无线电话(CH16)。

作为寻位手段的 9 GHz SART 人工或自动启动后,受救助船或飞机上雷达信号触发,会在救助船或飞机上的雷达屏幕上显示出遇险者位置,同时受雷达信号的触发,SART 发出声光报警,提醒幸存者救援人员已近,从而增强幸存者的信心。

3.2.2　卫星通信系统

GMDSS 中使用了两种卫星通信系统,即 Inmarsat 系统和 COSPAS-SARSAT 系统。使用的船用设备有:Inmarsat-B/C/F 等船站,1.6 GHz EPIRB,EGC 接收机,406/121.5 MHz EPIRB。

3.2.2.1　Inmarsat 系统

Inmarsat(International Maritime Satellite Organization),原称为国际海事卫星通信组织,成立于 1979 年,是一个运营全球海事卫星通信的政府间国际合作组织,为海上用户提供海事救助、安全通信和商业通信。但随着通信业务由海上用户向陆地移动用户和航空用户扩展,1994 年改名为国际移动卫星通信组织(International Mobile Satellite Organization,IMSO),但其缩写仍然是 Inmarsat,Inmarsat 系统也更名为国际移动卫星通信系统。1999 年 Inmarsat 转制成为有限公司,由一个政府间的合作组织转变为商业化公司,公司总部设在英国伦敦。

Inmarsat 系统由三大部分组成:空间段、地面部分和移动站。空间段包括 Inmarsat 卫星、跟踪遥测与控制站和卫星控制中心;地面部分包括地面站(岸站)、网络协调站(NCS)和网络控制中心(NCC);移动站分为陆用(land)、海用(maritime)和空用(aero)。系统能覆盖地球南、北纬 76°之内的所有区域,能够提供多种通信服务,承担了目前海上绝大部分的通信业务,它是 GMDSS 系统中一个非常重要的组成部分。

Inmarsat-A 系统是 Inmarsat 开放的第一个系统,1982 年投入商业运行,但由于不能适应数字通信技术的发展和系统业务的更新,已于 2007 年 12 月 31 日停止工作。目前完全符合 GMDSS 要求的船站有 Inmarsat-B、Inmarsat-C、Mini-C、Fleet F77 船站。

3.2.2.2　COSPAS-SARSAT 系统

COSPAS-SARSAT 系统是用来确定三种信标位置的全球搜救卫星系统,这三种信标是 ELT/EPIRB/PLB。整个系统由紧急信标、卫星、本地用户终端(LUT)和任务控制中心(MCC)组成。

本系统现使用 6 颗近极低轨道卫星,卫星上装有 121.5 MHz 和 406.025 MHz 接收机、一次性处理装置及存储器等。船舶遇险时经人工启动或自动启动 406/121.5 MHz EPIRB 后可发出遇险信号,此信号被经过该遇险信标上空的卫星收到后转发给地球站 LUT。LUT 测出示位标的位置后,将位置数据连同遇险报警一起通过 MCC(主要功能是收集 LUT 和其他 MCC 送来的数据，并进行存储与分类，以便在 COSPAS-SARSAT 系统内交换，以及与 SAR 通信网间交换）通报给 RCC 和其他 MCC 或有关的 RCC，及时展开救助行动。

示位标的位置是在卫星上测定，在 LUT（地面站）中计算出的。由于用多普勒频移测定位置时，计算过程中会得到两个位置，位置数据的真伪可以根据接收同一卫星转发的两次报文或同一卫星第二次通过时的测量数据来分辨。

该系统有两种处理模式：实时模式，是指 EPIRB 发出的信号，通过卫星处理和存储后，立即发回到卫星覆盖范围内的 LUT；全球覆盖模式，是指卫星处理和存储的数据，只有当卫星来到 LUT 上空时才发送出去，使运行中的所有 LUT 都能收到。

根据 IMO MSC. 471 101/24/Add. 1 Annex 24，2022 年 7 月 1 日安装的 EPIRB 应具有 AIS 的寻位功能。EPIRB-AIS 和 AIS-SART 以相同的方式显示在船舶雷达上。EPIRB-AIS 的识别码为 AIS 发射机的识别码，而不是船舶的 MMSI。

决议现行版 *IMO Resolution MSC.* 471（101） *Performance Standards For Float-Free Emergency Position-Indicating Radio Beacons*（*EPIRBS*） *Operating On 406 MHz* 于 2019 年生效，其附录 Annex 24 明确了应急无线电示位标（EPIRB）除满足 ITU《无线电规则》的要求外，还应满足 ITU-R 相关建议书和 IMO 第 A. 694（17）号决议中规定的一般要求，并应符合本决议中规定的性能标准。

3.2.2.3 铱星 GMDSS 服务

铱星移动通信系统是美国铱星公司委托摩托罗拉公司设计的一种全球性卫星移动通信系统。铱星 GMDSS 是首个提供真正全球（包括南、北两极区域）覆盖的系统。

铱星系统在技术上的先进性使其在卫星通信系统中处于领先地位。铱星系统星座的 66 颗低轨卫星之间可通过星际链路直接传送信息，这使铱星系统用户可以完全不依赖地面网而直接通信。铱星系统已广泛应用于包括航海、航空、政府、军队等行业。

2018 年，海上安全委员会通过决议 MSC. 451（99），正式认可 GMDSS 使用铱星移动通信系统提供的海上移动通信服务。

2019 年 12 月 19 日，国际移动卫星组织签署“符合证明”，正式确认铱星 GMDSS 业务满足 IMO 海上安全委员会（MSC）规定的操作和技术要求。

3.3 各海区设备配备要求

在 GMDSS 中，船舶应配备的设备取决于它所航行的区域，即船舶所在海区决定船舶应配备的无线电设备。根据 1988 年 SOLAS 公约修正案，一切从事国际航行的客船和 300 总吨以上的货船，都必须在 1999 年 2 月 1 日之前，按其航行的海区配备相应的 GMDSS 船用设备。船舶无线电设备的配备原则如下：

（1）船舶应按所航行的“海区”，提供执行 GMDSS 功能的设备；

（2）船舶配备的无线电设备应至少能在两种通信分系统中工作，以提供两种以上的通信方式，每种方式应能采用独立设备执行连续报警功能；

（3）装船的每一种无线电设备能执行两种以上的功能，且与两种以上的通信设备进行通信；

（4）设备应操作简单、可靠且无人值守；

(5)救生艇配备的无线电设备能实现现场通信及发射寻位信号,以便与搜救船(或飞机)相配合,完成对救生艇的搜救工作。

具体配备要求如表 3-2 所示。

(1)各海区船舶均应配备:

①1 台 VHF 无线电话设备(能在 CH70 值守、收发 DSC 遇险报警信号;能在 CH6、CH13 和 CH16 上进行通信;并能由驾驶台启动,在 CH70 上发射遇险报警信号)。

②2 台 SART(允许船舶和救生艇兼用,未满 500 总吨的货船每船 1 台)。

③9 GHz 雷达设备 1 台。

④NAVTEX 接收机 1 台。

⑤Inmarsat-EGC 接收机 1 台(只在 HF MSI 广播海域航行的船舶,并装有这种接收设备时可免除)。

⑥1 台卫星 EPIRB(自浮式并能人工启动)。

⑦救生艇用便携式 VHF 双向无线电话设备至少 3 台(500 总吨以下的船舶至少配备 2 台)(应具有 CH16 和至少 1 个其他频道)。

⑧除船舶主电源外,MF/HF/VHF 设备或 SES 必须配有应急电源和备用电源,以及能充分充电的蓄电池充电器。

⑨2 182 kHz 无线电话收发机(能收发和值守双音报警信号,用到 1999 年 2 月 1 日)。

(2)各航区船舶还应增配的设备:

①A1 海区船舶应增配的设备

用于常规通信的 VHF 电话设备(RT)(频率为 156~160. 5 MHz)。在该航区有效的第二种船对岸报警设备,可用 VHF EPIRB 代替卫星 EPIRB。

②A1+A2 海区船舶应增配的设备

用于常规通信的 MF-RT/NBDP 设备(频率为 1 605~4 000 kHz)或 Inmarsat-A/C 设备。MF DSC 设备(至少在 2 187. 5 kHz 上值守、发出 DSC 遇险报警信号)。

③A1+A2+A3 海区船舶应增配的设备

用于常规通信的 Inmarsat-A/C 船站和 MF DSC 设备(至少在 2 187. 5 kHz 上值守、发出 DSC 遇险报警信号);或用于常规通信的 MF/HF 电话(RT)设备(具有 DSC、NBDP 终端,工作频率为 1 605~27 500 kHz,至少在 2 187. 5 kHz 和 8 414. 5 kHz 上值守、发出 DSC 遇险报警)。第二种船对岸遇险报警设备,可以是 406 MHz EPIRB,也可以是 1. 6 GHz EPIRB。

④A1+A2+A3+A4 海区船舶应增配的设备

用于常规通信的 MF/HF 电话(RT)设备(具有 DSC、NBDP 终端,工作频率为 1 605~27 500 kHz)和 MF/HF DSC 值守机(必须能在 2 187. 5 kHz、8 414. 5 kHz 和其他频段,即至少一个 HF DSC 遇险频率上进行扫描接收)。第二种船对岸遇险报警设备必须为 406 MHz EPIRB。

在 GMDSS 中船舶所配备的无线电设备可归纳如下:

①Inmarsat-A/C 船站(或 B/C 船站),EGC 设备,1. 6 GHz EPIRB。

②COSPAS-SARSAT 搜救卫星系统中的 406/121. 5 MHz EPIRB。

③地面通信系统中的各种设备——MF/HF 单边带收发机及无线电话、窄带直接印字电报(NBDP)、数字选择性呼叫(DSC)终端,VHF 收发机及无线电话、VHF DSC 终端设备,518 kHz NAVTEX 接收机,VHF 双向无线电话设备,2 182 kHz 无线电话收发机。

④寻位设备，即 9 GHz 搜救雷达应答器(SART)。

表 3-2　GMDSS 对船舶配备无线电设备的要求

无线电设备			船舶航行区域				备注
用途	设备	使用频率	A1	A2	A3	A3、A4	
主通信设备(遇险、安全通信+一般通信)	无线电话+DSC+DSC连续守听设备	VHF	1	1	1	1	每船配备 1 台
		MF		1	1(0)		用于 A2、A3 海区
		MF/HF	0	0	0(1)	1	用于 A3、A4 海区
	Inmarsat 船站	1.6 GHz 4~6 GHz	0	0	1(0)	0	A3 海区未配备 MF DSC 及卫星船站时应配 MF/HF DSC 及 NBDP 1 台
自动遇险报警设备	卫星系统 EPIRB	406 MHz	1	1	1	1	每船配备 1 台
	VHF EPIRB	CH70	1	0	0	0	用于 A1 海区
海上安全信息接收设备	NAVTEX 接收机	518 kHz	1	1	1	1	A4 海区航行的船舶利用 HF NBDP 接收 MSI
	EGC 接收机	1.6 GHz	0	0	1	0	
定位装置	雷达	9 GHz	1	1	1	1	每船配备 1 台
		9 GHz	2(1)	2(1)	2(1)	2(1)	本船和救生艇兼用
救生艇用通信设备	便携式 VHF 双向无线电话	CH16+1 个信道	3(2)	3(2)	3(2)	3(2)	本船至少配备 3 台(500 总吨的船至少应配备 2 台)

(3)GMDSS 船载设备所具有的通信功能

GMDSS 各船载设备至少满足一个 GMDSS 的功能要求，具体如表 3-3 所示。

表 3-3　GMDSS 通信设备具备的功能要求

设备名称 / 功能要求	VHF (DSC)	NAVTEX 接收机	EPIRB	双向 VHF	SART	MF (DSC)	MF/HF (DSC)	Inmarsat 船站	EGC 接收机
船到岸遇险报警	√		√			√	√	√	
船到船遇险报警	√					√			
岸到船遇险报警	√					√	√	√	
搜救协调通信	√			√		√	√	√	
现场通信	√			√		√		√	
MSI 播发与接收		√					√		√
寻位			√		√				
日常通信	√			√		√	√	√	
驾驶台与驾驶台之间通信	√			√					

3.4　GMDSS 的实施

1988 年 IMO 在英国伦敦总部召开会议,会议审议通过了对《1974 年国际海上人命安全公约》《1979 年 SOLAS 议定书》的修正案,即 SOLAS 公约 1988 年修正案,修正案将 GMDSS 引入公约,并在 SOLAS 公约中选定了 1992 年 2 月 1 日为 GMDSS 的自然生效日期(自然生效为:若 2/3 以上的成员国,占世界船舶总吨位 50% 以上的船东对公约无异议,则在规定之日自然生效,无须再次召开会议做出决议)。

GMDSS 的实施及各项要求应具有法律约束。1987 年召开的世界无线电行政大会(WARC)修订的《无线电规则》保障了 GMDSS 的法律效益,同时 1991 年修订的 STCW 公约推进了 GMDSS 的实施,其规定了船舶配备无线电的要求。在 GMDSS 系统中不再使用传统的莫尔斯报作为遇险报警手段,因此在常规海上通信中也将逐步废弃莫尔斯报。按修订的 STCW 公约,船舶无线电人员的证书分为下述四种:

(1)一级无线电电子证书;

(2)二级无线电电子证书;

(3)普通操作员证书;

(4)限用操作员证书。

修订的 SOLAS 公约也明确地提出了船上无线电设备的维修保障有效性的评判指标,主要包括:双套设备、岸上维修和海上维修能力三种;同时,也说明了航行于 A1 和 A2 海区的船舶,可采取上述三种方式中任何一种来确保设备的性能标准和设备的有效性。航行于 A3 和 A4 海区的船舶,至少应使用上述三种方式中两种组合,来确保设备的性能标准和有效性;该有效性应由主管部门认可,并应考虑 IMO 相关建议提案。

关于 GMDSS 系统的实施日期,在 1988 年的 SOLAS 公约修正案中有下述规定:对于所有 300 总吨以上的货船和所有客船,必须按下列日程表配备无线电设备:

(1)所有船舶从 1993 年 8 月 1 日起,必须配备 518 kHz NAVTEX 接收机和 406 MHz EPIRB。

(2)所有在 1992 年 2 月 1 日及以后建造的船舶,其救生设备必须配备搜救雷达应答器(SART)和双向 VHF 无线电话。

(3)所有在 1992 年 2 月 1 日以前建造的船舶,其救生设备配备搜救雷达应答器和双向 VHF 无线电话不得迟于 1995 年 2 月 1 日。

(4)所有在 1995 年 2 月 1 日以后建造的新船,必须按 GMDSS 要求配备无线电设备。

(5)所有船舶在 1999 年 2 月 1 日以后必须按 GMDSS 要求配备无线电设备。

在 GMDSS 系统中,除了要求船舶配备上述各种无线电设备外,还要求岸台(站)的建设必须符合 GMDSS 系统的要求。GMDSS 系统的实现依赖于岸台(站)的建设与配合。

岸台(站)在 GMDSS 系统中的任务可归纳如下:

(1)及时检测来自船舶的遇险报警,发射岸对船的遇险报警,能迅速将报警转至有关的搜救协调中心(RCC)。

(2)负责搜救协调通信的信息转接,作为 RCC 或搜救部门(SAR)通过陆地公众网或专用通信网与无线网之间的接口。

(3)在日常公众通信业务中作为用户与船舶之间的转接器。

(4)为船舶播发航行警告、气象预报和其他海上紧急信息。

GMDSS 系统能否实现其全部功能,岸基通信设施的建设是关键,通信网的建设是今后航运通信部门的一项重要任务。

GMDSS 系统不仅涉及遇险与安全通信,由于它的强制性,将从根本上改变海上通信现状。莫尔斯报在无线电发明后不久就在船舶通信上使用,这种通信方式价格低廉,传输方式简单,并且具有一定的灵活性,至今还是海上通信相当重要的手段。但是,比起电子技术在各个领域中的发展与应用,这种以人工操作为主的通信手段时效性差,不能满足现代航运业发展的需要。尤其是卫星组网技术在海上通信中的广泛使用,使这种高度依赖人工的通信手段不得不退出历史的舞台。在海上遇险与常规通信中,将使用时效更高的通信手段。

习题

1. 何为 GMDSS? 其基本功能有哪些?
2. 各航区的船舶一旦遇险应分别采用什么手段进行报警?
3. GMDSS 可分为几个分系统? 各分系统的船用设备有哪些?
4. 船用 GMDSS 设备的配备标准是什么?

第 4 章　船用 MF/HF 通信设备

MF/HF 通信系统由海岸电台和 MF/HF 船舶电台组成，是 GMDSS 地面通信系统的主体。它不仅可直接完成船舶间中、远距离的通信，也可通过海岸电台的转接，与陆上用户进行电话和电传通信。

MF/HF 组合电台的工作频带是 1.6~27.5 MHz，即中、短波波段。中、短波传播具有以下特点：

(1) 中波夜间传播距离较白天要远。中波白天受电离层 D 层的强力吸收，主要依靠地波传播，传播距离较近，一般为几百千米；而在夜间，电离层 D 层消失，中波既可以地波形式传播又可以天波形式传播，但天波传播的距离远，白天地波传播不到的地方，到晚上可通过天波传播达到，因此中波夜间传播的距离较白天要远。

(2) 短波以地波传播衰减快，通信距离近。短波波长较短，沿地面绕射传播的能力差，且地面对短波波段电波吸收强烈，衰减很快。通常短波在陆地传播距离不超过 100 km，在海上也不超过 150 km，因此短波主要以天波形式传播。

(3) 短波以天波传播距离远，但有衰落现象。衰落就是信号不稳定，接收到的信号随时间会忽大忽小地变化。短波以天波传播引起衰落的原因是经电离层反射的不同路径的电波在接收端叠加。电波传播的多径效应导致几路电波相位差的变化，于是在接收端叠加产生了信号时强时弱的衰落现象。

(4) 短波传播存在寂静区。寂静区也称“盲区”或“哑区”，指无线电波不能传播到的区域。寂静区就是一个天、地波均不能传播到的区域。克服寂静区最有效的办法就是降低发射频率。

4.1　单边带通信原理

无线电通信的目的在于利用无线电波传递信息，如无线电传（或电报），无线电话，无线传真、图像及数据等。能实现通信的调制方式中，目前比较成熟的有调幅制、调频制、脉冲调制等。单边带制是在调幅制基础上产生的。

本章在复习调幅制的基础上，重点介绍单边带信号的数学表达式和波形，比较单边带制与调幅制的优缺点。

4.1.1　单边带通信的机理及波形

随着无线电通信的飞速发展，电台数量迅速增加，无线电波的某些波段出现了拥挤，特别是在短波和超短波波段，造成了电台间的互相干扰，严重地影响了通信质量。另外，为提高接收机的信噪比，就必须减弱噪声干扰，减少不必要的辐射波。解决问题的方法之一是压缩信号所占的频带宽度。单边带通信体制正是为适应这种形势而发展起来的一种高效率的通信方式。

调幅制是将携带信息的语音、图像或数字等信号(称为调制信号)调制到某高频信号(称为载波)上,使高频信号的振幅按上述信号的变化规律而变化,形成已调波,然后发射出去。

假设载波电压为:

$$u_c(t) = V_c\cos(\omega_c t + \varphi_c)$$

式中:V_c、ω_c、φ_c 分别为载波信号的振幅、角频率和初相角。

若调制信号是单音频信号,则为:

$$u_\Omega(t) = V_\Omega\cos(\omega_\Omega t + \varphi_\Omega)$$

式中:V_Ω、ω_Ω 和 φ_Ω 分别为调制信号的振幅、角频率和初相角。

则相应的调幅信号是:

$$u_{AM}(t) = [V_c + KV_\Omega\cos(\omega_\Omega t + \varphi_\Omega)]\cos(\omega_c t + \varphi_c)$$

为简化起见,令

$$\varphi_\Omega = \varphi_c = 0, m = K\frac{V_\Omega}{V_c}$$

于是:

$$u_{AM}(t) = V_c[1 + m\cos(\omega_\Omega t)]\cos(\omega_c t) \tag{4-1}$$

将上式展开得:

$$u_{AM}(t) = V_c\cos(\omega_c t) + \frac{1}{2}mV_c\cos[(\omega_c + \omega_\Omega)t] + \frac{1}{2}mV_c\cos[(\omega_c - \omega_\Omega)t] \tag{4-2}$$

式中:m 是调幅系数,为防止过调制,要求 $m \leqslant 1$。

单音调制的调幅波波形与频谱图如图 4-1 所示。

由图 4-1 和式(4-1)、式(4-2)可以看出:

(1)调幅信号的包络 $V_c[1 + m\cos(\omega_\Omega t)]$ 完全反映了调制信号的变化规律。

(2)调幅波包络内的高频振荡相位连续,其高频频率为载波频率。

(3)单音频调制的调幅信号由载频 ω_c、上边频 $\omega_c + \omega_\Omega$、下边频 $\omega_c - \omega_\Omega$ 三个频率分量组成。被传递的信息,即调制信号的振幅、频率和相位包含在上、下边频中,载波不传递任何信息。

(4)上、下边频对称地分布在载频的两侧,振幅不超过载波振幅的一半。调幅波频带宽度 $B = 2F_\Omega$。

实际的调制信号是十分复杂的信号,如话音信号。但不管怎样总可用下式来表示:

$$u_\Omega(t) = \sum_{n=1}^{\infty} V_{\Omega_n}\cos(\omega_{\Omega_n} t + \varphi_n)$$

式中,$V_{\Omega n}$、$\omega_{\Omega n}$、φ_n 分别为调制信号第 n 个频率分量的振幅、角频率和初相位。将该信号对载波进行调幅,可得调幅信号表达式:

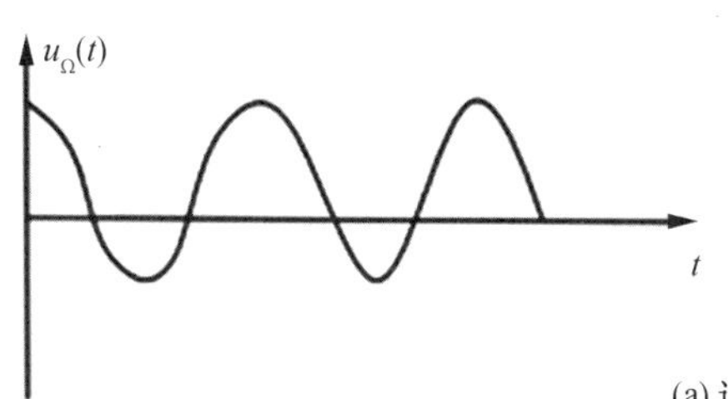

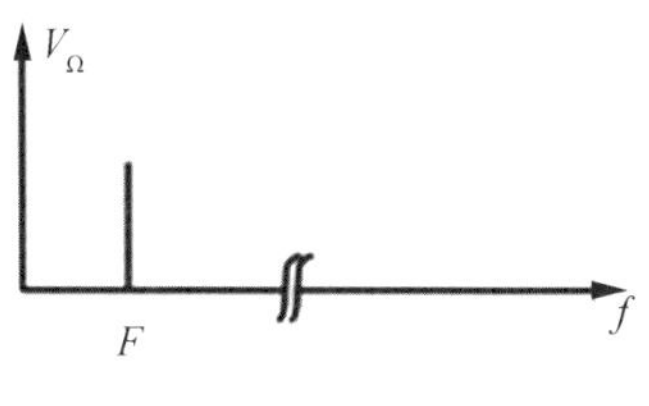

(a) 调制波

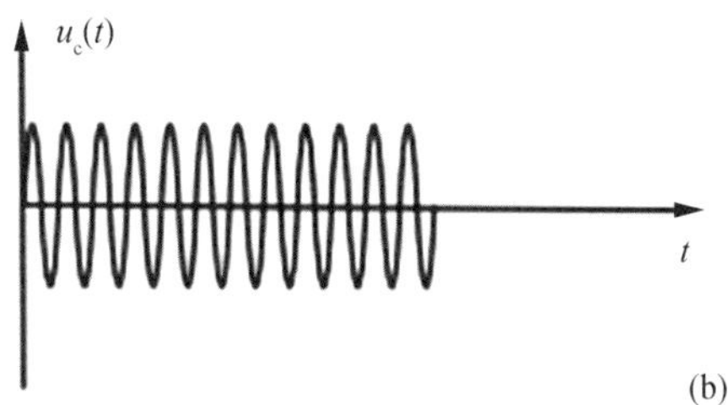

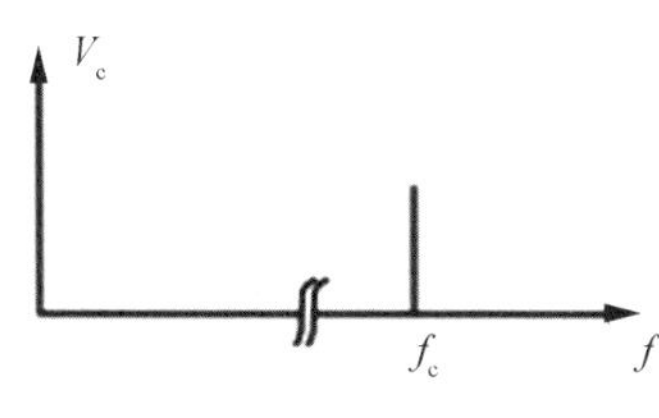

(b) 载波

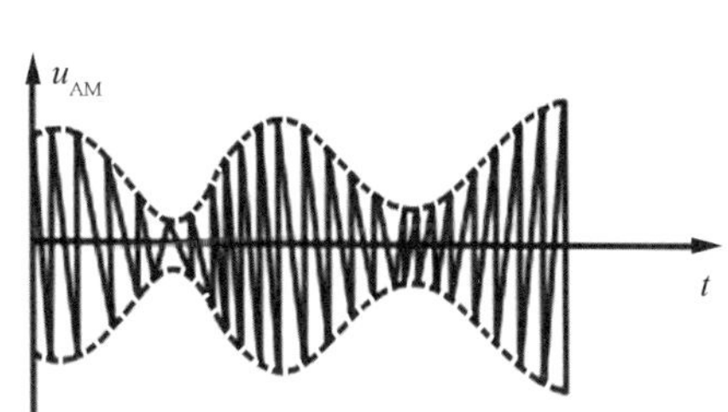

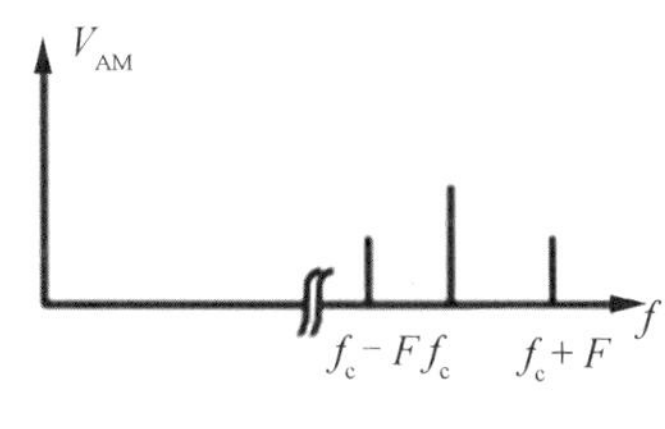

(c) 调幅波

图 4-1　单音调制的调幅波波形与频谱

$$
\begin{aligned}
& u_{AM}(t) \\
&= \left[V_c + K\sum_{n=1}^{\infty} V_{\Omega_n}\cos(\omega_{\Omega_n}t+\varphi_n)\right]\cos(\omega_c t+\varphi_c) \\
&= V_c\left[1+\sum_{n=1}^{\infty} m_n\cos(\omega_{\Omega_n}t+\varphi_n)\right]\cos(\omega_c t+\varphi_c) \\
&= V_c\cos(\omega_c t+\varphi_c)+\frac{1}{2}V_c\sum_{n=1}^{\infty} m_n\cos[(\omega_c+\omega_{\Omega_n})t+(\varphi_c+\varphi_n)]+ \\
&\quad \frac{1}{2}V_c\sum_{n=1}^{\infty} m_n\cos[(\omega_c-\omega_{\Omega_n})t+(\varphi_c-\varphi_n)]
\end{aligned}
$$

式中，$m_n=\dfrac{KV_{\Omega_n}}{V_c}$，为第 n 个频率分量的调幅系数。

从上式可看出，复杂信号调制的调幅波，包含一个载频分量和无数对上、下边频分量。这些边频分量组成了两个边带，对称地排列在载频的两旁，分别叫上边带和下边带。复杂信号调制的调幅波波形与频谱图如图 4-2 所示。

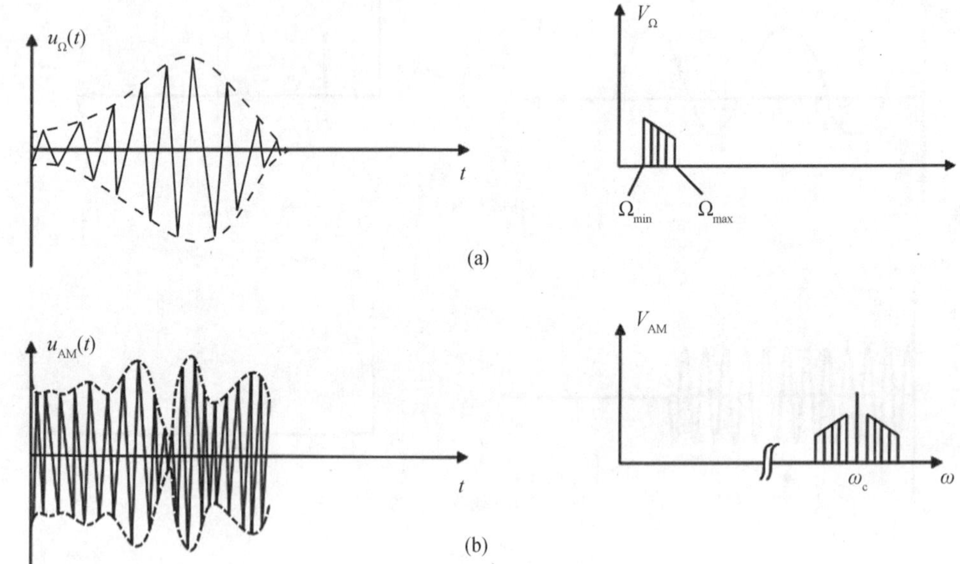

图 4-2　复杂信号调制的调幅波波形和频谱

从图 4-2 可进一步看出：

(1)载频 ω_c 与所要传递的信息 V_{Ω_n}、ω_{Ω_n}、φ_n 无关，即载波不传递任何信息，所传递的信息只包含在边带中，且上、下边带含有同样的信息。

(2)调幅波包络与调制信号的波形完全一致，填充角频率为载波角频率。

(3)调幅波占有带宽为调制信号中的最高频率的 2 倍。设调制信号最高频率为 F_{max}，则调幅波占有带宽为 $B = 2F_{max}$。

从传递信息的角度来看，用两个边带传递相同的信息是不必要的，可以只用其中任意一个来进行通信，在调幅中把载波和另一个边带完全抑制掉，而把信息调制在一个边带上进行通信的方式叫单边带通信，这种调制方式称为单边带调制，用 SSB(Single Side Band)表示。

很显然，单边带通信与调幅通信相比，由于少发射了一个边带，每个信道的频带宽度压缩了一半，也就是在规定的波段内可以容纳更多的电台。又由于不发射载波，这不仅节省功率，还减少了不必要的功率辐射，总之，单边带通信具有很多的优点，已经在航海及其他很多领域获得了广泛的应用。

为掌握单边带通信的工作原理，必须对单边带信号做进一步分析，下面先从单音频调制进行介绍。

4.1.1.1　单音频调制的单边带波

从单音频调制的调幅波表达式(4-2)中取出一个边频(如上边频)，就可得单音频调制的单边带波：

$$u_{USB}(t) = \frac{1}{2}mV_c\cos[(\omega_c + \omega_\Omega)t]$$

如图 4-3 所示，它是一个角频率为 $\omega_c + \omega_\Omega$、振幅为$\frac{1}{2}mV_c$ 的等幅波，它和调制信号的振幅及频率相关联，可以用来传递信息。

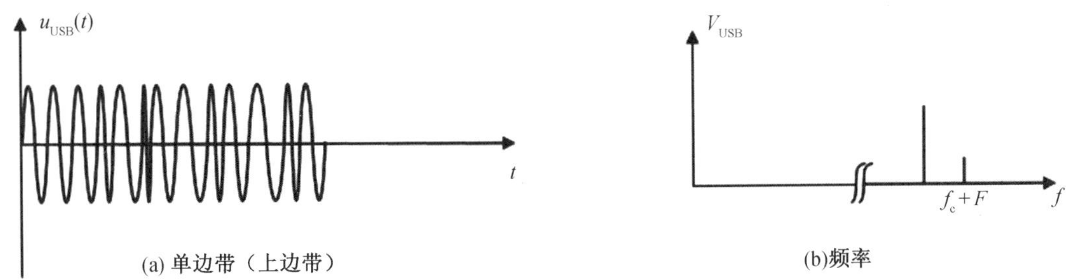

图 4-3　单音调制的 USB 信号波形与频谱

虽然单音频调制是非常特殊的例子，但仍可得出以下结论：

(1) 因为单边带信号的包络并不反映调制信号的规律，所以不能用普通调幅接收机（检波器为包络检波）来接收单边带信号，否则检波输出的是一直流电压。只有采用和调制相反的过程才能恢复原调制信号。

(2) 单边带信号的包络与调制信号的包络相一致，但是包络内的填充角频率为 $\omega_c+\omega_\Omega$。即音频频谱向频率高端平移了一个载频。

4.1.1.2　复杂音频调制的单边带波

从复杂音频调制的调幅波表达式中，取出一个边带（如上边带），可得

$$u_{USB}(t)=\frac{1}{2}V_c\sum_{n=1}^{\infty}m_n\cos[(\omega_c+\omega_{\Omega_n})t+(\varphi_c+\varphi_n)]$$
$$=\sum_{n=1}^{\infty}\frac{1}{2}KV_{\Omega_n}\cos[(\omega_c+\omega_{\Omega_n})t+(\varphi_c+\varphi_n)]$$

将上式作图，如图 4-4 所示。从频率上讲，单边带信号频谱内的各频率分量，实际上是把调制信号的频谱在频率轴上移动了 ω_c；从振幅上讲，单边带信号各频率分量较调制信号增加了$K/2$ 倍；从相位上讲，单边带信号各频率分量增加了一个固定的相位 φ_c。

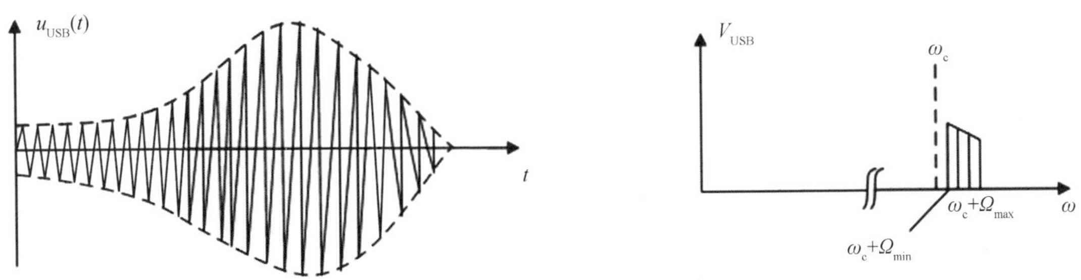

图 4-4　复杂音频调制的单边带信号波形与频谱

由此得到一个重要结论：

从频谱观点看，单边带调制实质上是一个频率线性搬移过程。当调制信号振幅和频率变化时，所产生的单边带信号的振幅和频率做相应变化，从这个角度讲，单边带信号是一个调幅

调相波。

4.1.2 单边带通信的特点

单边带制与普通调幅制通信相比，具有以下特点：

(1)占用频带窄

AM 信号频谱包括载波和上、下两个边带；而 SSB 信号频谱只是上、下两个边带的其中一个，且与调制信号的频谱相同。显然，SSB 信号带宽比 AM 信号带宽少一半，在相同频带宽度的前提下，SSB 调制的电台所能容纳的数量要比 AM 调制的多 1 倍。

(2)发射功率有效利用率高

由单边带通信的机理可知，对单音调制的调幅波，若负载电阻为 R_L，则载波功率为：

$$P_c = \left(\frac{V_c}{\sqrt{2}}\right)^2 / R_L = \frac{1}{2} V_c^{\ 2} / R_L$$

而每一边频功率为：

$$P_\Omega = \frac{1}{2}\left(\frac{1}{2} m V_c\right)^2 / R_L = \frac{1}{4} m^2 P_c$$

调幅波总功率为：

$$P = (1 + \frac{1}{2} m^2) P_c$$

若调幅指数 $m=1$，两个边带仅占总功率的 1/3。由于载波中不含任何信息，有用信息只包含于边带信号中，由此可见有用功率仅为总功率的 1/3。而 SSB 调制只发射一个边带，发射机的输出功率可全部用于传递有用信息，当 $m=1$ 时，相当于 SSB 通信比 AM 调幅通信功率节省了 2/3，因此 SSB 通信节省功率，即功率的有效利用率高。实际通信中，调幅指数 m 的值都是小于 1 的，所以 SSB 通信功率利用率还要高。如果 SSB 发射机与 AM 发射机的总功率相同，那么接收端收到的 SSB 信号要比 AM 调幅信号的强度大，即信噪比得到了提高。

(3)抗选择性衰落能力强

无线电波在传输过程中，不同频率分量会产生不同程度的幅度衰减和相移，于是在接收端出现不同频率、信号强弱变化不一致的现象，这种现象称为选择性衰落。这种衰落主要有两种情况：一种是指同一电波信号经不同路径的传播，在到达接收天线时会产生相位差，不同路径的电波叠加就造成了总信号强度的增强或减弱；另一种是指含有不同频率成分的电波信号经一定距离的传输，电离层高度和电离度的变化，将引起信号幅度的不同衰减和相位的不同变化，因此也会在接收天线上出现总信号强度的变化。短波通信主要依靠电离层对电波的反射来实现，所以短波信道是典型的衰落型信道。

对于 AM 调幅信号，在选择性衰落现象出现时，其载波和两个边带将受到不同幅度的衰减和不成比例的相移，于是接收的信号就产生了失真。通信距离越远，这种选择性衰落就越严重，从而使通信质量下降。

对于不含载波的 SSB 信号，由于边带中各频率分量没有直接的相位和幅度的依从关系，当各频率分量受到不同的衰落时，相当于调制信号中各频率成分相对振幅的变化，而对系统的通信质量影响不大，因此 SSB 通信抗选择性衰落能力强。实验证明，在有中等程度大小的选择性衰落时，调幅通信和 SSB 通信要获得相同的通信质量，调幅发射机的发射功率要比 SSB

发射机的大 1 倍。

(4)电台间干扰小

AM 调制的发射机,若不传输消息,也就是调制信号为零,上、下两个边带也就不存在,但发射机仍然发射载波信号。而单边带通信只发射一个边带,所以当不传输消息(如不讲话)时,发射机就不发生任何发射,从而减少了对其他电台的干扰。在获得相同的通信效果的条件下,单边带发射机所需的发射功率远比调幅发射机小,也减小了对其他电台的干扰强度。

(5)收、发两端载波频率必须保持严格的同步

由于单边带信号的解调必须采用同步解调,因此要求 SSB 接收机必须产生与发射机载波同频同相的本地载波,否则解调出的单边带信号就会失真。此外,由于使用了 NBDP 和 DSC 数字技术,单边带通信系统对载波频率的准确度和稳定度要求很高,要求海岸电台和船舶电台的收、发频率总误差不超过±10 Hz。

(6)对边带滤波器要求十分严格

船用单边带发射机通常用滤波法来产生单边带信号。对于话音调制信号来说,上、下边两个边带相隔仅 600 Hz,为了得到单边带信号,要求对无用的另一个边带有足够的抑制能力,一般要达到 60 dB 这样,就要求边带滤波器在一定的通频带条件下有尽可能大的阻滞衰减,为此边带滤波器通常使用晶体滤波器。

单边带通信设备相对比较复杂,技术上要求严格。但随着现代通信技术的发展,特别是频率合成技术、计算机技术、大规模集成电路和先进制造业在海上通信领域的应用,海上 MF/HF 组合电台的制造也日臻完美。

4.1.3　船用单边带通信的工作种类

根据国际无线电通信咨询委员会(Consultive Committee International Radio,CCIR)(ITU-R 的前身)的建议,无线电通信的工作种类(又称发射类型)都可用以三位字符组的形式来表示。MF/HF 通信的工作种类主要有 J3E、H3E、R3E、F1B、J2B 等。

(1)J3E

J3E 表示抑制载波单边带电话。这种发射类型不含载波,它是海上 MF/HF 无线电话通信的主要工作种类。

(2)H3E

H3E 表示全载波单边带电话。这种发射类型同时发射上边带信号和载波信号,H3E 的信号与一般双边带调幅信号兼容,能用普通调幅接收机接收。在 GMDSS 中,MF 无线电话的遇险与安全通信频率 2 182 kHz 可使用 H3E 发射种类,以提高遇险通信的成功率,其他频率禁止使用,一律采用 J3E 发射种类。

(3)R3E

R3E 表示部分抑制载波或减载波单边带电话。这种发射类型除发射上边带信号外,还发射一部分载频信号。目前,海上 MF/HF 通信都不采用此发射种类。R3E 主要用于航空通信,飞机飞行时会产生多普勒频移,为克服此影响而使用之。

(4)F1B、J2B

F1B 表示自动接收的移频报,J2B 表示具有副载波调制的自动接收报,它们用于 MF/HF NBDP 和 DSC 的工作种类。这种类型占用的频带窄,抗干扰能力强,非常适用于海上无线电传

通信和数字选择性呼叫的通信。

4.2 单边带发射机组成

4.2.1 单边带发射机组成

MF/HF SSB 发射机的基本组成如图 4-5 所示，它包括激励器、高频功率放大器、线性功放与合成、自动天线调谐器、控制微机和电源等部件。

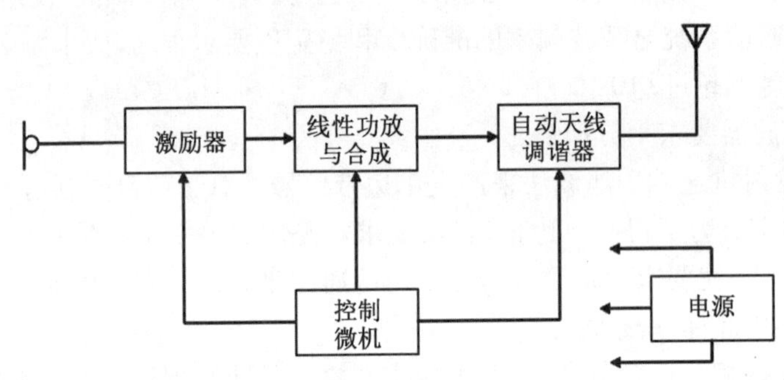

图 4-5 单边带发射机组成框图

单边带发射机的基本任务是：将被传送的音频信号变换为射频单边带信号，并将之放大到所需功率，经配谐以后由天线发射出去。其中激励器完成上述第一项任务，第二项任务由线性功放与合成实现，自动天线调谐器完成功放输出与天线间的匹配和调谐工作，电源系统将船电或蓄电池电源变换为发射机(包括接收机)各部分所需电压，控制微机系统实现对发射机(包括接收机)的各项控制。

4.2.2 单边带信号产生

单边带信号的产生方法通常有滤波法和移相法两种。船用单边带发射机中广泛使用的是滤波法，其基本环节是调制和滤波。

调制器的作用是获得载波被抑制的双边带信号。调制器只完成载波的抑制，它输出的双边带信号再经过一个边带滤波器，使所需要的边带信号通过，将不需要的边带抑制掉，并对调制器漏出的载波(载漏)进一步抑制，才能获得单边带信号输出。

一个较纯的单边带信号通常要求载波和无用边带的抑制度均应达到 40~60 dB。由于单边带调制器对载波可达到 20 dB 的抑制，因而边带滤波器对载频有 20 dB 以上的抑制度就可以了，但对无用边带的抑制至少在 40 dB。

船用单边带发射机所用边带滤波器的技术要求如图 4-6 所示。

图中画的是上边带滤波器，有用边带是上边带，而下边带是无用边带。边带滤波器(属于带通滤波器)的衰耗频率特性可分为三部分，即通带、阻带和过渡带。对它们的要求如下：

(1)通带内插入损耗和波动要小，带内最大损耗不超过 3 dB，波动小于 0.5 dB。通带宽度决定于单边带信号本身所占的带宽，如传输话音的单边带信号为 f_0+300 Hz~f_0+3 000 Hz，其

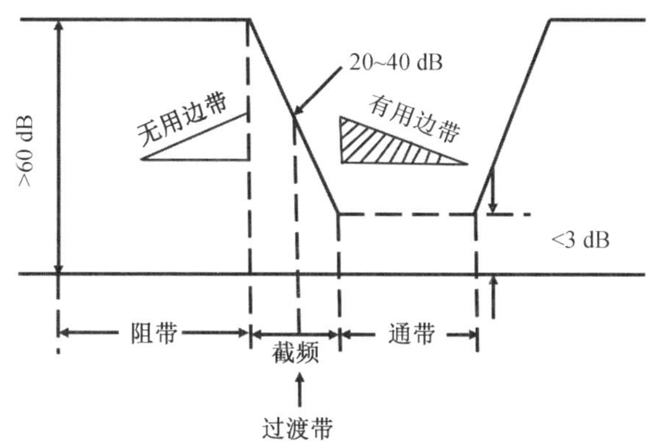

图 4-6　边带滤波器的衰耗频率特性

中 f_0 是载频,因此通带宽度为

$$(f_0 + 3\ 000\ \text{Hz}) - (f_0 + 300\ \text{Hz}) = 2\ 700\ \text{Hz}$$

(2)阻带衰耗大小取决于对无用边带和其他干扰的抑制程度。显然,阻带衰耗越大,抑制无用边带和干扰的能力就越强。通常要求边带滤波器的阻带衰耗在 60 dB 以上。

(3)过渡带要陡峭。过渡带取决于上边带的最低频率和下边带最高频率间的频率间隔,一般为调制信号最低频率的 2 倍。如话音信号最低频率为 300 Hz,则过渡带为 600 Hz。要在这样窄的过渡带内衰耗增加到 60 dB 以上,其过渡带衰耗特性斜率必须大于 0.1 dB/Hz。这样陡的衰耗特性斜率在工作频率(即载频)较高(100 kHz 以上)时,用一般 LC 滤波器很难达到要求,只有使用晶体滤波器或机械滤波器(过渡带衰耗特性斜率可达 0.3 dB/Hz)才行。

边带滤波器的衰耗频率特性并不要求对称,对无用边带这一边的过渡特性要求较陡,而对另一边的过渡特性就不要求那样严了,能满足阻带衰耗就可以。

对边带滤波器的特性,还要求其特性阻抗与前后电路相匹配,工作频率要求高度稳定,不受环境温度和湿度等影响。

4.2.3　单边带发射机的主要技术指标

MF/HF SSB 发射机的技术和性能指标不仅在设计制造时要考虑,在设备安装调试完成后或出现故障修复后也都要进行检测。下面介绍 MF/HF SSB 发射机的主要的技术指标。

(1)峰包功率

单边带发射机的额定输出功率是以峰包功率标称的。因为峰包功率指标与互调失真指标有关,所以峰包功率是指发射机输入等幅双音时,在规定的互调失真小于一定电平下,单边带信号包络峰值处高频一周内的平均功率。测量时因没有峰包功率计,通常仍测量平均功率,然后依峰包功率与平均功率间关系求出峰包功率。

(2)互调失真

互调失真是指发射机工作于额定功率输出的情况下,由调制器、放大器和末级功率放大器的非线性所引起的非谐波的失真。其中三阶互调影响最大。

(3)无用边带抑制和载波抑制

船用 SSB 通信规定使用上边带,下边带就是无用边带,对这一边带的抑制称为无用边带抑制。该指标取决于边带滤波器的特性,一般要求对无用边带的抑制(用 dB 表示的无用边带振幅与有用边带振幅之比)应在-55 dB 左右。

载波抑制也称载漏抑制,用来表示发射机对载频的抑制性能。定义为用 dB 表示的残留载波电压信号的幅度与 SSB 信号包络峰值电压幅度之比。该指标主要取决于 SSB 调制器和边带滤波器的性能,一般要求载漏抑制比在-60 dB 以下。

4.2.4 单边带发射机的组成规律

为了满足 SSB 发射机的有关技术指标,其组成方案有以下要求:

(1)单边带信号必须在低电平处形成

单边带信号由调制器和边带滤波器产生,它们都是不能承受高电平信号的,否则会产生严重的非线性失真,因此总是将它们放在单边带发射机的最前端,常称为“第一次调制”。其任务是将音频信号频谱线性搬移到第一载频位置上。

(2)采用三次搬移方案中的“高中频”方案

船用 SSB 发射机属于宽波段、多信道发射机,工作频率为 1.6~27.5 MHz。所以,滤波法产生 SSB 信号必须采用性能良好的晶体滤波器,实际上晶体滤波器的最高工作频率是有限的,一般不易做得很高,往往只有几兆赫兹,如果只经过一次移频,显然无法满足 SSB 发射机宽频段的要求。另外,即使不同信道采用不同频率的晶体滤波器,船用 SSB 发射机的频率为 1.6~27.5 MHz,频道间隔 100 Hz,可以想象,需要大量不同频率的晶体滤波器,而且会影响结构和可靠性。因此,目前船用 SSB 发射机普遍采用频率合成技术实现多信道,三次搬频方案实现宽频带。

船用 MF/HF SSB 发射机的三次频率搬移如图 4-7 所示,设音频调制信号的频谱为 ΔF。首先将 ΔF 与第一载频 $f_{c1}=1.4$ MHz 进行双边带调制(即第一次频谱搬移),经边带滤波后取下边带(-),得到 $f_{c1}=1.4$ MHz 下边带信号;然后进行第一次混频(即第二次频谱搬移),本振频率为 $f_{c2}=43.6$ MHz,混频后取相加(+)的频率分量,即得到 $f_{c2}+(f_{c1}-\Delta F)=45\ \text{MHz}-\Delta F$ 的下边带信号;第二次混频(即第三次频谱搬移),本振频率为 $f_{c3}=45\sim75$ MHz,混频后取相减(-)的频率分量,得到频率为(45~75) MHz-(45 MHz-ΔF)=(0~30)MHz+ΔF 的上边带信号。如果 f_{c3} 是以 100 Hz 为步进的频点变化,则输出信号的频率同样以 100 Hz 间隔在 0~30 MHz 内步进地变化,从而覆盖 MF/HF 整个工作频率范围。

由于海上 MF/HF SSB 通信规定使用上边带,所以三次频率搬移应两次选下边带、一次选上边带,即“-、+、-”(如上面的举例)或三次均选上边带“ +、+、+”的搬移方式。

在三次搬频方案中的“-、+、-”为“高中频”方案,它在海上 MF/HF SSB 通信中得到广泛应用。图 4-7 中,发射机第一载频为 1.4 MHz,经边带滤波器选取下边带;第二载频为 43.6 MHz,带通滤波器选取和频,得到频率为 45 MHz 的下边带信号;第三载频为 45~75 MHz,滤波器选取差频,输出载波频率为 0~30 MHz 的上边带。通常把第二混频器的输入频率(45 MHz-ΔF)称为中间频率,它高于发射机的最高工作频率 27.5 MHz。这种中间频率高于发射机最高工作频率的方案,称为“高中频”方案。

采用高中频方案,可避免第二次混频器输出的无用杂散频率成分落入有用信号通带内,从而实现不调谐式输出,简化电路,有利于微机控制。

为减少设备的复杂性和非线性失真程度,单边带发射机内一般不采用更多次数的搬移。

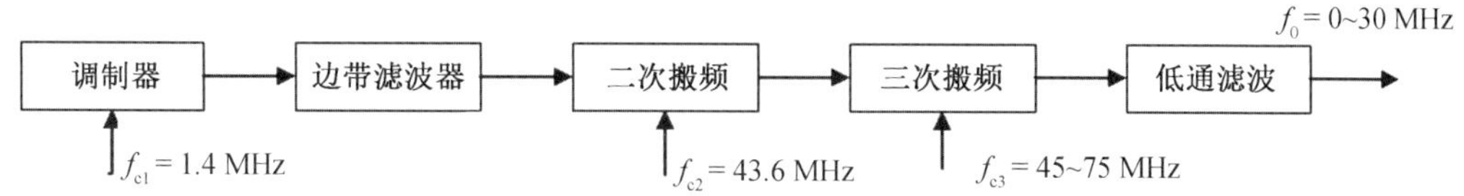

图 4-7　TRP 三次搬频方框图

(3)放大器必须保证线性

SSB 信号产生时的信号很小,信号幅度的峰-峰值一般为 1 V 左右,要达到额定的发射功率,必须对其进行放大。高频功率放大器工作于大信号状态,容易进入非线性区,从而产生互调失真。为了保证 SSB 信号频谱的线性搬移,满足失真度的要求,功率放大器的静态工作点要合理选择,使其工作于线性较好的 A 类或 AB 类状态,也称甲类或甲乙类。同时电路上还需采用一些技术来改善线性,如共基电路、负反馈或自动功率控制(ALC)等。

(4)载频必须独立输入

对于含有载波的发射类型 H3E,其载波成分不能靠调制器本身泄漏的载波提供,必须单独设立可自动控制的载波注入电路,将其提供的载波信号与载波抑制的 SSB 信号在混合电路中合并,从而获得各发射种类的 SSB 信号。

4.3　单边带接收机组成

4.3.1　单边带接收机的组成

单边带接收机和其他调制方式接收机一样,其基本任务是:选择、放大和解调,使发端所传送的信息能够在复杂干扰条件下基本恢复,并按一定的信噪比馈送给收端的终端设备(耳机,扬声器或电传机等),达到高质量通信的目的。但是由于运用条件和要求不同,船用单边带接收机与其他接收机相比具有自己的一些特点。

船用 MF/HF SSB 接收机的组成如图 4-8 所示,主要包括信道部分,即从接收天线至低频放大器输出的信号通道部分;频率产生部分,即频率合成器单元;控制部分,即自动增益控制和微机控制部分及电源部分。

在前面的 MF/HF SSB 发射机组成中已经提到,目前船用 MF/HF SSB 发射机和接收机一般都组合在一起,收、发控制都由一个独立的控制单元完成,频率合成器和电源单元都共用。

4.3.2　单边带接收机的主要技术指标

SSB 接收机的技术和性能指标中,灵敏度和选择性是最基本、最主要的两个技术指标,反映了 SSB 接收机接收有用信号和抑制各种干扰的能力。

4.3.2.1　灵敏度

灵敏度是表示接收机接收微弱信号的能力,常用的定义是相对灵敏度:当终端负载在规定的信噪比条件下获得一定的输出功率时,接收机输入端所需的最小信号电平,通常为微伏数

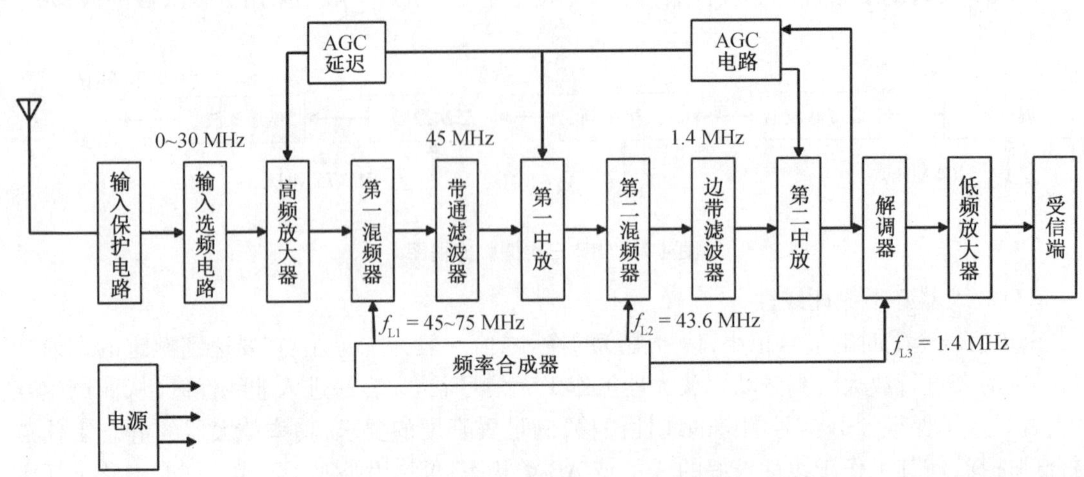

图 4-8　MF/HF SSB 接收机的组成

量级。

由定义可知,接收机的灵敏度是由接收机的总放大量和机内噪声所决定的。因此当输出功率一定时,放大量越大,输入端所加的电压越小,灵敏度就越高。另外,由定义也可以看出,灵敏度与接收机的内部噪声相关联系,内部噪声电平越高,输出信噪比就越低。由于接收机在放大信号的同时噪声也会增大,因此总放大量增加,灵敏度会降低。可见,接收机的灵敏度也受到噪声的限制。

4.3.2.2　选择性

接收机要从大量信号中排除干扰、选出有用信号。通常把这种选择有用信号、抑制干扰的能力称为接收机的选择性。选择性可以分为两类:单信号选择性和多信号选择性。

(1)单信号选择性

单信号选择性是指像频抗拒比、中频抗拒比和邻道选择性。这三类干扰即使在干扰不大的情况下也能对有用信号产生影响,因此有时又称“小信号(指干扰信号)选择性”。

①像频抗拒比

当干扰频率与信号频率相对于本振频率呈现对称关系时,这种特殊干扰称为像频干扰。

正常情况下,接收机中频 f_i 应等于本振频率 f_0 与信号频率 f_s 之差,即 $f_0 - f_s = f_i$。如果有一个干扰 f_n 比本振频率高出一个中频,经混频也会产生一个中频,即 $f_n - f_0 = f_i$,也同样可以顺利通过接收机而输出,形成干扰。f_n 就是 f_s 的像频干扰。像频干扰是超外差接收机固有的一种干扰。

像频抗拒比为:$d_Z = K_0/K_n$,其中,信号频率 f_s 传输系数为 K_0,像频 f_n 处传输系数为 K_n。CCIR 建议,d_Z 应为 80~90 dB,实际上现代单边带接收机的像频抗拒比可达 100~120 dB。

②中频抗拒比

当外来的干扰频率刚好等于接收机的中频频率时,这个干扰可能通过各种途径漏过高放、混频,并顺利通过中放后,经解调输出而形成干扰。它属于超外差接收机本身的另一种特殊干扰。同样,中频抗拒比为:$d_1 = K_0/K_1$。

单边带接收机的中频抗拒比指标一般情况下为 80~90 dB。

③邻道选择性

如接收机的前端电路及第一中频滤波器的选择性不好，则邻近电台信号会进入接收机，从而造成干扰。接收机对这类干扰的抑制能力称为邻道选择性。邻道选择性的指标主要决定于第一中频滤波器的矩形系数（它要比前端电路的矩形系数小得多）。

滤波器的矩形系数，实际上就是两个带宽之比，其中一个是 6 dB 带宽（通过有用信号），可用 $B_{6\ \mathrm{dB}}$ 来表示；另一个就是 60 dB 带宽（抑制无用信号），可用 $B_{60\ \mathrm{dB}}$ 来表示，它们的比值 $K_n=\frac{B_{6\ \mathrm{dB}}}{B_{60\ \mathrm{dB}}}$，就称为“60 dB 处的矩形系数”。显然，矩形系数越小越好。但此时对滤波器的频率特性也就要求很高，现在大多数接收机采用晶体滤波器，矩形系数可以达到 2 以下。CCIR 建议，船用单边带接收机 60 dB 处的矩形系数要求为 2~4。

（2）多信号选择性

多信号选择性通常是指阻塞干扰、倒易混频、交叉调制和互相调制这四项指标。因为这四类干扰影响都是在干扰信号很强时才能表现出来的，所以有时又称为“大信号（指干扰信号）选择性”。另外，它们的干扰影响与前端电路中的放大器和混频器有关系。放大器和混频器的非线性越严重，干扰影响就越大。

①阻塞干扰

当有用信号和某一强干扰同时存在于接收机输入端时，非线性作用使有用信号的输出明显下降，甚至完全无输出的现象，称为阻塞干扰，俗称为“大信号（指干扰信号）吃掉小信号（指有用信号）”。

②倒易混频

船用 SSB 接收机广泛采用频率合成器作为本振频率源，而实际频率合成器输出的本振信号附近是存在着杂散噪声的，即边带噪声。当有强干扰信号作用于混频器时，它将与这些边带噪声混频，从而产生等于接收机中频信号频率的干扰信号，落入中频通带，形成中频噪声，使接收机的输出信噪比下降，这种干扰被称为倒易混频干扰，即强干扰和弱本振信号（有用本振信号附近的噪声）在混频器中混频，将本振源的边带噪声搬移到了中频通带内，从而产生了干扰。这种现象可用图 4-9 来说明。

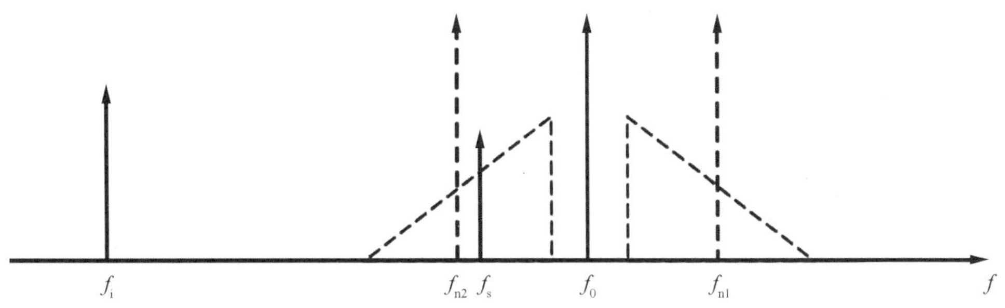

图 4-9　倒易混频的频率关系

图中 f_0 是本振主信号，f_s 是有用信号。因此经混频后产生中频信号 f_i；虚线是两个干扰信号，其中 f_{n1} 离有用信号比较远，f_{n2} 离有用信号比较近。但因为在本振信号两侧存在着边带噪声（如虚线三角关系），所以当 f_{n1} 或 f_{n2} 与边带噪声中的某些噪声分量经混频后正好落在中频通带内,形成中频噪声,其结果是使输出信噪比下降。由此可见,虽然干扰信号本身不在中频通带之内,但产生了倒易混频现象,将本振源内的边带噪声搬移到了中频通带之内,这就是“噪声调制”的概念。

由于边带噪声是宽带的,并且干扰信号无论离有用信号远或近都有可能产生这种倒易混频现象,因此,它对接收机实际灵敏度的影响是很大的。

③交调干扰

交调是指交叉调制,即当有用信号和邻近强干扰信号同时存在于接收机输入端时,由于非线性作用,干扰信号中的调制转移到有用信号上的现象,称为交调干扰。因此,在接收机的输出端除了可以听到有用信号外,同时又可听到干扰信号,并且随着有用信号的停止,干扰信号也跟着消失。

④互调干扰

当两个或多个干扰信号同时存在于接收机输入端时,由于非线性作用而产生的某个组合频率落入有用信号的通频带内形成干扰,称为互调干扰。

4.3.3 单边带接收机的组成方案

单边带接收机通常是按超外差方式组成的。它首先将不同的高频信号频率变换为固定的中频,然后接同步检波器进行解调,恢复后的音频信号经过低放后输出。但是究竟要经过几次变频,中频如何选择,它们与接收机指标有什么关系,这些都是接收机组成方案中必须考虑的。对此,不同厂家的船用单边带接收机几乎都采用了相同的方案。

4.3.3.1 采用二次变频、高中频方案

在单边带接收机中,考虑到非线性指标,原则上应尽量减少混频器的数目,即变频次数越少越好。图 4-10 是最简单的一次变频接收机方框图。

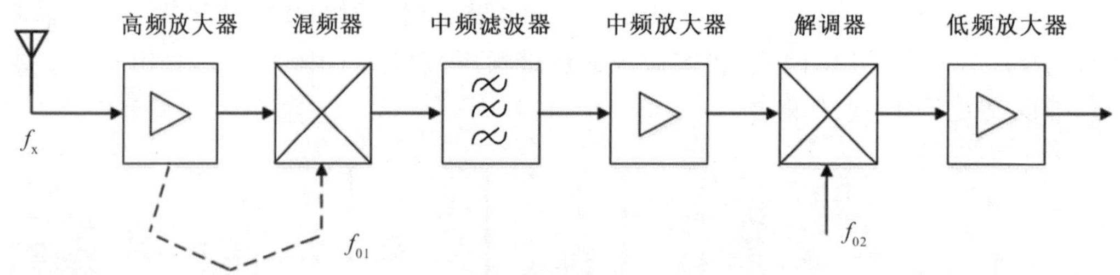

图 4-10 单变频式单边带接收机方框图

图中:f_{01} 是本振频率,它与高频信号频率 f_s 实现跟踪,混频输出为固定中频 f_i,即 $f_{01} - f_s = f_i$。f_{02} 是接收机内重置的载频,为实现同步检波,必须保证 $f_i = f_{02}$。

这里 f_i 可看成载频为 f_{02} 的单边带信号,它是通过中频滤波器后取得的。滤波器的理想带宽就等于边带信号的带宽。

由于具有边带带宽的中频滤波器受到器件的限制,其工作频率不能很高。例如,晶体滤波器的中心频率一般为 1~2 MHz,机械滤波器的中心频率为 100~500 kHz。这样低的中频数值不能保证对镜像频率 $f'_s = f_s + 2f_i$ 和中频频率 $f''_s = f_i$ 的有效抑制。因此,这种一次变频方案的接收机实际上没有得到广泛应用。

现在采用较多的是二次变频方案，其方框图如图 4-11 所示。

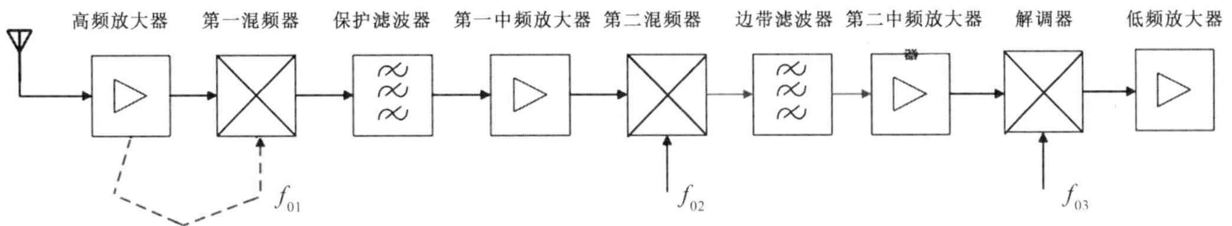

图 4-11　双变频式单边带接收机方框图

图中：f_{01} 是第一本振频率，它与信号频率实现跟踪得第一固定中频 f_{i1}，即 $f_{01}-f_s=f_{i1}$，经过滤波器和第一中放后与第二本振频率 f_{02} 进行第二次混频，得第二固定中频 f_{i2}，即 $f_{02}-f_{i1}=f_{i2}$。为实现同步检波，必须保证 $f_{i2}=f_{03}$。

与前相同，f_{i2} 因受到边带滤波器最高工作频率的限制，不可能取得很高。但是，第一中频 f_{i1} 可以任意选择。如选择第一中频使 $f_{i1}>f_{smax}$，其中 f_{smax} 是最高端信号频率。例如，$f_{smax}=30$ MHz，$f_{i1}=35.4$ MHz，$f_{i2}=1.4$ MHz。显然，它几乎完全排除了受像频和中频干扰的可能性。即使在接收机前端没有调谐回路的情况下（指宽带输入），像频和中频抑制度都可以做得很高。

二次变频方案虽然克服了由第一混频器所产生的像频干扰和中频干扰（依靠中频数值的提高），但是在第二混频器内仍然会产生对第一中频而言的像频干扰 f'_{i1} 和对信号频率而言的中频干扰 f''_s，频率 f'_{i1}，f''_s 分别为：

$$f'_{i1}=f_{i1}+2f_{i2}, f''_s=f_{i2}$$

因此，在第二混频器后面必须接上一个窄带滤波器，用它来提高对频率 f'_{i1} 和 f''_s 的抑制能力，这就是图中"边带滤波器"的作用。通常用晶体滤波器来实现，其通带只有 10 kHz 左右，足以保护第二混频器后的有效选择性。

在 SSB 发射机组成中已介绍过的"高中频"方案与这里要讲的不是一个概念。SSB 接收机中的"高中频"方案是指第一中频频率要求高于其最高接收频率的 3 倍。实际上，第一中频频率大于等于最高接收信号频率的 1.5 倍以上就可认为是"高中频"方案。

在接收机中采用这种方案能够大大提高对像频干扰和中频干扰的抑制能力，提高信噪比。各种外来干扰信号进入接收机后，通过混频器与本地载波信号混频，将产生复杂的非线性信号，即本地载波信号与干扰信号的各种组合信号。当这些组合信号的频率等于接收机的中频频率时就会落在接收机的中频通带内，使接收机的输出信噪比降低，从而引起通信质量的下降。理论分析和实践都证明，采用"高中频"方案，接收机内部混频器输出的本振信号与干扰信号的组合信号中等于接收机中频频率的这种组合信号数量将大大减少，并且中频频率越高，这种干扰组合信号就越少。

4.3.3.2　合理分配接收机的增益

SSB 接收机的增益是很高的，通常可达到 120 dB 以上，这样高的增益不可能集中分配给一个部分的放大器，否则将引起接收机的自激，或者在强干扰的作用下产生阻塞现象，使接收机无法正常工作。因此必须把总增益合理地分配到接收机的各部分放大器中去。

接收机的增益分配规律是：前端增益尽量少，主要增益放在接收机的中频和低频部分，其中中频部分承担的增益要更大一些。“前端”是指接收机从天线开始到最后一级混频器之前的部分。二次变频接收机中三个部分如图 4-12 所示。

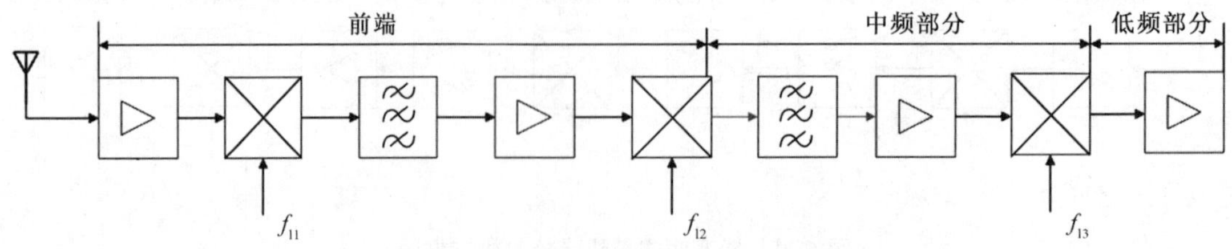

图 4-12　二次变频接收机内部划分

增益这样分配是因为:

(1)前端电路的工作频率较高,增益太大容易引起自激。

(2)接收机的非线性问题。如果前端分配的增益越大,则到达放大器和混频器输入端的信号和干扰电平也就越强,这时出现的非线性现象就越严重,将使接收机的多信号选择性指标显著下降。

由以上分析可见,增益分配不仅影响灵敏度,还影响接收机的选择性。这样说来,是否前端增益可以不要,或者是负的增益呢?这也不合理。因为接收机的噪声系数为:

$$NF = NF_1 + \frac{NF_2 - 1}{G_1} + \frac{NF_3 - 1}{G_1 G_2} + \cdots\cdots$$

式中,NF_1、G_1 分别代表第一级的噪声系数和功率增益;NF_2、G_2 分别代表第二级的噪声系数和功率增益;依此类推。

由上式可见,前端的功率增益越高,对减少接收机的噪声系数越有利(因为后面各级的噪声影响均可以忽略不计),对提高灵敏度越有好处。

显然,为了减少接收机的 NF,希望前端增益适当地高;为了提高接收机的有效选择性,而希望前端增益尽量小。为解决这一矛盾,一般应在保持前端增益最低的条件下尽量降低高放和第一混频器的噪声系数。

4.3.3.3　加强前端的选择性分配和动态范围

单边带接收机的输出端出现干扰信号的原因很多,相应的选择性指标也很多。这些干扰的抑制方法又称为选择性分配原则。

(1)寄生干扰

这是超外差方式本身带来的,通常是指像频干扰和中频干扰,在二次变频接收机内还应包括第一中频的像频和第二中频干扰在内。

由于它们产生干扰影响的位置不同,因此保护措施亦应加在这个位置之前。对第一混频器的像频干扰和第一中频干扰,采用“高中频”方案后完全可以排除。第二中频干扰的影响也不大,因为它要经过输入回路、高放和第一中频滤波器的抑制,同时又要经过两个混频器的隔离;而对第一中频的像频干扰(f_s-2f_{i2})的抑制,必须加强第一中频滤波器的选择性才能防止,采用窄带晶体滤波器能满足指标要求。

(2)变频干扰

这是在单一干扰情况下由于混频器的非线性所产生的,又称为“组合波干扰”。

当干扰频率接近于信号频率,并到达混频器输入端,由于非线性在其输出端将产生组合频率 mf_0-nf_s,它们落在中频通带内就引起变频干扰。对抗这类干扰的主要措施是合理选择中频数值,即采用“高中频”方案,并且采用双平衡型混频器电路。

同样,在二次变频接收机内第二混频器也会产生变频干扰。克服办法是严格要求第一中频滤波器的通带和稳定性,尽量将通带限制在边带频带的宽度内;同时采用双平衡型混频器电路。

(3)非线性干扰(交调和互调干扰)

这是在一个信号,一个干扰,或两个干扰同时存在的情况下,通过放大器或混频器的非线性所产生的。

设 ω_1、ω_2 是两个干扰频率,ω_s 是信号频率,那么构成二阶互调干扰的条件是:$\omega_1 \pm \omega_2 = \omega_s$;构成三阶互调干扰的条件是:$\omega_1 - \omega_2 = \omega_s - \omega_1$;构成三阶交调干扰的条件是:$|\omega_1 - \omega_2| = \Delta\omega$ 落在信号的边带频带内。这三种干扰的共同条件是 ω_1 和 ω_2 必须通过前端的输入回路或滤波器。因此,主要措施是加强前端选择性和改进放大器或混频器的线性指标,其中提高接收机的线性指标对非线性干扰的抑制效果比加强前端选择性要显著得多(现代接收机采用前端宽带不调谐的原因);同时在灵敏度富余的情况下可以加进天线衰减器来提高非线性干扰的抑制。

(4)邻道干扰

这是由于中频滤波器矩形系数不良而引起的。

对付这类干扰的主要措施是提高中频滤波器的质量,减小矩形系数,使邻道干扰的衰减在 60 dB 以上。现采用晶体滤波器,矩形系数小于 1.5,基本上可克服这类干扰。

可见,前端电路的选择性提高,可以把各种外界的干扰排除在接收机的通带之外,使它们对有用信号的接收不产生或少产生干扰影响。

但是,对于强干扰的输入,除了提高选择性外,还必须增大前端电路的动态范围,否则,这些强干扰进入放大器或混频器中的非线性区域,将会产生严重的非线性失真,结果在通带内除了有用信号外,还增加了许多互调和交调产物,严重地影响正常信号的接收;同时由于强干扰的作用,接收机的灵敏度下降,在严重的情况下,甚至根本收不到有用信号。这就是“阻塞”现象,因此,增大单边带接收机前端的动态范围也是十分重要的。

4.4　数字频率合成器

4.4.1　基本功能与分类

我们知道,SSB 发射机的载频和 SSB 接收机的本振频率不仅需要具有很高的稳定度(10^{-7}),而且必须可变、满足一定的覆盖范围,即需要的频点数很多。这些高稳定度的频点是由频率合成器提供的。

现代船舶通信导航中对收、发设备的工作频率的稳定度和精确度提出了严格的要求。船舶 SSB 信号的频率稳定度,要求不超过±10 Hz 的偏差。以短波波段的上限 30 MHz 为例,工作频率的稳定度应为 3.3×10^{-7}。LC 振荡器的频稳度一般可达到 10^{-4},晶振在通常的线路中也只有 10^{-5} 稳定度,加恒温电路后可以超过 10^{-6} 的频率稳定度。

频率合成器的基本功能是从高稳定度的基准振荡器,通过锁相环路得到的一定频率范围内的大量的同基准频率同样稳定的离散工作频率。

根据获得大量频率的不同方式,频率合成器可分为两大类:

(1)直接合成法。它是直接由基准频率经分频、倍频和混频等过程,得到所需的频率。这种方法要经多次混频,并必须再跟以滤波,而混频会产生许多不需要的组合波,引起干扰,因此该方法在现代通信技术中已很少应用。

(2)间接合成法。它是用基准频率,通过锁相环路控制一个压控振荡器(Voltage Controlled Oscillator,VCO),使VCO的输出频率与基准频率具有同等的稳定度。

间接合成法中的数字式频率合成器在现代通信设备中应用最广泛,这里只介绍此种合成法。

4.4.2 组成结构

频率合成器(简称"频合器")是船用SSB收发机的"心脏",是关键性的一个组成单元。这些频合器输出的离散频率是每100 Hz一步连续可调,当频率为1.6~30 MHz时,共提供284 000个固定频率点,它们均属于数字式集成频合器。

数字频合器的核心是锁相环路,它由参考振荡器、相位比较器、环路滤波器、压控振荡器和可变分频器组成,如图4-13所示。

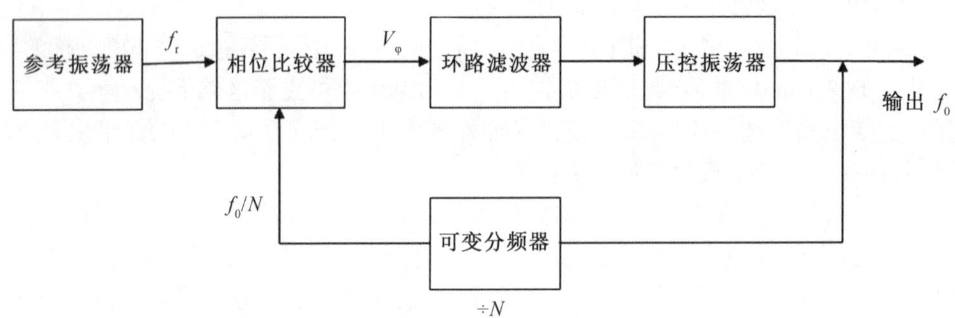

图4-13 数字频合器基本结构

参考振荡器是基准频率源,一般为高稳定度的晶体振荡器。

锁相环路在频合器中的任务就是把压控振荡器的输出频率锁定在基准频率的相位上,输出大量与基准频率一样稳定的工作频率,作为接收机的本振频率源和发射机的载波频率源。

压控振荡器是振荡回路中接有变容二极管的LC振荡器或晶体振荡器,其输出频率稳定度较低且随控制电压的改变而改变。相位比较器又称鉴相器(Phase Detector,PD),它将两个输入电压的相位进行比较,输出一个与两者相位差成比例的误差电压。环路滤波器一般为低通滤波器,其作用是滤除误差电压中的高频成分,起到平滑作用。

压控振荡器(VCO)的振荡频率f_0被可变分频器按一定的分频比分频后,得到f_0/N频率,送入鉴相器(PD)与基准频率f_r在鉴相器内进行相位比较,两者间的误差,以直流电压的形式输出,经滤波后加在VCO的变容二极管上。变容二极管两端的反向电压变化范围越大,它的结电容变化范围越大,振荡频率的变化也越大。在直流误差电压V_φ的控制下,当f_0的变化结果使$f_r=f_0/N$时,这时两者之间没有频差,只有一个固定的相差,使V_φ保持在某一固定值上不变,因而f_0也不再变动,这时称为输出频率f_0被锁定在f_r的相位上;这是一个反馈环路系统,所以叫锁相环路。此时环路的状态,称为锁定状态。f_0 另一路输出,就是设备所需要的工作频率。

$$f_0 = Nf_r$$

从式中可以看出:

(1) f_r 是固定不变的,要使 f_0 可变,只改变 N 就行。N 是可变分频器分频比,由微机根据用户输入的数值来改变。

(2) f_0 不是连续的频率,而是 f_r 的正倍数。船用 SSB 收发机中的 f_0 一般为每 100 Hz 一步。接收机在这个 100 Hz 中另有微调。

(3) f_0 的稳定度与 f_r 等同,因此所有工作频率都是高度稳定的。

这里要说明的是,锁相环路并不是在任何情况下均能最终达到锁定状态的。如果鉴相器的两个输入信号间频差 $(f_r - f_0/N)$ 很大,鉴相器输出的误差电压的频率就很高,被低通滤波器滤除后,加到 VCO 控制端的控制电压太小,使 VCO 的振荡频率仍维持在 f_0 上,整个系统处于不受控状态,此状态称为失锁。

只有当 f_r 接近 f_0/N, 鉴相器(PD)输出的误差电压频率较低,该电压经过环路滤波器后就不会被滤掉,并作为控制电压加到 VCO 上,于是 VCO 振荡频率发生改变并向 Nf_r 靠近。VCO 的输出经 N 分频后又立即返回 PD 的一个输入端,并与 f_r 在 PD 中比较。这样一来,PD 输出的误差电压频率更低,经环路滤波器滤除后输出的直流控制电压成分更大。如此反复循环,误差电压频率越来越低,VCO 控制电压中直流分量越来越大,迫使 VCO 振荡频率以更快的速度向 Nf_r 逼近,直至 $f_0 = Nf_r$, 此时环路处于锁定状态,PD 输出为一直流电压。PD 两输入信号同频,相差为一固定值。

理论上,锁定时 VCO 输出的信号频率 f_0 是纯净的。实际上,环路中总会有各种干扰电压加到其控制端上。这些干扰往往来自标准频率及其各次谐波,有的来自 50 Hz、100 Hz 交流干扰及其他的干扰源。这些干扰电压若加到 VCO 的控制输入端,就会产生寄生调频或调相。由频谱分析可知,此时 VCO 输出频谱有边频分量,在频率合成器中,这种寄生边带叫杂散频率。

另外,在环路中各单元电路不可避免地会产生随机噪声,会在锁定情况下产生随机的相位噪声。相位噪声对通信设备的性能影响很大,故要求严格。减小措施主要是降低 VCO 本身的相位噪声,并采用低噪声的鉴相器。还要合理选择滤波器参数,提高对随机噪声的抑制能力。

频率合成器的其他指标还有:频率范围、最小频率间隔、频率转换时间、长期稳定度等。现简述如下:

(1)频率范围是指频合器输出最低频率 f_{omin} 与最高频率 f_{omax} 之间的变化范围。

(2)最小频率间隔随应用场合而异,如现代 SSB 收发机中最小频率间隔常为 10 Hz;VHF 设备中为 25 kHz。

(3)频率转换时间是指从一个频率转换到另一频率并达到锁定的时间,对数字式频率合成器一般为毫秒数量级。

(4)长期稳定度取决于标准频率源的稳定度,有的能达到 10^{-7}/月或 10^{-8}/月量级。

4.5　MF/HF 设备在海上应急通信系统中的应用

MF/HF 在通信方式上分为船对船通信,船对岸台通信,且在通信的优先等级上分为遇险、紧急、安全、常规四种优先等级。

SSB 通信是海上广泛采用的一种通信方式。不论船舶航行在什么海区都能使用船舶无线电话设备实现船与船、船与岸或者船舶经过海岸电台与陆上电话网中的用户通信。组合电台支持海上无线电话的 MF 波段和 HF 波段,其中 MF 波段为 1 605~4 000 kHz,HF 波段为 4~27.5 MHz;中频电话覆盖范围为 200 n mile 左右,高频电话覆盖范围根据工作的频段与工作功率不同其范围也有所不同,一般来讲使用较高频段功率达到 500 W 就可以覆盖全球,实现 20 000 km 以上的通信。实现无线电话通信一般按照以下步骤:选择合适的岸台,确定最佳工作频率,设置组合电台,呼叫与回答,正式通信,通信结束及通信登记。选择海岸电台的原则为尽量选择离通信目的地近的海岸电台。

习题

1. SSB 制与 AM 制相比具有哪些优点和缺点?

2. 衡量 SSB 发射机的主要技术指标是什么?说明它们的含义。

3. SSB 发射机的组成方案是什么?船用 SSB 发射机为何普遍采用三次搬频方案中的“高中频”方案?

4. 衡量 SSB 接收机的主要性能指标是什么?其中引起阻塞、倒易混频、交调和互调的主要原因各是什么?

5. SSB 接收机的组成方案是什么?船用 SSB 接收机为何普遍采用二次变频方案中的“高中频”方案?

6. 如何理解 SSB 接收机的增益分配规律和选择性分配原则?

7. 画出数字式频合器最基本组成框图,并说明各单元作用。

8. 说出数字式频合器中锁定、失锁、杂散频率的含义。

第 5 章　船用 VHF 通信设备

船用 VHF 通信设备是 GMDSS 地面通信系统中的一个重要组成部分，主要用于近距离通信。它不仅能完成船岸间或船舶间近距离通信，还可通过海岸/港口 VHF 电台的转接实现船舶电台与陆地公众网用户间的电话通信。

根据 1988 年 SOLAS 公约修正案的要求，300 总吨及以上的货船和所有客船，不管它航行在 A1、A2、A3 或 A4 的哪一个海区，都必须配备 VHF 设备。

VHF 通信设备能实现的 GMDSS 功能主要有：船对船的遇险报警、(Al 海区)船对岸和岸对船的遇险报警、(A1 海区)搜救协调通信、现场通信和驾驶台与驾驶台之间通信。

5.1　VHF 通信原理与特点

5.1.1　FM 通信的基本原理

VHF 通信采用调频体制，即 FM 制，这是由 FM 制所具有的特性所决定的，因此先介绍 FM 制的通信原理。

5.1.1.1　调频波及其带宽

一个正弦信号应由三个参量来描述：振幅、频率和相位。无论改变载波信号的哪一个参量，都可以产生调制作用。用已调信号的频率变化来携带信息的调制方式称为调频。

设调制信号为：

$$u_{\Omega} = U_{\Omega}\cos(\omega_{\Omega}t)$$

载波信号为：

$$u_{c} = U_{c}\cos(\omega_{c}t)$$

则调频波的频率为：

$$\omega_{FM} = \omega_{c} + KU_{\Omega}\cos(\omega_{\Omega}t)$$

式中：K 为常数。

于是调频波表达式为：

$$u_{FM} = U_{c}\cos\left\{\int[\omega_{c} + KU_{\Omega}\cos(\omega_{\Omega}t)]\,dt + \theta\right\}$$

为简便起见，设初相位为 0，这样调频波可表示成：

$$\begin{aligned} u_{FM} &= U_{c}\cos\left[\omega_{c}t + \frac{KU_{\Omega}}{\omega_{\Omega}}\sin(\omega_{\Omega}t)\right] \\ &= U_{c}\cos[\omega_{c}t + m_{f}\sin(\omega_{\Omega}t)] \end{aligned}$$

式中，$m_f = \dfrac{KU_\Omega}{\omega_\Omega}$，称为调频指数。

将上式用贝塞尔函数展开后得到的调频波的频谱，除了载频之外，还包含有无穷多的旁频分量。因此，严格地讲，调频波频谱宽度为无穷大。实际上旁频分量的幅度随着阶数的增加而迅速下降。一般将最外的两条谱线选到未经调制时载波幅度的 0.15（功率为 $0.15^2 \approx 0.02$）时的频谱宽度作为调频波带宽，用 B_f 表示。

$$0.15^2 \approx 0.02B_f \approx 2(m_f + 1)F_\Omega = 2\left(\frac{KU_\Omega}{2\pi} + F_\Omega\right) = 2(\Delta f + F_\Omega)$$

式中，$\Delta f = \dfrac{KU_\Omega}{2\pi}$，称为频偏，$F_\Omega$ 是调制信号频率。

以上是 $m_f > 1$，即宽带调频时的情况。当 $m_f < 1$ 时，称为窄带调频，这时旁频只取一对就足够了，即 $B_f \approx 2F_\Omega$。

当调制信号包含有许多频率成分时，问题将变得很烦琐。这时不仅有每一调制频率所产生的旁频，还有各种组合频率成分。这一点与 SSB 调制不同，它不是调制信号频谱的线性搬移，频率调制是非线性调制。

另外，从功率角度看，频率调制产生的调频波幅度与未调制前载波幅度一致，仍为等幅波。但是载波功率减小了，经调制后，原来在载波中的功率被分散到旁频中去了，调频系统的带宽远远大于调幅系统的带宽，所以调频通信系统的载波一般应选在超短波即甚高频（30～300 MHz）或更高的波段，调频广播的频率为 88～108 MHz。

5.1.1.2 调频的实现

实现调频的方法有两种：直接调频和间接调频。

直接调频是用调制信号去控制振荡器的工作状态，改变其振荡频率，产生调频信号。间接调频是利用调相电路经适当转换而获得调频波。在直接调频中，第一种是压控振荡器（VCO），第二种是压控振荡器+锁相环。实际应用较广的是变容管晶体振荡器直接调频法。

晶体振荡器直接调频电路的缺点是无法解决频偏与频率稳定度之间的矛盾。利用调相间接产生调频的方法可以先将调制信号进行积分处理，然后用它控制载波的相位变化，从而实现间接控制载波的瞬时频率变化，如图 5-1 所示。

5.1.1.3 调频信号的解调

完成调频波解调作用的部件称为鉴频器。实际电路中使用较多的鉴频器有幅度鉴频器和相位鉴频器，其工作原理是将等幅调频波变换成幅度与调频波频率变化成正比的调频调幅波，再进行幅度检波，以恢复调制信号。

变调频波为调频调幅波的实质是对调频信号微分。

设调制信号为：

$$u_\Omega = U_\Omega \cos(\omega_\Omega t)$$

则调频波表达式为：

$$u_{FM} = U_c \cos\left[\omega_c t + \frac{KU_\Omega}{\omega_\Omega}\sin(\omega_\Omega t)\right]$$

它的微分为：

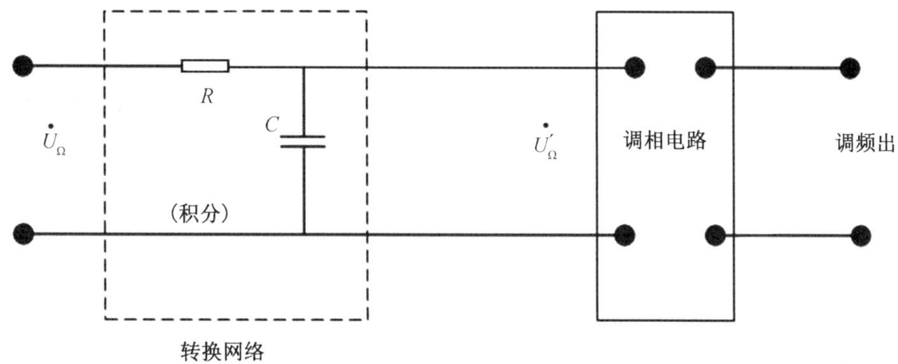

图 5-1　从调相变为调频

$$\frac{\mathrm{d}u_{\mathrm{FM}}}{\mathrm{d}t}=-U_{\mathrm{c}}[\omega_{\mathrm{c}}+KU_{\Omega}\cos(\omega_{\Omega}t)]\sin[\omega_{\mathrm{c}}t+\frac{KU_{\Omega}}{\omega_{\Omega}}\sin(\omega_{\Omega}t)]$$

此信号包络是随 $\cos(\omega_{\Omega}t)$ 变化的调幅信号，经幅度检波即可恢复原调制信号。

实际上，由于种种原因，如发射机调制器不完善或接收机谐振曲线不理想，以及外界干扰或内部噪声影响，加到鉴频器输入端的调频信号振幅可能发生变化，从而使鉴频器输出附加干扰，不能正确解调，因此在鉴频器之前常接入限幅器。

根据理论分析及实测结果，鉴频器输出的噪声随频率的增加而增大，即鉴频输出的噪声在高音频段比低音频段大得多，而实际语音信号在高音频区能量较小，因此高频区信噪比降低。为了在整个调制音频范围内获得均匀的解调输出信噪比，进一步提高其抗干扰性，可在调频发射机中人为地预先加重高音频，将高音频电压提升（预加重），而在接收机中相应地把高音频电压削弱（去加重）。这对信号来说并无失真，但可将在高频分量的干扰大为削弱，因而提高了抗干扰性。

预加重网络的具体实现很简单，只需 RC 微分电路即可，在其输出端可将高音频幅度相对抬高；相应地去加重网络采用 RC 积分电路，并使收、发双方的 RC 时间常数相等，以防信号失真，如图 5-2 所示。

5.1.2　VHF 通信的特点

（1）通信范围受限、发射机功率小

海上 VHF 工作频段为 156~174 MHz，信号主要以空间波形式直线传播，由于受到地球曲率的影响，传输距离理论上为收、发两点间的最大视距，具体数值取决于收、发天线的架设高度。因此，VHF 的通信距离最大限于 100 n mile，一般约为 25 n mile。但这样的通信距离比较适合建立以岸台为中心的近距离蜂窝式通信网，为消除网间的相互干扰，必须对设备的发射功率加以限制。一般规定，岸台发射机的额定功率不应超过 50 W，而船台发射机的额定功率不应超过 25 W，它们都属小功率电台。

（2）VHF 电台的天线尺寸小

船用 VHF 设备工作频率为 156~174 MHz，波长小于 2 m。根据天线理论，一般要求天线长度应不小于波长的 1/4。因此，VHF 设备的收发天线可以做得尺寸很小，一般使用 0.5~

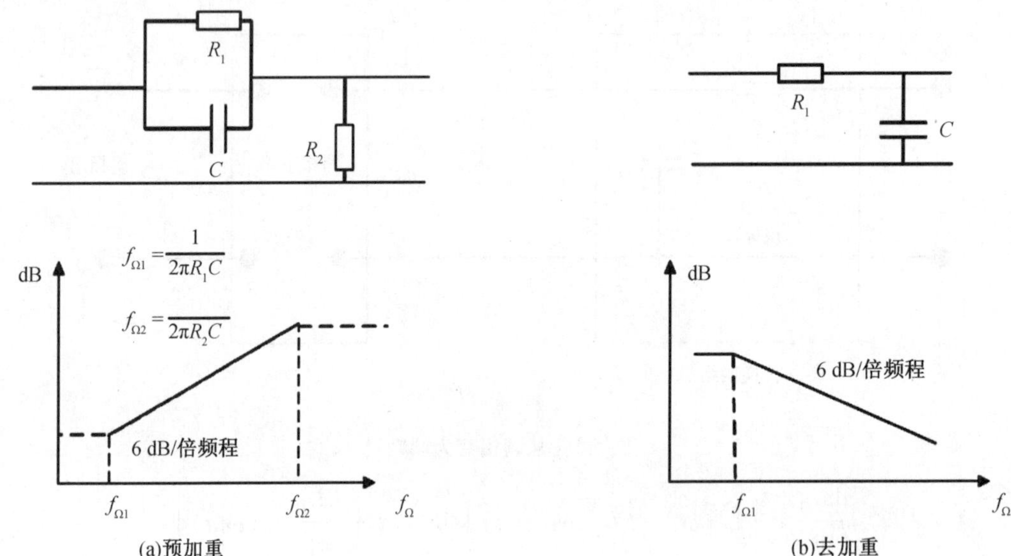

图 5-2　预加重和去加重网络及频率特性

1.5 m 的鞭状天线,更易于架设在桅杆或驾驶台顶端等较高位置,从而延长通信距离。

(3)采用调频制以提高抗干扰能力

调频并不是调制信号频谱的简单搬移,即使在单频调制信号的情况下,调频波的边频分量也可以有许多。这些边频分量都参与了信息的携带,而且边频分量的数目随调制指数的增大而增多。正因为调频波有更多的边频分量携带信息,所以它才有更大的能力克服信道中遭受的各种干扰。这就是调频抗干扰能力比调幅强的根本原因。在一定的输入信噪比情况下,增大调频指数,也就是增加传输带宽可以使输出信噪比增大,即改善抗噪声性能。分析表明,调频波所占用的带宽增加一倍,输出信噪比就改善 6 dB。可以说,调频制的抗干扰性能是通过牺牲带宽来获得的。

(4)使用预加重和去加重技术

调频信号解调后的噪声功率谱呈抛物线分布,频率越高,噪声越大。为了改善话音高频分量的信噪比,在发射端调频之前,预加重电路对话音信号按每倍程提高 6 dB 做预加重处理。在接收端,解调之后的话音信号按每倍程-6 dB 做去加重处理。这样,既保证了解调得到的音频信号没有失真,又可以提高话音高频部分的信噪比。

(5)接收机中必须引入静噪电路

尽管调频制可提高抗干扰能力,但其前提条件是输入信噪比必须足够大,否则,当输入信噪比低于一定值时,接收机的输出信噪比会明显下降,从而使扬声器中出现信噪比恶化现象,称为“门限效应”。因此,为保持船上工作环境的安宁,要求在输入信噪比低于门限值时,接收机能自动切断扬声器的输出,而当输入信噪比高于门限值时,再自动恢复正常输出。实现这一功能的电路就称为静噪电路,它可通过面板上的专用旋钮控制来实现。

(6)信号占用的频带宽

调频制的抗干扰性能是通过牺牲带宽获得的,采用调频制虽然提高了通信质量,但调频波占据的频带宽,使无线电波波段利用率下降,这是调频制的缺点。

5.2　VHF 通信的工作种类与方式

5.2.1　工作种类

船用 VHF 设备的工作种类如下:

(1)F3E、G3E

F3E 表示调频单路无线电话;G3E 表示调相单路无线电话。

(2)F2B、G2B

F2B 表示利用副载波调制的单路调频自动接收报;G2B 表示利用副载波调制的单路调相自动接收报。它们是 VHF DSC 的工作种类,按照 ITU-R 建议案的要求,进行 VHF DSC 呼叫时,DSC 终端输入和输出的副载波应是 1 700 Hz、频移为±400 Hz、调制速率为 1 200 波特的移频信号。

5.2.2　工作方式

船用 VHF 通信分为单工和双工两种工作方式。

(1)单工方式

单工是指通信双方不能同时进行收、发的一种工作方式。收、发频率相同称为同频单工,收、发频率不同称为异频单工。按 ITU-R 要求,海上 VHF 通信中船舶间通信必须使用同频单工方式。

单工方式工作时,双方的收、发机是交替工作的。海上 VHF 通信中的单工操作是由送受话器上的按压开关(PTT 按键)控制的。PTT 键按下时发射机工作,接收机自动关闭,发方就可开始讲话;PTT 键松开时发射机关闭,接收机自动开启,就可收听对方讲话。

(2)双工方式

双工是指通信双方同时可以进行收、发工作的一种通信方式。双方使用接收/发射的两个频率应是:甲方的发射频率为乙方的接收频率,乙方的发射频率为甲方的接收频率,发射频率和接收频率必须相隔一定的值。信息的传递可以在两个方向上同时进行。

水上 VHF 通信中船台与岸台间,或船台通过岸台转接到公众通信网上用户时的通信只能使用双工方式。但即使在这种情况下,出于节约能源、减少不必要的辐射的考虑,船方仍然是按下 PTT 按键时开启发射机,松开时关闭发射机,只是接收机一直处于接收状态。严格地说,这样的工作方式只是准双工。

船台与岸台间为港口工作或船舶动态业务而进行的通信,可以使用同频单工方式,也可以使用异频准双工方式(此时船方的发射机工作仍由 PTT 按键控制)。如果岸台使用船台设备,船台与岸台间只能使用同频单工方式进行通信。

5.3　VHF 设备组成和主要技术指标

VHF 通信系统由港口电台和船台组成,可用来实现船岸间或船舶间近距离通信,同时通过港口电台的转接还可实现船台与陆地公众网用户间的通信。

VHF 通信主要用于港口业务,水上移动业务的公众通信,船舶动态业务和船舶间通信。它也是 GMDSS 的一个重要组成部分,其中 CH16 已指定为 VHF 无线电话国际遇险、安全通信频率,CH70 已指定为 VHF DSC 国际遇险与安全呼叫频率,CH76 用于 NBDP、数据和传真通信。

VHF 电台无论岸台或船台均包括发射机、接收机和天线。船台的收、发机合在一起,岸台可以分设。

5.3.1 VHF 设备组成

5.3.1.1 设备组成框图

GMDSS 船用 VHF 通信设备通常由天线、双工器、发射机、接收机、控制单元、面板单元、送受话器、DSC 终端、DSC 值守机和电源等部分组成,如图 5-3 所示。早期的 GMDSS VHF 设备,DSC 终端和 DSC 值班接收机都是独立的单元,但目前的设备一般 DSC 终端与控制单元融合在一起,而 DSC 值班接收机通常跟 VHF 接收机结合在一起。

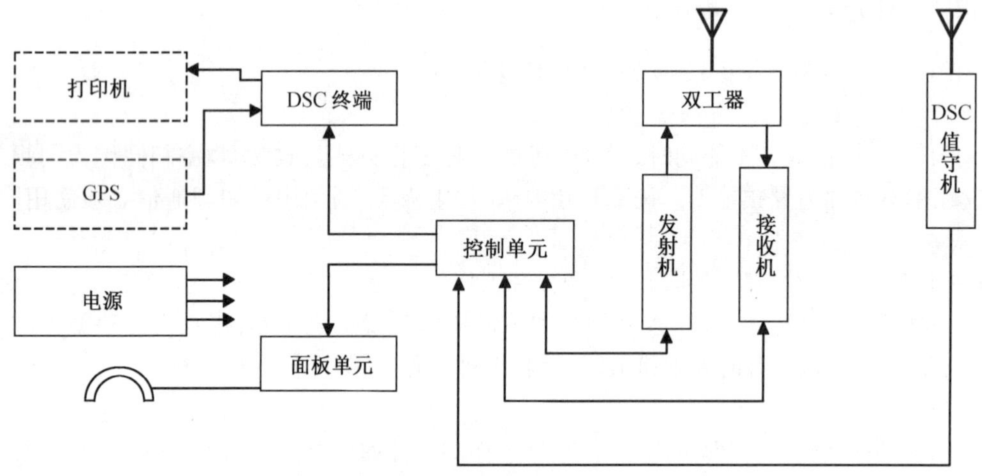

图 5-3 船用 VHF 设备的组成

5.3.1.2 各部分的组成和作用

(1) 双工器

双工器又称双工滤波器。船用 VHF 通信设备采用的是收-发双工器,连接在天线、发射机和双工工作的接收机之间,这样双工工作时,收、发机采用同一天线,可以有效地对收、发信号进行隔离,保证通信时接收机不受本台发射信号的干扰或损坏。

在单工方式工作时,收、发采用同频共用天线,由于接收机、发射机交替工作,故需将天线轮流接入接收机、发射机。这一功能一般是通过送受话机的 PTT 按键控制天线接入的继电器来实现。发射时,按下 PTT 按键,天线连接到发射机,同时发射机工作;接收时,释放 PTT 按键,此时发射机关闭,天线转接到接收机,接收机开始工作。

在双工方式工作时,发射机和接收机是同时工作的,而船用 VHF 设备一般收、发使用同一天线,因此必须使用双工器才能保证其正常工作。双工器有两个不同的滤波器,相当于两个不同的信号通道。接收通道允许接收信号通过,对发射信号则阻止其通过;反之,发射通道允许发射信号通过,对接收信号则阻止其通过。这样,就有效地避免了本台的发射信号通过天线进入接收机。

(2)发射机单元

发射机单元的作用是将所要传送的话音信号或 DSC 终端送来的移频信号进行处理和调制,将频谱搬移到发射频率,再通过放大,达到额定功率,然后馈送到天线,由天线将已调高频波发射出去。船用 VHF 发射机主要使用锁相环调频方式,如图 5-4 所示。

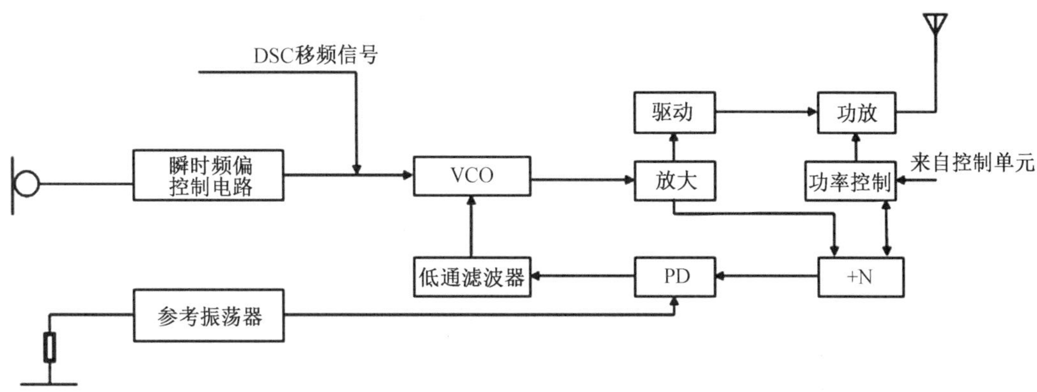

图 5-4 锁相环式 VHF 调频发射机的组成

瞬时频偏控制(Instantaneous Deviation Control,IDC)电路也称音频处理电路,它包括预加重、限幅器、低通滤波器和音频放大器等电路,主要作用是在调制前对话音信号进行处理。预加重电路的作用是提高话音中的高音频分量,克服频率变换网络输出噪声随频率的升高而增大造成信噪比下降的问题。预加重电路一般采用 RC 微分电路,去加重电路采用的是 RC 积分电路。限幅器的作用是将话音信号的幅度限制在一定范围内。频率调制时的频率偏移正比于调制信号的幅度,为了使 VHF 频率调制的最大频率偏移不超过规定的±5 kHz,必须在调频前对话音信号的幅度进行限幅。但是话音信号通过限幅后,波形被削平,会产生大量的高次谐波。调频信号的频带宽度为 $2(\Delta f_m + F_{max})$,其中 F_{max} 为话音信号的上限频率(3 000 Hz)。因此,对话音信号的幅度进行限幅会展宽调频信号的频带宽度,造成对邻近信道的干扰。所以限幅后的话音信号要通过低通滤波器,以便抑制 3 kHz 以上的谐波分量。

DSC 终端输出的 FSK(频移键控,Frequency-Shift Keying)移频信号可直接加到音频放大器输入端,这样避免了预加重电路给数字信号带来的失真。

(3)接收机单元

船用 VHF 接收机普遍采用两次变频方案,如图 5-5 所示。第一中频(例如)选用 21.4 MHz,有利于提高接收机对中频干扰、像频干扰的抑制。第二中频选取 455 kHz,以保证邻近信道选择性。这样的中频选择,使工作频率与第一中频频率之比为 7 倍以上,第一中频与第二中频之比大于 20,使由混频器产生的组合频率干扰很小。

高频放大器增益大小由接收机要求的灵敏度和抗干扰性能而定。接收机的灵敏度主要取决于高放前端的噪声。高放增益大时,干扰在高放、混频器的电平也会很高,由非线性失真引起的干扰影响就严重。相反,高放增益小,后级电平会降低,干扰电平也相应降低,非线性失真

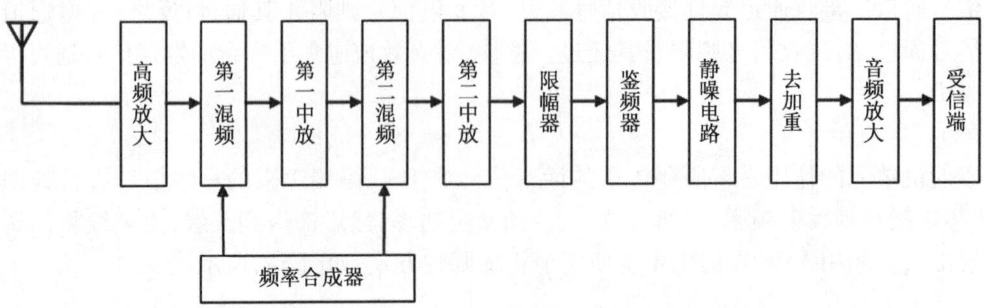

图 5-5　VHF 接收机的组成

就减小。一般高放增益为 10 dB 左右,整机的增益主要由中放级承担,而中放级的增益又根据解调器输入信号的要求来确定。

由于 VHF 波段无线信号的传播不存在衰落现象,所以接收机不需要设置 AGC 电路。

一般在解调(鉴频)前,要进行限幅处理,使输入鉴频器的信号限定在要求的范围内,同时抑制由各种噪声和干扰引起的输入信号寄生调幅。鉴频器的作用是将调频信号转换为音频信号。随着大规模集成电路的发展,两次变频接收机的大部分中放和解调电路已经集成化,只需少量外接元件就能达到足够良好的性能。

为了抑制无输入信号或微弱信号时解调输出噪声的影响,通常接收机都设有静噪电路。当输入信号达到一定电平后,静噪电路才允许解调信号输出,否则将自动断开音频输出。由于船用 VHF 发射机进行了预加重处理,因此在接收机电路中必须进行去加重处理,以还原音频信号,再进一步进行音频放大之后送到收信端。

5.3.2　VHF 设备的主要技术指标

(1)频带和信道。

船台发射频率为 156.025~157.425 MHz,岸台发射频率为 156.050~162.025 MHz。收、发间隔 4.6 MHz,相邻信道间隔 25 kHz。共划分了 57 个信道,其中单工信道 20 个,双工信道 35 个,保护信道 2 个,如表 5-1 所示。

①CH16 频道(156.800 MHz)的使用

CH16 频道是 VHF 无线电话的国际遇险和安全频率,用于遇险、紧急和安全通信,同时还可用于人工呼叫和回答,以及海岸电台发送通话表的引语和重要简短的航行信息。在 156.762 5~156.837 5 MHz 频带内,禁止对 CH16 频道的传输产生有害干扰的一切发射。CH75 和 CH76 作为 CH16 的保护频道,它们相邻近的 CH15 和 CH17 都被强制只能工作在小功率(1 W)状态。为便于接收遇险呼叫和遇险通信,在 CH16 上的所有发射应保持在最低限度,且不超过 1 min,在此频道上发送之前,应守听一会儿,以确信没有遇险通信正在进行。

表 5-1 VHF 频道分配表

频道号	发射频率/MHz		船舶间	港口工作		船舶动态		公众通信
	船台	岸台		单频	双频	单频	双频	
60	156.025	160.625			17		9	25
01	156.050	160.650			10		15	8
61	156.075	160.675			23		3	19
02	156.100	160.700			8		17	10
62	156.125	160.725			20		6	22
03	156.150	160.750			9		16	9
63	156.175	160.775			18		8	24
04	156.200	160.800			11		14	7
64	156.225	160.825			22		4	20
05	156.250	160.850			6		19	12
65	156.275	160.875			21		5	21
06	156.300		1					
66	156.325	160.925			19		7	23
07	156.350	160.950			7		18	11
67	156.375	156.375	10	19		9		
08	156.400		2					
68	156.425	156.425		6		2		
09	156.450	156.450	5	5		12		
69	156.475	156.475	9	11		4		
10	156.500	156.500	3	9		10		
70	156.525		6					
11	156.550	156.550		3		1		
71	156.575	156.575		7		6		
12	156.600	156.600		1		3		
72	156.625		7					
13	156.650	156.650	4	4		5		
73	156.675	156.675	8	12		11		
14	156.700	156.700		2		7		
74	156.725	156.725		8		8		
15	156.750	156.750	12	14				
75		保护频带	156.762 5~156.787 5 MHz					
16	156.800	156.800	遇险、安全和呼叫					

续表

频道号	发射频率/MHz		船舶间	港口工作		船舶动态		公众通信
	船台	岸台		单频	双频	单频	双频	
76		保护频带	156.812 5~156.837 5 MHz					
17	156.850	156.850	13	13				
77	156.875		11					
18	156.900	161.500			3		22	
78	156.925	161.525			12		12	27
19	156.950	161.550			4		21	
79	156.975	161.575			14		1	
20	157.000	161.600			1		23	
80	157.025	161.625			16		2	
21	157.050	156.050						
		或			5		20	
		161.650			5		10	
81	157.075	161.675			15		10	28
22	157.100	161.700			2		24	
82	157.125	161.725			13			26
23	157.150	156.150						
		或						5
		161.750						
83	157.175	156.175						
		或						16
		161.775						
24	157.200	161.800						4
84	157.225	161.825			24		12	13
25	157.250	161.850						3
85	157.275	161.875						17
26	157.300	161.900						1
86	157.325	161.925						15
27	157.350	161.950						2
87	157.375	161.975						14
28	157.400	162.000						6
88	157.425	162.025						18

②CH6、CH13 和 CH70(156.525 MHz)的使用

CH6 主要用于遇险现场搜救协调工作的船舶电台与参与救助的飞机之间的通信，同时国

内无线电通信规则规定，CH6 为船舶间导航、避让通信频道，因此国内航行的船舶应在 CH6 上保持连续值守。

CH13 为航行安全通信频道，主要用于船舶间的航行安全通信，因此国际航行船舶应在 CH13 上保持连续值守。

CH70(156.525 MHz)是 VHF DSC 遇险和安全频率，也是水上移动业务中 VHF 频段唯一的 DSC 频道，用于遇险、紧急、安全和日常 DSC 呼叫。SOLAS 公约要求，航行船舶必须保持对 VHF CH70 的连续值守。

(2)频率偏差

频率偏差是指由一给定周期信号调角的振荡，该振荡的瞬时频率的最大值(或最小值)与中心频率间的差值。通常在正常工作条件下所限定的频率偏差称最大频偏。船用 VHF 调频无线电话的最大频偏为±5 kHz。

(3)调制音频的频带

船用 VHF 设备的调制音频的频带应限于 3 000 Hz 以下。

(4)发射机辐射带宽

发射机辐射带宽指占总辐射能量 99%的信号频谱宽度。海上 VHF 通信的最大允许频偏为±5 kHz，最高调制频率为 3 kHz，此时最大频射带宽为 16 kHz。

(5)灵敏度

船用 VHF 接收机的灵敏度应优于 1 μV。

5.4 双值守原理

双值守电路又称双信道守听电路。其作用是使接收机可以同时守听两个或两个以上的信道。

由于在很多海域或港口需要在一个以上信道上保持守听，特别是 IMO 于 1981 年 11 月修改的 SOLAS 公约中规定：设置 VHF 无线电话设备的船舶，在水上时，应在 CH16 上保持连续守听。因此双信道守听功能是必需的。

对双信道守听电路的主要技术要求是：

(1)对双信道或任意一个信道顺序接收。

(2)关断双信道守听电路，接收机能自动转换到与发射机相应的信道上。

(3)具有选择优先信道(通常为 CH16)的特性，即在双信道守听 3 时，每隔 1 s 或更短的时间间隔，应检查优先信道，如优先信道出现信号，接收机即刻锁定到此信道。

双信道守听电路可以由多谐振荡器和开关电路组成。

图 5-6 是某 VHF 电台双守听电路框图。它由启动门(开关电路)、多谐振荡器和反相器等组成。该多谐振荡器输出有两个状态，一个为 0.9 s，另一个为 0.1 s，以 1 s 为周期振荡。K 断开时，双守听电路不工作；K 闭合时，多谐振荡器起振，依次扫描 CH16 和预置信道晶振。

在扫描 CH16 时有两种情况：

当 CH16 有信号时，静噪电路输出为“1”，反相后控制多谐振荡器停在扫描 CH16 状态，直到 CH16 收信结束。

当 CH16 无信号时，静噪电路输出为“0”，反相后控制多谐振荡器以正常的扫描周期依次

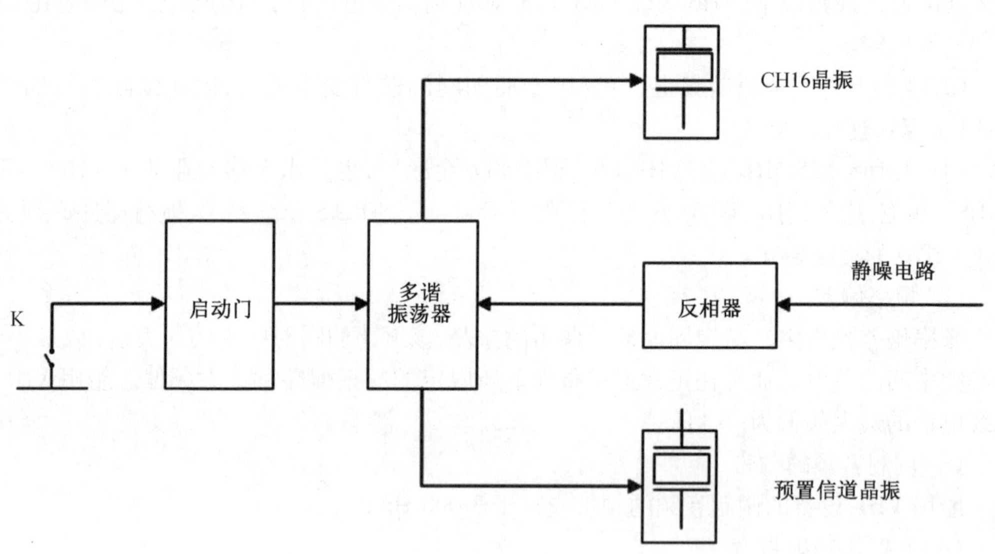

图 5-6　某 VHF 电台双守听电路框图

扫描 CH16 和预置接收信道。

满足 GMDSS 要求的新型 VHF 电台中，双守听功能的实现主要靠软件完成。

5.5　VHF 通信在海上应急中的应用

据国内外统计，90%以上的船舶交通事故发生在沿海近岸水域，而这一水域恰好又是对船舶有效救助的范围，甚高频（VHF）无线电通信专用于这一海域的船岸通信，是保障船舶航行安全不可或缺的应急反应手段。我国是国际海事组织（IMO）的 A 类理事国，VHF 无线电通信设备是 IMO 和我国船检规定中船舶必须配备的通信装备，现有各类船舶均配有 VHF 无线电通信设备。如在岸上也设置相应的通信设备及通信系统，一旦发生海难事故，海事部门将能及时获得遇险信息，即可及时、有效地组织施救，因此沿海 VHF 通信网是海上执法与船舶交通安全管理的必备手段。

海上应急搜救需要通信，通信是搜救成功的前提和必要保证。国际电信联盟考虑到国际国内航海水上移动业务的需要，将 156～174 MHz 频段中的 VHF 频道编号为 01～28 和 60～88，划分给水上移动业务。同时无线电管理委员会明确规定“上述频率原则上只指配给船舶与岸台之间或船舶相互之间水上移动业务使用”，同时还明确，为使这些水上移动业务不致遭受有害干扰，在港区 50 km 和距离沿海岸线、可通航江河岸线 25 km 的陆地范围内，其他各种业务的电台不得使用这些频率，在此区域范围以外的其他业务可以使用，但不得对水上移动业务产生有害干扰。

VHF 通信是保障船舶航行安全不可缺少的应急手段，也是船岸近程通信的主要手段，适用于 VHF 岸台覆盖的 A1 海区。在沿岸港口建设岸台，可为海事多发的近海水域船舶提供遇险报警和后续通信服务。移动电话方式在海上遇险安全通信服务功能和覆盖范围上有明显的局限性，且没有群呼功能，远差于 VHF 在水上安全通信系统中的功能和作用。整个 VHF 安全通信系统由 VHF 通信系统管理中心、VHF 通信系统控制分中心、VHF 通信系统管理分中心和 VHF 岸台(基站)组成。如在山东省海上搜救中心(RCC)设置 VHF 通信系统管理中心,在各分支海事局和承担搜救业务的海事处(RSC)设置 VHF 通信系统控制(或管理)分中心。根据 VHF 通信的技术特点拟在沿海适当的地点布设 VHF 岸台(基站),通过陆地传输线路将管理中心、控制(或管理)分中心和各 VHF 岸台(基站)连接起来,形成 VHF 安全通信系统。

海上移动业务,对于不同场所、不同业务种类和不同用户,其要求也有所不同。在海事系统中,VHF 安全通信的应用可以分为两个层次,还可担负定时向 A1 海区内的船舶播发航行警告、气象预报及其他与航行有关的紧急信息的任务。做到防患于未然,这是减少和避免船舶发生事故的重要预防性措施之一。两个层次具体如下:

(1)第一个层次主要服务于船舶遇险、安全通信业务为满足这一层次服务要求,岸台必须设置通用的国际遇险呼叫频道(CH16、CH70),覆盖区应不小于 25 n mile 的 A1 海域(这对天线架设高度、发射机发射功率、收信机灵敏度等有较高要求);要配有后续通信频道;配有有线/无线转接装置和遥控装置;能记录双方通话或传递的数据信息;须设专用传输线路将 VHF 岸台与搜救值班室连接起来,以便一旦发生事故,按照事故大小及时向上级机关报告,需 24 h 全时值守;等等。

针对遇险和安全通信工作模式,有 VHF CH16(遇险呼叫频道)及 VHF CH70 DSC 值班电路的 VHF 岸台。对于 VHF CH16 岸台,一般设有 VHF CH16 呼叫,岸台收到后,通过专用线路传输到该岸台所属的 VHF 通信系统控制分中心,由控制分中心组织进行施救。VHF 岸台提供工作频道进行后续通信。这种 VHF CH16 频道监守遇险信号,以话音方式确认并以人工方式转接,虽然自动化程度低,但仍不失为一种有效的遇险和安全通行手段,在国际 IMO 对该频道用于遇险值守规定之前,这种工作模式仍在广泛使用。而对于 VHF CH70 岸台,除设有 VHF CH16 外,还配有 VHF CH70 DSC 值班电路和几个 VHF 工作频道,其工作流程符合 GMDSS 标准。在 A1 海域内,一旦有遇险船舶在 VHF CH70 DSC 发出遇险呼叫信息,其技术标准和操作流程符合国际电联 493 和 541 号建议,VHF 岸台在 VHF CH70 DSC 值班台收到遇险信息后,通过专用线路(自建或租用专用传输线路)传输到该岸台所属的 VHF 通信系统控制分中心,并在 DSC 终端自动显示。控制分中心根据 DSC 终端显示的内容组织进行施救。在搜救过程中,VHF 岸台提供 VHF RT(CH16)进行后续通信。对于尚未配备 VHF CH70 DSC 的船舶或不受 SOLAS 公约约束的船舶,一旦在 A1 海区遇险,可在 VHF CH16 上进行遇险呼叫。VHF CH70 DSC 值班电路和 VHF CH16 值守电路都是 VHF 安全通信的报警专用电路。其主要区别是:VHF CH70 DSC 值守电路是自动值守方式,而 VHF CH16 值守电路是人工守听方式。

(2)第二个层次主要适用于日常安全管理通信业务。这一层次要求岸台仅设 1~2 个专用频道;覆盖范围较小,对天线架设高度、发射机输出功率等要求适度即可。

安全通信系统的构成必须适应搜救值班工作的需求和工作流程。为了更好地覆盖海事局辖区近岸水域,一般岸台都设在岸边或海岛的制高点,以便扩大覆盖范围,导致岸台远离搜救值班室。为了使通信系统控制分中心能够灵活、方便地与岸台沟通,在岸台和搜救值班室即通信系统控制分中心间需设专用传输线路。海事局辖区 VHF 安全通信系统基本由三部分构成:

第一部分:VHF 岸台,包括 VHF 收发射机、天线和馈线系统、遥控和线路接口装置、通信电源和其他附属设备。

第二部分:传输线路。

第三部分:控制终端,包括 VHF 转接控制台,配有 DSC 终端、线路接口装置、数据输出接口、话音记录设备及通信电源等。第三部分主要由值班人员操作使用。

VHF 岸台设置采取大区制结构,对海事局辖区近岸水域连续覆盖。在每个 VHF 岸台覆盖区内设 VHF CH70 和 VHF CH16 作为值守电路的遇险呼叫频道,相邻覆盖区的 VHF 工作频道应尽量选用不同频道组交替使用,以避免同频干扰。频段选取 156~174 MHz 国际水上移动业务频段。

习题

1. 简述海上 VHF 通信的特点。
2. 为何在调频系统中需采用预加重、去加重技术?
3. 试说明 VHF 接收机为何必须要有静噪电路。
4. 船舶间 VHF 通信应使用什么工作方式? 为什么?
5. 简述 VHF 通信设备的一般组成及各组成部分的作用。
6. 简述满足 GMDSS 要求的 VHF 设备的功能和组成。
7. CCIR 对水上移动通信 VHF 电台提出的主要技术指标是什么?
8. 简述 VHF 接收机的双值守功能。

第 6 章　地面系统数字终端之一——NBDP

窄带直接印字电报(NBDP)终端是 GMDSS 地面通信系统中船舶电台的主要终端之一,它与船用 SSB 收发机相连接,与海岸电台、电传用户构成海上无线电传系统。NBDP 通信属于数字通信,使用了数字通信的诸多技术,能够很好地克服中短波信号传播中的衰落现象,大大提高了通信的可靠性,能够实现船岸间、船舶间的无线电传通信,满足搜救协调通信、现场通信、MSI 的收发和日常通信等 GMDSS 的功能要求。

6.1　NBDP 终端的一般组成

MF/HF 信道是典型的衰落信道,传递报文的差错率高,而且 MF/HF 波段已出现了信道拥挤的现象。NBDP 技术的使用在一定程度上克服或缓解了这个问题。

6.1.1　NBDP 技术或设备的主要优点

(1)采用 FSK 调制(副调制)增强了在噪声中识别信号的能力。

(2)采用了 4B/3Y 检错码和 ARQ、FEC 等差错控制方式,大大提高了数字传输的正确性、可靠性。

(3)在射频信道以 100 波特(码元数/秒)的低速率传输,信号占有带宽窄,而且整个通信过程自动化,提高了信道的利用率。

6.1.2　NBDP 设备的一般组成

NBDP 设备的一般组成如图 6-1 所示。

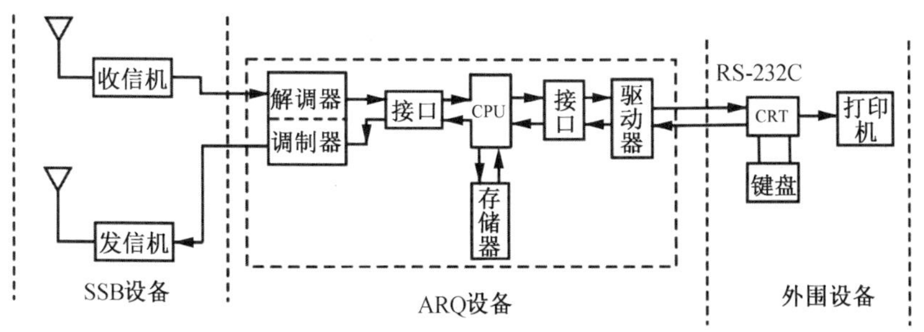

图 6-1　NBDP 设备的一般组成

它由 ARQ 设备和外围设备组成。键盘和显示器 CRT 常用一般微机担当,主要完成文件的编辑、存储等数据处理工作,并提供人机接口,通常将它们称为数据终端。

ARQ 设备中 CPU 的主要功能是存储解调器、数据终端来的数字信息,给出各显示信息,接收用户控制信息,产生与存储的指令相一致的操作,执行软件程序所控制的全部功能。

在 ARQ 设备内 CPU 与解调器间处理的信息码是 4B/3Y 七单元恒比码(B=0,Y=1),而与外围设备间传输的信息码是 ASCII 码,所以 CPU 的任务之一是实现这两种码间的互相转换。

调制器的作用是把外围设备经 CPU 板送来的串行数字信号(非归零二进制基带信号)变成 FSK 信号,即"0"=1 785 Hz,"1"=1 615 Hz,然后送往 SSB 发射机。解调器的作用是将 SSB 接收机送来的 FSK 信号变成 TTL 电平的串行数字信号,经接口电路送入 CPU。调解器与 SSB 收发机间的数传速率为 100 波特。

除此以外,ARQ 设备需对 SSB 收发设备进行控制;SSB 收发机除提供必要的接口外,还要具有自动调谐、信道存储、自动扫描等功能,这样才能实现无线电通信的自动化(包括无线链路的自动建立、自动识别、电文的自动收发等)。

另外,国际公众电报网络中传输的信息码为 ITA NO. 2,它是五单元码。为实现船台经岸台中转与国际公众电报网中用户间的直通电传,岸台的 NBDP 设备内必须将 4B/3Y 七单元恒比码与 ITANO. 2 码间进行相互变换。

6.1.3 NBDP 设备的主要技术要求

根据 CCIR 建议,NBDP 设备的主要技术指标有:

(1)NBDP 选呼功能使船岸间、船船间能建立自动呼叫和相互识别,具有三种工作方式:

①点对点通信时采用自动请求重发(ARQ)方式,这是一种双向半双工通信方式;

②同一时间将同一电文发给所有船时采用通播性前向纠错(CFEC)方式;

③同一时间将同一电文发给一组船或某船时采用选择性前向纠错(SFEC)方式。

后两种方式均为单向单工通信方式。

(2)呼叫识别码为 9 位海上移动业务识别码(MMSI)。船台标识的 9 位呼别码形式为 MIDXXXXXX;船台组呼标识码形式为 OMIDXXXXX;岸台标识码形式为 00 MIDXXXX,其中"MID"表示船籍或国家码。我国为"412","X"为 0~9 中任意一个数字。

(3)射频信道以 F1B/J2B 类发射,传输速率为 100 波特。

(4)调制方式为相位连续型 FSK 方式,"0"对应 1 785 Hz,"1"对应 1 615 Hz,频移 170 Hz。

(5)采用 4B/3Y 码进行检错,采用 ARQ 和时间分集 FEC 方式进行纠错,检纠错措施的技术特性符合 CCIR 建议。

6.2 NBDP 的检纠错措施和工作程序

6.2.1 检纠错措施和业务信息符号及字组

6.2.1.1 NBDP 中的检纠错措施

数字信号在传输过程中,受干扰和噪声的影响,信号的码元形状会变坏,收方处理判决时会产生错误,造成错码,如将"1"判为"0",或反之。错码可分为随机性错码和突发性错码。随机性错码是指错码的出现是随机的,错码之间是统计独立的,它一般是由噪声引起的。突发性错码是指在很短时间内出现成串错码，它一般是由脉冲干扰或信道衰落引起的。

在 MF/HF 信道中衰落的影响是主要的，且较严重，必须采取有效措施才能确保通信的质量。对一个确定的通信系统，降低误码率的主要手段是采用差错控制技术。在 NBDP 通信中采用的差错控制技术分检错和纠错。

NBDP 中采用的检错码是 4B/3Y 恒比码。七单元码共有 128 组，其中符合 7 中有 3 个"Y"的码组（Y=1）只有 35 组，目前使用的有 32 组，它们分别用来表示 26 个字母、10 个数字、一些符号和功能字符。

4B/3Y 恒比码具有较强的检错能力。它能检测出所有奇数个码元的错误及部分偶数个码元的错码，只是不能检测码组中"1"变"0"与"0"变"1"的错码数相同的偶数错码。不过这种情况发生的概率极低。

检错的目的在于纠错。NBDP 中纠错的方法有以下两种：

工作于 ARQ 方式时，发方每发送一组信码，就处于停止等候状态。收方对收到的信码以 4B/3Y 规律进行检测。发方根据收方送回的判决信号来决定是重发原来的码组还是发下一个码组。当收到收妥信号，发方就发下一码组；当收到请求重发信号，就重发原来的码组，直到收到收妥信号为止。显然这种方式需要双向信道。

工作于 FEC 方式时，采用的纠错措施是二重时间分集，即发方将预发送的字符在间隔大于 τ_d 两个时刻上分别发送。第一次发送称为直接发送，用 DX 表示；第二次发送称重复发送，用 RX 表示。收方对两次收到的字符加以比较和选择，保留正确的作为接收信号。具体做法是，收方依 4B/3Y 规律，依次检查两次收到的信号，并加以比较。比较结果会有下列四种情况：

（1）两次接收的字符都符合 4B/3Y 规律，且相同。

（2）两次接收的字符都符合 4B/3Y 规律，但不相同。

（3）两次接收的字符中有一个符合 4B/3Y 规律，另一个不是。

（4）两次接收的字符均不符合 4B/3Y 规律。

（1）、（3）情况，判为正确接收；（2）、（4）情况，均判为不正确。

这里间隔时间 τ_d 的选择要保证两次收到的信号在统计上是相互独立的时候。在 NBDP 中，τ_d 一般取为 280 ms。

6.2.1.2　业务信息符号和业务字组

NBDP 设备可以工作在 ARQ、CFEC、SFEC 等方式。这些工作方式都需要在开始进行同步或定相，结束时也要有明确标识，特别是在 ARQ 方式时，有选呼、识别、请求重复、转换信息流方向等过程，为了使主、副台双方明确进行规定的过程，在 NBDP 业务中规定了一些特殊的业务信息符号和业务字组。

（1）业务信息符号

业务信息符号有 α、β、RQ、CS1、CS2、CS3、CS4、CS5，其中：

α——在 ARQ 方式中为空闲信号、在 FEC 方式中为定相信号 1 或为空闲信号。

β——空闲信号。

RQ——在 ARQ 方式中为"信号重复"信号，在转换信息流方向的过程中表示对 M 业务字组的响应，在 FEC 方式中为定相信号 2。

CS1——请求发射信息字组 1 的控制信号。

CS2——请求发射信息字组 2 的控制信号。

CS3——1RS 请求改变信息流的方向。

CS4——在定相期间正确接收到呼叫信号。

CS5——在重新定相期间已正确接收到呼叫信号。

(2)业务字组

业务字组用于 ARQ 方式,其中:

X1-RQ-X2——包含第一和第二识别码的“呼叫字组 1”。

RQ-X3-X4——包含第三和第四识别码的“呼叫字组 2”。

X5-X6-X7——包含第五、第六和第七识别码的“呼叫字组 3”。

Y1-α-Y2 ——“识别字组 1”,包含自识别信号 1 和 2,用于请求发射第一校验和信号。

α-Y3-Y4——“识别字组 2”,包含自识别信号 3 和 4,用于请求发射第二校验和信号。

Y5-Y6-Y7——“识别字组 3”,包含自识别信号 5、6 和 7,用于请求发射第三校验和信号。

β-α-β——改变通信流程方向的字组。

α-α-α——表示终止通信过程的通信结束字组。

RQ-RQ-RQ——如果出现在自识别过程中,表示自识别过程的结束,并请求对方发射相应的控制信号;如果出现在信息传送期间,表示请求对方重复最后发射的控制信号;如果出现在换流过程中,表示对 β-α-β 字组的响应。

(3)7 呼叫识别信号及校验和信号

①7 呼叫识别信号

符合 CCIR 625 建议的 NBDP 设备,呼叫台以 ARQ 方式呼叫被呼台时,呼叫台操作员必须输入被呼台的 9 位 MMSI 码。链路建立后,被呼台的显示器或打印机将显示或打印出对方的 9 位 MMSI 码。但是,在呼叫过程中设备之间传送的不是 9 位 MMSI 码,而是由此变来的 7 个呼叫识别信号,并组成 3 个呼叫字组(见业务字组)来传输的。9 位 MMSI 码转换成 7 个呼叫识别信号的步骤如下:

第一步:9 位数字除以 20,得到整数 1 和余数 R;

第二步:如果整数 1 不等于 0,则将整数 1 再除以 20,得到新的整数 I_2 和新的余数 R_2;

第三步:重复第二步,直到第 7 次之前所得整数是 0 为止;

第四步:如果在除第 7 次之前的某次整数为 0,则该次以后的整数和余数均用 0 表示,并填满 7 次,共得 7 个整数 I_1、I_2、I_3、I_4、I_5、I_6、I_7,和 7 个余数 R_1、R_2、R_3、R_4、R_5、R_6、R_7;

第五步:将余数 R_1、R_2、R_3、R_4、R_5、R_6、R_7 再分别转换成识别信号 IS_7、IS_6、IS_5、IS_4、IS_3、IS_2、IS_1。

例如:被呼台的 9 位 MMSI 码为 198542593。

198 542 593÷20,得整数 $I_1=9\ 927\ 129$ 和余数 $R_1=13$。

9 927 129÷20,得整数 $I_2=496\ 356$ 和余数 $R_2=9$。

496 356÷20,得整数 $I_3=24\ 817$ 和余数 $R_3=16$。

24 817÷20,得整数 $I_4=1\ 240$ 和余数 $R_4=17$。

1 240÷20,得整数 $I_5=62$ 和余数 $R_5=0$。

62÷20,得整数 $I_6=3$ 和余数 $R_6=2$。

3÷20,得整数 $I_7=0$ 和余数 $R_7=3$。

按表 6-1 将余数变成识别信号 $IS_1 \sim IS_7$，即 KQVZRSE。

②校验和信号

符合 CCIR 625 建议的 NBDP 设备，在 ARQ 方式中增加了相互自识别程序，以防错呼或借答。相互识别时，呼叫台将自己的 7 个呼叫识别信号组成 3 个呼叫字组发给对方，被呼台收到后将自己的校验和信号送来，呼叫台将之与本侧导出的被呼台的校验和信号比较，若正确，应答台确实是本台呼叫的台；否则，将认为错呼或错答。

校验和信号是由 7 个呼叫识别信号导出的。导出过程如下：

将得到的 7 个呼叫识别信号（即 7 信号标识）IS_1、IS_2、IS_3、IS_4、IS_5、IS_6、IS_7 按表 6-2 转换成它们的等效数字 N1、N2、N3、N4、N5、N6、N7，然后按下式进行模 20 相加。

$$N1 \oplus N2 \oplus N3 = CN1; \qquad N3 \oplus N4 \oplus N5 = CN2; \qquad N5 \oplus N6 \oplus N7 = CN3$$

式中：⊕表示模 20 相加；CN1、CN2、CN3 分别为得出的 3 个校验和数字。

接着按表 6-3 将校验和数字 CN1、CN2、CN3 转换成"校验和信号 1"（CK1）、"校验和信号 2"（CK2）、"校验和信号 3"（CK3）。

设被呼台的 MMSI 码为 198542593，导出的 7 呼号识别信号是 KQVZRSE。KQVZRSE 按表 6-2 转变为 3，2，0，17，16，9，13。

$$3 \oplus 2 \oplus 0 = 5; \qquad 0 \oplus 17 \oplus 16 = 13; \qquad 16 \oplus 9 \oplus 13 = 18$$

再按表 6-3 将 5，13，18 分别转换为校验和信号，它们是 P（CK1），E（CK2），D（CK3）。

表 6-1

余数	识别信号
0	V
1	X
2	Q
3	K
4	M
5	P
6	C
7	Y
8	F
9	S
10	T
11	B
12	U
13	E
14	O
15	I
16	R
17	Z
18	D
19	A

表 6-2

（IS）识别信号	（N）等效数字
A	19
B	11
C	6
D	18
E	13
F	8
I	15
K	3
M	4
O	14
P	5
Q	2
R	16
S	9
T	10
U	12
V	0
X	1
Y	7
Z	17

表 6-3

（CN）校验和数字	（CK）校验和信号
0	V
1	X
2	Q
3	K
4	M
5	P
6	C
7	Y
8	F
9	S
10	T
11	B
12	U
13	E
14	O
15	I
16	R
17	Z
18	D
19	A

6.2.2 ARQ 方式的工作流程

ARQ 方式是 NBDP 通信的一种主要工作方式，也称 NBDP 的 A 模式。它是由两个台以 F1B 类发射进行点对点的具有检纠错功能的通信。

ARQ 方式中发起呼叫的台称为主台(Master Station)，被呼台称副台(Slave Station)。在整个通信过程中，主台与副台均需开启收、发射机，且主台与副台的关系保持不变。在通信 A 模式中，发射信息的台称信息发射台 ISS(Information Sending Station)，接收信息的台称信息接收台 IRS(Information Receiving Station)，通信双方在通信中的 ISS 与 IRS 可以互换，但主台与副台的地位不变。

在 ARQ 方式通信时，主副台的工作要有严格的同步，主台的发射定时由主台的标准时钟控制。副台的发射定时锁定在所收到的主台信号上。主台的收信定时又受副台的发送定时信号控制(见图 6-2)，所以整个定时由主台的标准时钟信号控制。

在 ARQ 方式工作时，主台假定是 ISS，被发送的信息按 3 个字一组分组，每个字符都换为相应的七单元 4B/3Y 恒比码，以 100 波特的速率一组一组地发射。副台接收到每一组信号，都根据 4B/3Y 的码元关系进行检错。若该组信息被正确接收，则副台发射一个表示正确接收的控制信号，同时将所接收的正确信号打印出来。主台接收到此控制信号就接着发送第二组信息。若第一组信息接收有错误，即有的字符不符合 4B/3Y 的恒比关系，则副台发射相应的控制信号，要求主台重新发该组信息，直到正确接收为止。如果控制信号在传输中发生错误，则主台发出相应信号要求副台重发控制信号。

设备的基本定时周期按 ITA. No. 2 码/50 Bd 速度，确定为 3 bytes×(5+2. 5)X×1 000 ms+50 Bd=450 ms。每个字符占时 150 ms，则 3 个字符占时 450 ms。转换成 4B/3Y 码 100 Bd 的 3 个字符占时 3×70 ms=210 ms，实际的发射暂停时间有 450-210=240 ms。这时间供接收机收到信号后检错，再发回一个表示正确与否的控制信号，控制信号占时 70 ms，另 170 ms 除作接收解调、检错所需极短的时间(或称机内延迟)外，主要用作电波往返传递及发射暂停。按粗略估计，电波单程传播时间以 85 ms 计算，传递距离可达 25 500 km，可从地球一端传到任何地方。由于受到中、短波通信的局限，NBDP 不能进行全球通信。

ARQ 的整个工作程序包括定相程序、相互识别程序、通信程序、重新定相程序和通信结束程序，下面分别予以介绍。

6.2.2.1 选择性呼叫与定相

在水上移动业务中，所有电台均指配有独立的标识码。每个岸台都至少分配有一个呼叫信道。船台平时可以守听该信道，当岸台有报给船台时可在该信道上随时发射该船的标识，被呼船台会立即响应建立链路。船台有报给岸台时也可在该信道上随时启呼，岸台也会立即响应，这种方式的呼叫称为选择性呼叫。

另外，还指配有水上移动业务公共呼叫信道，平时所有船、岸台均应守听，这使船船间、船岸间的呼叫可以随叫随通。

NBDP 设备具有选择性呼叫功能，当设备工作在 ARQ 方式时，可用于船岸间、船船间点对点通信的自动建立。

自动选呼过程也是定相过程。定相是指在建立无线电链路的过程中，呼叫台与被呼台建立同步的过程。在 ARQ 方式中，主、副台间的同步通过主台发送呼叫字组，副台接收呼叫字组

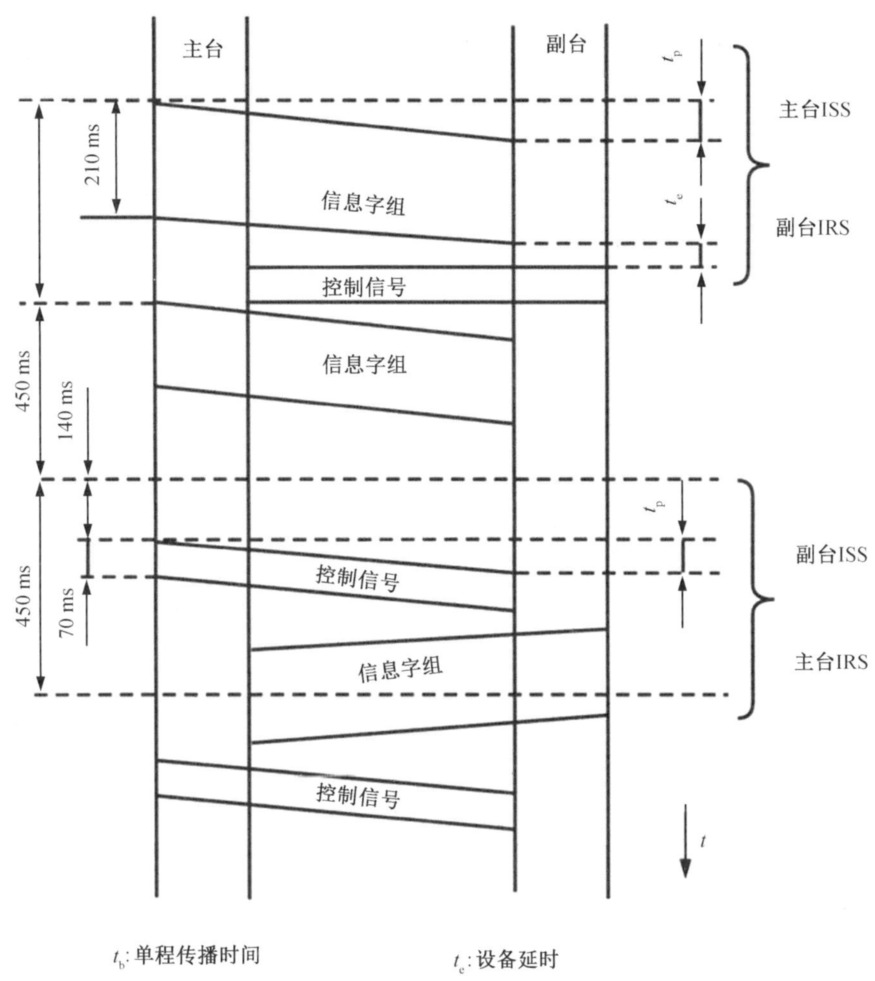

图 6-2　ARQ 方式工作的定时方式

并将时钟锁定于主台信号上，主台的接收定时锁定于副台的控制信号来实现，所以呼叫过程也就是定相过程。在呼叫过程中完成了定相的任务，如图 6-3 所示。

6.2.2.2　相互识别

定相完成后，自动进入相互识别过程，自动相互识别从主台收到 CS4 并转为 ISS 开始，如图 6-3 所示。在相互识别期间，两台交换自己的标识信息。ISS 首先由自己的 9 位 MMSI 码导出本台的 7 个呼叫识别信号，并将 7 个呼叫识别信号分为 3 个识别字组，同时根据被呼台的 7 呼叫识别信号在本地导出被呼台的 3 个校验和信号。IRS 根据本台的 7 个呼叫识别信号也导出本台的 3 个校验和信号。

ISS 先发送本台的识别字组 1，IRS 正确收到后，发送校验和信号 CK1。ISS 收到后，与自己导出的第一校验和信号相比较。如果相同，ISS 在下一基本定时周期发送识别字组 2。就这样，如果通信正常，IRS 会正确收到 ISS 发送的三组识别字组（ID1、ID2 和 ID3），从而可以知道呼叫台（主台）的 MMSI。然后，ISS 在下一基本定时周期发送由 3 个 RQ 组成的识别结束字组，IRS 收到“RQ RQ RQ”的结束识别的字组后，发送控制信号 CS1 予以响应。主台正确接收

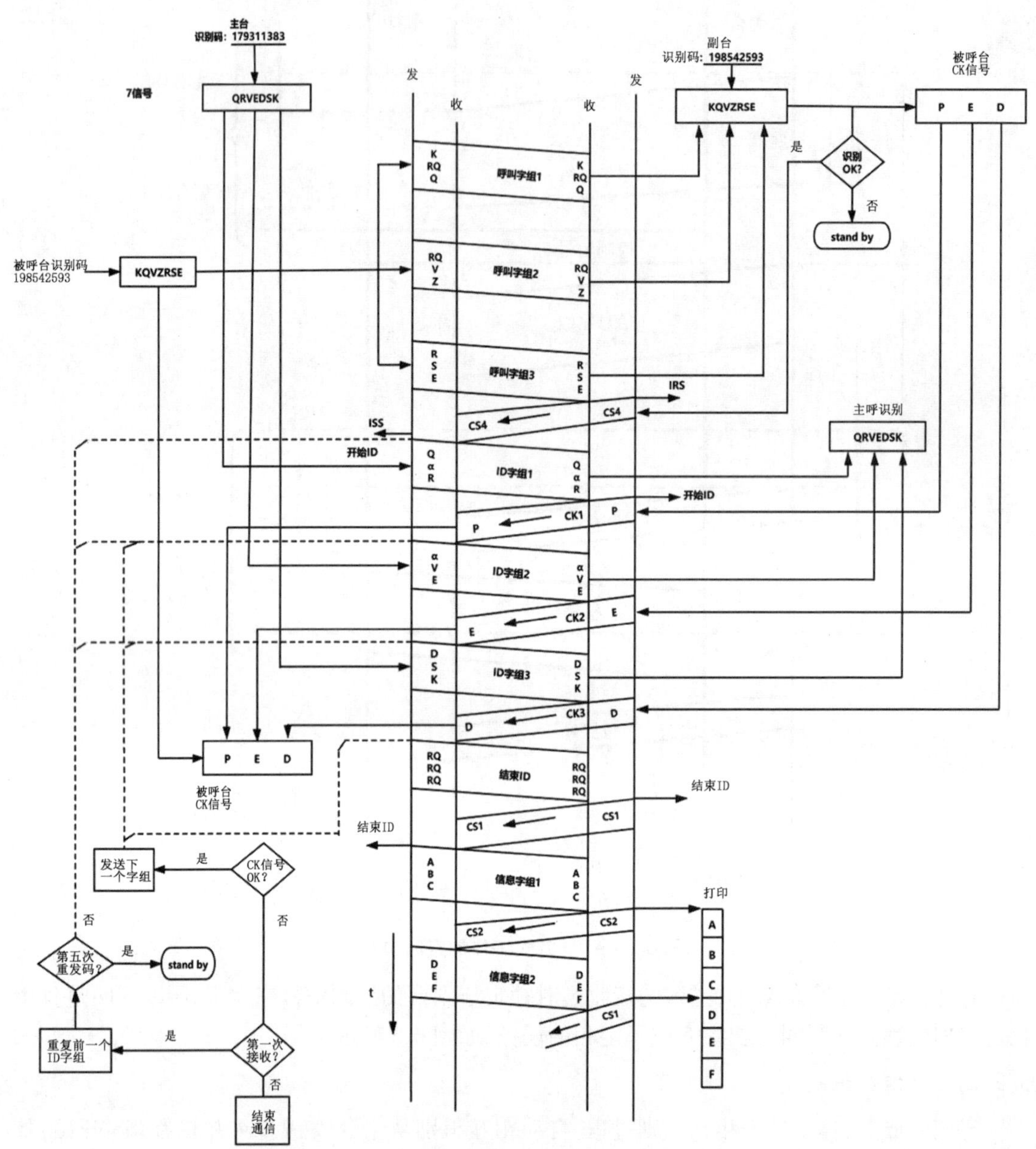

图 6-3　ARQ 中的定相程序

CS1，表示相互识别过程结束，ARQ 通信线路建立。

如图 6-3 所示，自动相互识别期间，如果 ISS 接收到 IRS 发来的校验和信号，与自己导出的校验和信号不相同，ISS 将重发上一次的识别字组。IRS 收到重发的识别字组后，重发与该识别字组相对应的校验和信号。ISS 收到重发的校验和信号后再进行比较，如果仍不相同，但收到的校验和信号与上次收到的完全相同，则 ISS 转入通信结束程序。如果 ISS 收到重发的检验和信号与导出的校验和信号不相同，与上次接收到的检验和信号也不相同，ISS 将再次重发上一次的识别字组。但由于收到错误的校验和信号，因此任何一个识别字组重发的次数不能超过 4 次（也就是同一识别字组最多只能发送 5 次）。如果仍接收到错误的校验和信号，ISS 则返回预备状态。

在自动相互识别期间，如果收到的任一校验和信号与本地导出的校验和信号不相同，呼叫台就重发前次的识别字组，被呼台收到这个识别字组后，重发相应的校验和信号。呼叫台收到该校验和信号后再进行比较，如果收到的校验和信号仍与本地导出的校验和信号不相同但与前次收到的完全相同，呼叫台便转为通信结束程序，返回预备状态。如果收到的校验和信号与本地导出的校验和信号不同，与前次收到的也不相同，呼叫台仍可再发前次的识别字组。但是，收到错误的校验和信号导致识别字组重发的次数只能进行 4 次，如果仍不能收到所需的校验和信号，呼叫台就返回预备状态。

在相互识别过程中，如果由于残缺接收，呼叫台没有收到“CS4”，则继续发送“呼叫字组”；没收到“CK1”，则重发“识别字组 1”；没收到“CK2”，则重发“识别字组 2”；没收到“CK3”，则重发“识别字组 3”；没收到“CS1”或“CS3”，则重发“识别结束字组”。如果由于残缺接收，被呼台没收到相应字组，则发送“RQ”，呼叫台收到“RQ”，则重发前次字组。但是，由于残缺接收，而进行信号重复，只重复 32 个周期，如仍收不到正确信号，两台就都返回预备状态。

6.2.2.3　通信流程

ISS 收到 CS1 后，自动识别流程结束，开始进入 ARQ 通信流程，如图 6-4 所示。在通信期间，ISS 将所发电文按 3 个字符一组进行分组，没有电文处用 β 信号填充。其中 CS1 和 CS2 是控制 ISS 发射信息字组的控制信号。当 ISS 收到 IRS 发来的 CS1 时，ISS 将发送信息字组 1；ISS 收到 CS2 时则发送信息字组 2。就这样，IRS 重复发送 CS1 和 CS2，ISS 则从头开始，按顺序发送相应的信息字组 1 和信息字组 2，直到把整个报文发送完毕。

参看图 6-4 的 ARQ 通信流程，ISS 在收到 IRS 的 CS1 后发送信息字组 1。IRS 接收后，按 4B/3Y 恒比关系对字符进行检错。如果三个字符正确接收，则发送控制信号 CS2，同时将正确接收的字符由打印机打印。如果 IRS 判断信息字组有错，将重发同一控制信号，请求 ISS 重发该信息字组。ISS 收到与上一次相同的控制信号，说明 IRS 收到了错误字符，ISS 将重发原信息字组。如此重复，直到 IRS 正确接收为止。如果控制信号在传送过程中有错，ISS 发送 RQ 字组（RQ RQ RQ），请求 IRS 重发控制信号。通信过程中，信道干扰很大，造成多次重发，一般同一信号经过 32 次重复仍未正确接收，通信将中断，主、副台都将返回重新定相状态。

在通信过程中主台与副台的身份虽始终保持不变，但信息流的方向可以改变。当主台作为 ISS 发完信息以后，需要对方给予认可，或收完电报以后，有报发给对方，甚至在 ISS 方询问“WRU”而 IRS 在回答之前都需要改变信息流的方向。

6.2.2.4　重新定相

重新定相是指在链路因连续重复而中断之后，立即自动重新建立的过程。重新定相程序与定相程序相同，只是副台在收到重新定相的主台发送的呼叫信号后，发送“CS5”取代“CS4”，用来表示是在重新定相期间正确收到呼叫信号，然后开始相互识别。在符合 CCIR625 建议的设备中，在自动相互识别过程中，副台每收到 1 个识别字组，都和原先存储的主台的标识相比较，如果相同，副台发送相应的校验和信号，如果不相同，副台就启动通信结束程序，但保持重新定相状态。在相互识别结束，副台收到 3 个 RQ 组成的识别结束字组后，如果通信中

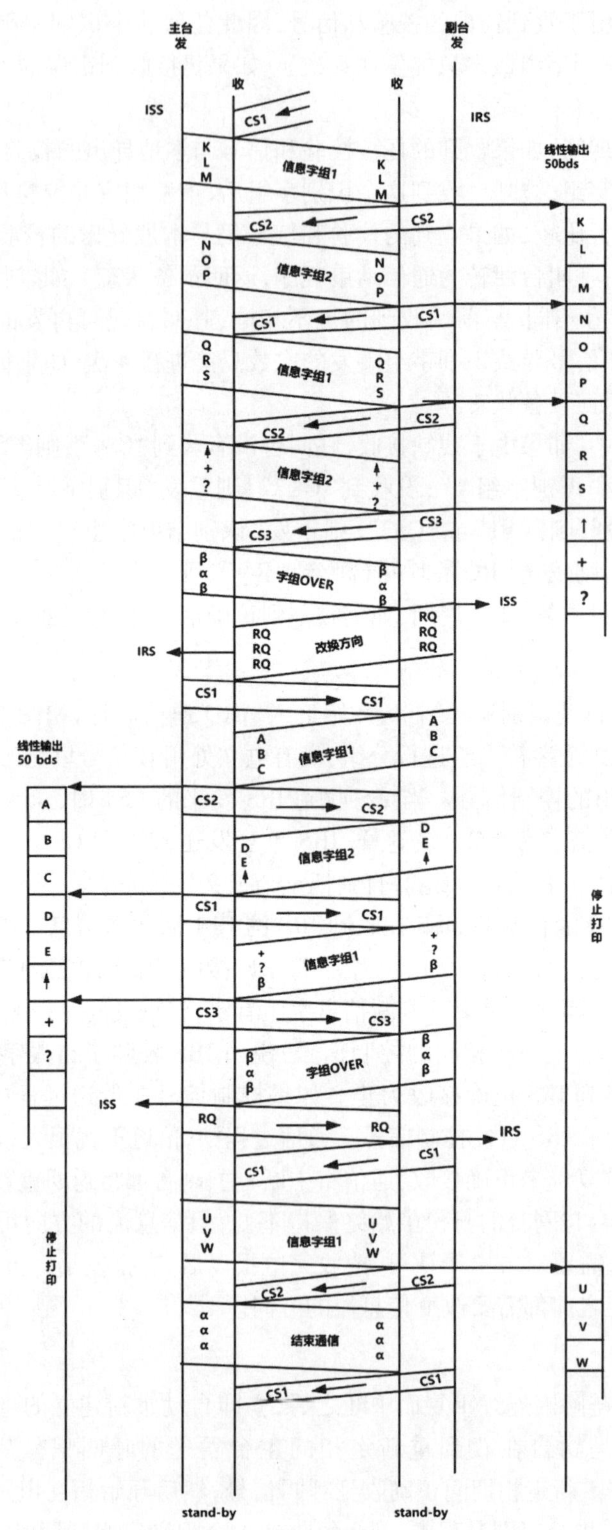

图 6-4 信息流转换和结束程序

断时副台处于 IRS 状态,则重建链路后仍为 IRS,并从断点处按原来所编控制信号的顺序发送控制信号。例如,中断前如果最后收到的正确字组是“信息字组 2”,则副台发送 CS;如果中断前副台处于 ISS 状态,则在重建无线电链路后要进行信息流转换,使主台变为 IRS。

在重新定相期间如果收到 CS4,主台就结束通信,然后开始重新定相。如果由于信道不佳,在 32 个周期内不能重新建立无线电链路,两台都返回预备状态,并且不再进行重新定相。

6.2.2.5　结束通信

在发完电文以后,应当解除无线电链路。链路的解除只能由 ISS 执行。在解除链路应发送通信结束字组“α-α-α”,IRS 收到“α-α-α”字组后发回 CS1 信号,然后返回预备状态,ISS 收到 CS1 信号也转为预备状态,链路即解除。如果 IRS 要求解除链路,则要先进行转流,使自己变成 ISS,再解除链路。

6.2.3　FEC 方式的工作流程

FEC 是 NBDP 中又一种常用形式,又称 B 模式,英文全称为 Forward Error Correction,意思是前向纠错。它通常用于一台对一台的通报,如通电、气象、航行警告等的播发,亦可作一台对多台的通报。这种方式中,发方是盲发,收方受发方同步控制,但不能要求发方重复。发方不需开启收信机,收方不需开启发射机。

对应于点对面的 FEC 通信方式称为集群性 FEC,也称 CFEC(Collective Forward Error Correction),属广播性前向纠错方式,即在同一时间,发同一电文给所有船舶,使用单向信道,单工方式。点与点或几点的 FEC 方式称选择性 FEC,用 SFEC(Selective Forward Error Correction)表示。同一时间发电文给某组船或一船,也使用单向信道,单工通信方式。

6.2.3.1　CFEC 方式的工作流程

CFEC 方式工作时,集群性广播发射台(Collective Broadcast Sending Station,CBSS)发送报文,集群性广播接收台(Collective Broadcast Receiving Station,CBRS)进行接收。CFEC 的工作流程如图 6-5 所示。

(1)定相

CFEC 方式工作时,CBSS 交替发送作为同步的定相信号。在 DX 位置上发送“定相信号 2”即 RQ 信号,α 作为“定相信号 1”在 RX 位置上发送。为了确保同步,CBSS 至少发送 16 对定相信号。接收台连续收到两对定相信号即转成 CBRS,同时向 NBDP 外部设备提供停止极性信号,打印机停止打印。CBSS 发完定相信号,紧接着发送一个回车(<)信号和一个换行(≡)信号。当 CBRS 正确收到回车、换行信号后,就停发停止极性信号,打印头移到新的一行的起始位,准备打印接收的字符。

(2)发送报文

CBSS 接着将报文的每个字符在 DX 位置、RX 位置上各发送一次。CBRS 接收后按 7 单元 4B/3Y 恒比关系,对两次接收的字符进行检错,并根据下述的判断原则,进行接收并打印。

接收端将两次收到的字符加以比较和选择,判定为正确或错误的字符。判断原则如下:

①如果两个位置(DX 和 RX)上接收的字符都是正确的且相同,则判为正确接收,并将 DX 或 RX 位置的字符作为接收的结果;

②两个位置上接收的只有一个位置上是正确的,另一位置上是不正确的,则判为正确接

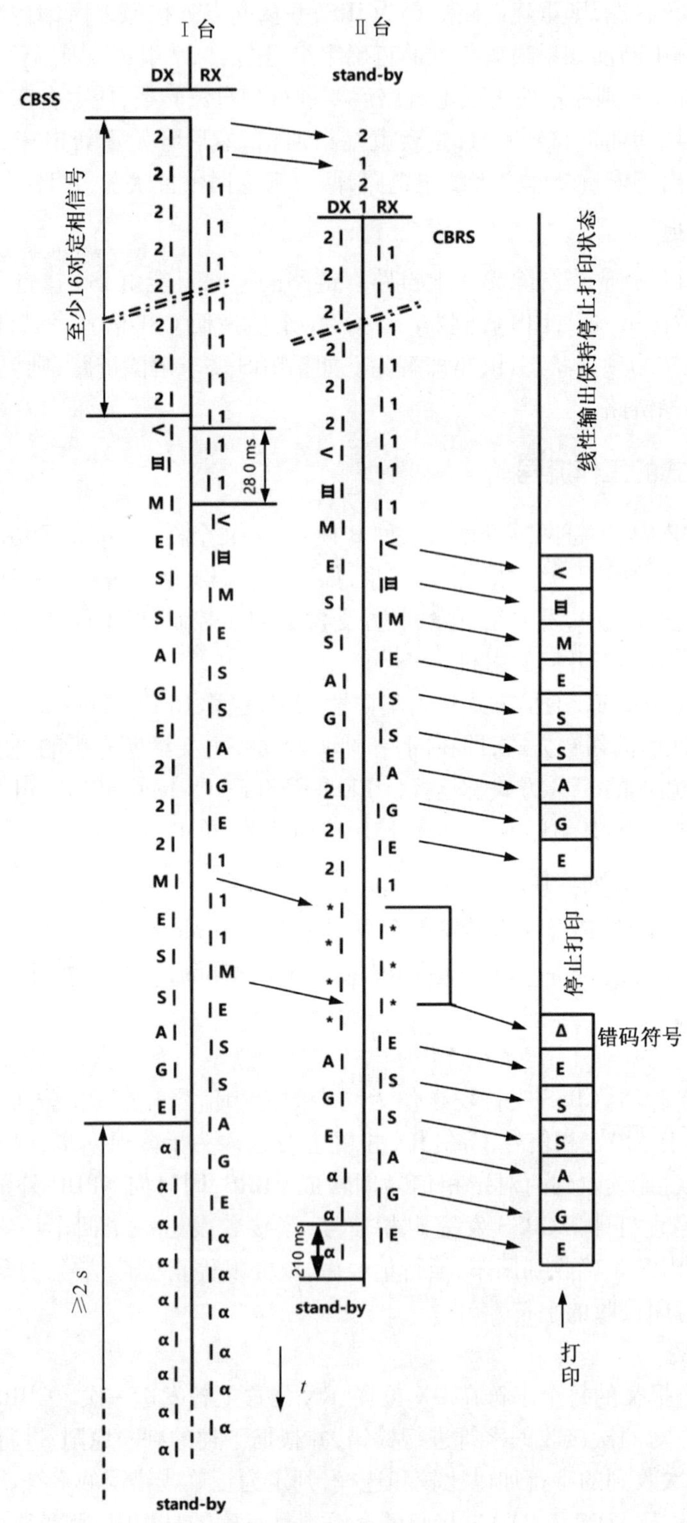

图 6-5　CFEC 工作程序图

收,且取正确的字符作为接收的结果;

③两个位置上接收的字符均是错误的或均为正确的但不相同,则都判为错误接收,结果用“ * ”表示。

如果接收到错误的字符,则打印“ * ”,如果在预定的时间内接收到的错误字符的百分数(即误码率)达到预定值,CBRS 就自动返回预备状态。

为了确保 CBSS 与 CBRS 保持同步,CBSS 每发送 100 个字符,至少要插入发送连续的 4 对定相信号。对在报文发送中暂时中断期间,CBSS 都要发送定相信号。

(3)通信结束

CBSS 发送完报文,自动发送连续的空闲信号“α”约 2 s,然后转到预备状态。CBRS 在 DX 位置上至少收到两个“α”信号,经 210 ms 后也转为预备状态。

6.2.3.2 SFEC 方式的工作流程

(1)定相和选择性呼叫

SFEC 方式的选择性广播发射台(Selective Broadcast Sending Station,SBSS)与 CFEC 方式的 CBSS 一样,发起 SFEC 通信时,首先交替发送同步定相信号(DX 位置上发定相信号 2,RX 位置上发送定相信号 1)至少 16 对。接着发送某组电台或某个电台的选择性呼叫识别信号。选择性呼叫识别信号由电台的 7 个字母识别信号和空闲信号 β 组成。如图 6-6 所示,选择性呼叫识别信号由 SBSS 连续发送 6 次。被呼叫电台在连续收到两对定相信号后转为 CBRS,并向有关外部设备提供停止极性信号,打印机停止打印。被呼叫电台只要在 RX 位置上收到一次完整的本台的 7 个字母识别信号,即由 CBRS 转为选择性广播接收台(Selective Broadcast Receiving Station,SBRS)。

SBSS 在连续发送 6 次选择性呼叫识别信号后紧接着发送回车换行信号和电文。SBRS 正确收到回车换行信号,就停发停止极性,打印头回到新行的起始位置。

(2)报文发送和结束通信

报文发送和结束通信的过程与 CFEC 完全相同。

需要指出的是,在 SFEC 方式工作时,除定相信号 1 和定相信号 2 外,其余所有信号,包括选择性呼叫识别信号、回车和换行、报文、通信结束的空闲信号等都以反码的形式,即 3B/4Y 码形式传送。SFEC 方式的工作流程如图 6-6 所示。

6.3 特殊的 NBDP 单频只收终端——NAVTEX

航行警告、气象警告、气象预报和其他有关安全的紧急信息,统称为海上安全信息(MSI)。及时有效地将其提供给船舶,对船舶的航行安全起着非常重要的作用。

海上安全信息通常由已正式注册登记的各个信息提供者播发,但这些信息须先经过管理机构协调。注册的信息提供者可以是:提供航行警告和电子海图更新信息的国家航道测量部门;提供气象警告和气象预报的国内气象部门;提供岸到船遇险报警和其他紧急信息的救助协调中心和提供北大西洋冰况的国际冰况监测部门。

在 GMDSS 中,MSI 可分为三种:远距离 MSI、近海 MSI 和沿海 MSI。无论是哪一种 MSI 的播发均涉及发射台(站)间的协调,为此在 GMDSS 中沿用了国际海事组织(IMO)和国际航道组织(IHO)最初为全球航行警告业务(World Wide Navigational Warning Service,WWNWS)而

Ⅰ台
Ⅱ台
选呼号：198542593
KQVZRES
DX
RX
stand-by
CBSS
DX 1 RX
CBRS
至少16对定相信号
SBSS
6 720 ms
1 120 ms
呼叫信号6次
5 600 ms
SBRS
线性输出保持停止打印状态
M
E
S
S
A
G
E
210 ms
stand-by
≥2 a
t
打印
stand-by

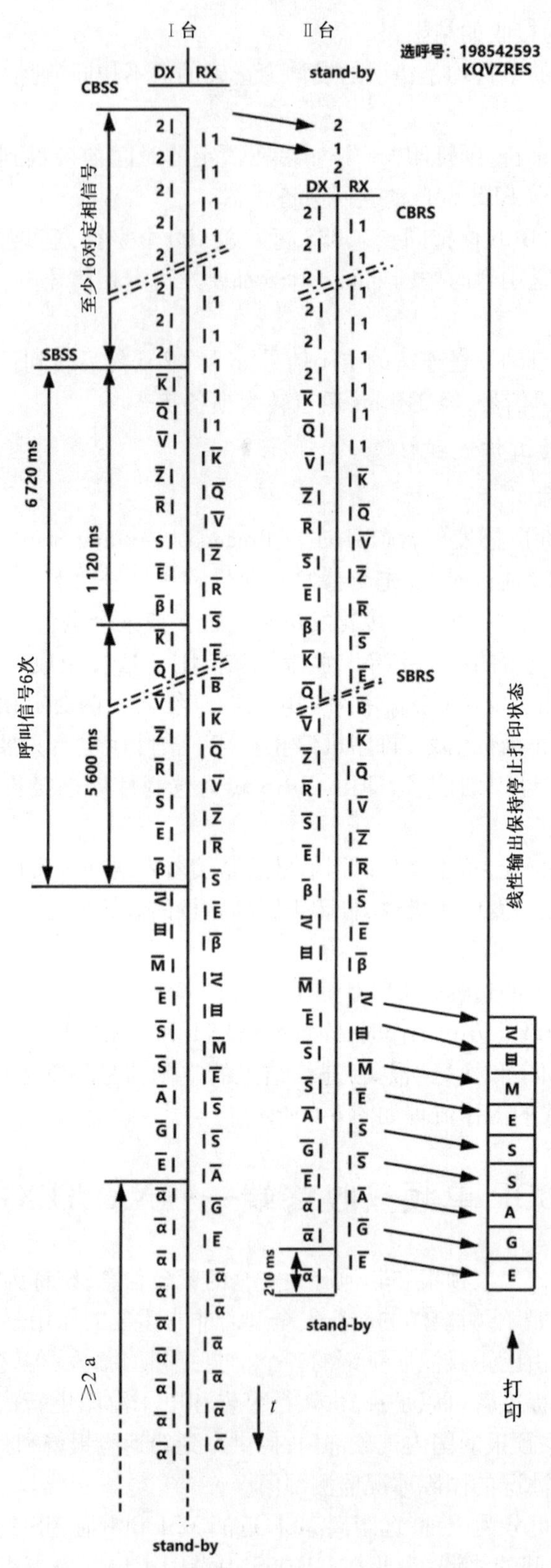

图 6-6　SFEC 程序图

划分的 16 个航行警告区(NAVAREA)。但 2007 年 2 月,在伦敦召开的第十一届通信搜救分委会会议上,又通过了在北冰洋地区新增 5 个 NAVAREA 区的建议,NAVAREA 服务区扩展为 21 个。在每个 NAVAREA 内,MSI 的播发又分为两种情况,对于沿岸 400 n mile 范围内(即近海与沿海)的 MSI,其播发方式以 NAVTEX 系统进行;对于超出沿岸 400 n mile 的远距离 MSI,其播发方式则采用 EGC 系统。但有些国家的近海与沿海没有设置 NAVTEX 系统,而采用 EGC 系统。

此外,IMO 从保障海上人命和财产的角度出发,积极鼓励沿岸国家为船舶提供其他发送方式的 MSI,作为国际 NAVTEX 业务和安全网业务(SafetyNET)的补充。目前,主要有以下三种业务:

(1)高频电传业务,即采用 HF NBDP 的 CEFC 方式播发气象和航行警告。对于 A3 海区,可作为 EGC 业务的补充。但对于 A4 海区,则只能采用 HF NBDP 的 CEFC 方式进行 MSI 的播发和接收。

(2)无线电气象传真业务,即通过气象传真图获取航行海区的天气和海况等气象信息。

(3)甚高频、中频和高频无线电话业务,即海岸电台采用 VHF 无线电话、MF/HF 单边带无线电话方式播发气象和航行警告等信息。

6.3.1　NAVTEX 系统

NAVTEX 系统由信息提供和协调部门、NAVTEX 发射台和 NAVTEX 接收机三部分构成。信息提供和协调部门负责提供海上安全信息并进行播发协调。NAVTEX 发射台由若干个岸基台链组成,在规定频率上定时播发 MSI。

NAVTEX 业务分为国际 NAVTEX 业务和国内 NAVTEX 业务。国际 NAVTEX 业务是指各岸台均在 518 kHz 国际频率上用英语以 NBDP 中的 CFEC 方式定时向航行在 A1、A2 海区的船舶提供 MSI,并由船上 NAVTEX 接收机自动接收、选择和存储并打印出所需岸台播发的有关信息;国内 NAVTEX 业务是指采用 NBDP 技术,向 A1、A2 海区的船舶用主管部门认可的语言在除 518 kHz 以外的频率上播发并由船舶自动接收的海上安全信息业务。ITU 为国内 NAVTEX 业务指配的工作频率为 490 kHz 和 4 209.5 kHz,其中 4 209.5 kHz 一般用于热带地区。除此以外,也有些国家和地区采用了自己独特的频率,如中国大陆使用 486 kHz,日本使用 424 kHz 等,播发的语言则是本国语言。

NAVTEX 系统最初是由瑞典于 1976 年向 IMO 无线电通信分委会以建议方式提出的。该系统经过在 NAVAREA 1 区的建立和试用,受到航运界的极大欢迎。于是经 IMO、IHO(国际航道测量组织)和 ITU(国际电信联盟)的审议,该系统作为一种使船舶得知沿岸 MSI 的国际性服务网而被采纳,并成为 GMDSS 的一部分。

按 IMO 的规定,全球 21 个 NAVAREA 区作为 21 个 NAVTEX 服务区,每区按所覆盖范围分别设若干个 NAVTEX 播发台(最多可设 26 个播发台),各台以英文字母 A、B、…、Z 进行编码,构成 NAVTEX 台链。各台所赋予的英文字母称为该台及其覆盖海域的识别码,为防止两个相邻 NAVAREA 区之间相近 NAVTEX 岸台间识别码的混淆,所有 NAVAREA 区内各 NAVTEX 岸台的建立和编码以顺时针方向进行。

由于所有播发台均在同一频率 518 kHz 上工作,为减少相互间干扰,各播发台应限制其发射功率,使其服务范围在 400 n mile 以内。各 NAVAREA 区的每个 NAVTEX 播发台分时工作,每个 NAVTEX 播发台一般每隔网 4 h 播发报文一次，每次工作不超过 10 min。例如，若在一个 NAVAREA 区内设置 24 个播发台，可分为 4 组，每组含 6 个播发台，第一组的 6 个播发台在每天的 00，04，08，12，16 和 20 时工作；第二组的 6 个播发台在每天的 01，05，09，13，17 和 21 时工作；第三组的 6 个播发台在每天的 02，06，10，14，18 和 22 时工作；第四组的 6 个播发台在每天的 03，07，11，15，19 和 23 时工作。

每组的第一个台在每小时的 00~10 分工作；

每组的第二个台在每小时的 10~20 分工作；

每组的第三个台在每小时的 20~30 分工作；

依此类推，如图 6-7 所示。

发射时间	第 1 组						第 2 组						第 3 组						第 4 组					
00 04 08 12 16 20	A	B	C	D	E	F	G	H	I	J	K	L	M	N	O	P	Q	R	S	T	U	V	W	X
.10 — — — — —	■																							
.20 — — — — —		■																						
.30 — — — — —			■																					
.40 — — — — —				■																				
.50 — — — — —					■																			
01 05 09 13 17 21						■																		
.10 — — — — —							■																	
.20 — — — — —								■																
.30 — — — — —									■															
.40 — — — — —										■														
.50 — — — — —											■													
02 06 10 14 18 22												■												
.10 — — — — —													■											
.20 — — — — —														■										
.30 — — — — —															■									
.40 — — — — —																■								
.50 — — — — —																	■							
03 07 11 15 19 23																		■						
.10 — — — — —																			■					
.20 — — — — —																				■				
.30 — — — — —																					■			
.40 — — — — —																						■		
.50 — — — — —																							■	
04 08 12 16 20 24																								■

图 6-7　各 NAVTEX 播发台分时工作时间分配图

NAVTEX 系统的这种时间分配，使各服务区中任何时刻只有一台在发射，尽管相邻服务区内有可能有两个台同时工作。但它们相隔较远，以及播发台的合理设置，不会造成相互干扰。不同 NAVAREA 区的两个相同字母播发台的最近距离应大于 700 n mile，并且晚上降低功率播发（一般降低 60%），从而确保 NAVTEX 接收机不会同时处于这两台的发射范围内。

各个 NAVTEX 播发台所播发的报文，根据信息种类分别用英文字母予以编号，该字母称为报文的主题字母。

对于每一种信息，再按播发的先后次序予以编号，也就是在报文的主题字母之后紧跟着编号，表示这一类报文播发的先后次序，便于存档。

由于 NAVTEX 系统是以时间分割方式工作，要求有严格的程序管理播发过程，为此，NAVTEX 协调中心要协调各播发台所播发信息（即发射报文）的种类。应该归属哪个发射台播发的报文,除非有必要,一般不在另一个播发台再播发。

6.3.2　NAVTEX 的报文格式与编码

NAVTEX 报文在编码与传输上属于 NBDP 中的 CFEC 方式。

报文中每个字符按七单元 4B/3Y 恒比码进行编码,编码后的数字基带信号经 FSK 调制(中心频率 1 700 Hz,频偏±85 Hz)后,送入 SSB 发射机以 518 kHz±85 Hz 发射,波特率为 100 波特。NAVTEX 报文发送时采用二重时间分集,分集时间间隔为 280 ms,也就是每个字符每隔 4 个字符再重发一遍。接收端则从两次接收中选出符合七单元 4B/3Y 恒比关系的字符作为正确的接收字符,错误的用“ * ”表示。如果接收到的报文误码率达到 4%或更高,则不打印和/或不存储。

NAVTEX 发射台预先把 NAVTEX 报文编排成下列格式:

定相信号	ZCZC	空一格	$B_1B_2B_3B_4$	回车换行	报文	NNNN	回车换行

定相信号由 DX 位置上的定相信号 2 和 RX 位置上的定相信号 1 组成,持续发射 10 s 以上,起同步作用。若是连续发射的报文,该定相信号只需发 5 s 以上即可。

ZCZC 表示定相周期结束,电文发射正式开始。

$B_1B_2B_3B_4$ 为报文的技术编码。其中:

(1)B_1 是 NAVTEX 信息播发台的识别字母,代表播发台及其覆盖海城。它可由使用式选样。实际上为用户只能接收到覆盖本船正在航行海域播发台和将要航行到下一个播发台覆盖海域的台所播发的报文。一般情况下,在航行中每次相继能够收到 2~4 个播发台的报文已足够。

(2)B_2 是各种报文的分类代码,表示所收报文的种类。其中:

A 为航行警告(不可拒收);

B 为气象警告(不可拒收);

C 为冰况报告;

D 为搜救信息(不可拒收);

E 为气象预报;

F 为引航信息;

G 为台卡导航信息;

H 为罗兰 C 导航信息;

I 为奥米加导航信息;

J 为卫星导航信息;

K 为其他电子助航信息;

L 为当航行警告电文编号超过 99 时,使用 L 字母可继续从 01 编号开始(不可拒收);

M~Y 还没指配;

ZQRU(目前无信息)。

(3)B_3B_4 是对每一类报文的双字编号,01~99,再从 01 开始。重要的紧急报文,如最初的遇险报文、属于有关人命安全的通知等,可用 000 号码。00 号码的报文必须打印,不可拒收。

所有报文的结束均须用 NNNN 表示。接收机只有收到 4 个连续的 N,打印机才不再打印;

否则表示报文的错码很多,还要重新接收。

6.3.3 NAVTEX 接收机的组成

按照 CCIR 476-3 和 CCIR 540-1 建议,NAVTEX 接收机是一个固定调谐在 518 kHz 上的 NBDP 接收机。它由信道部分、信息处理部分和打印机组成,如图 6-8 所示。

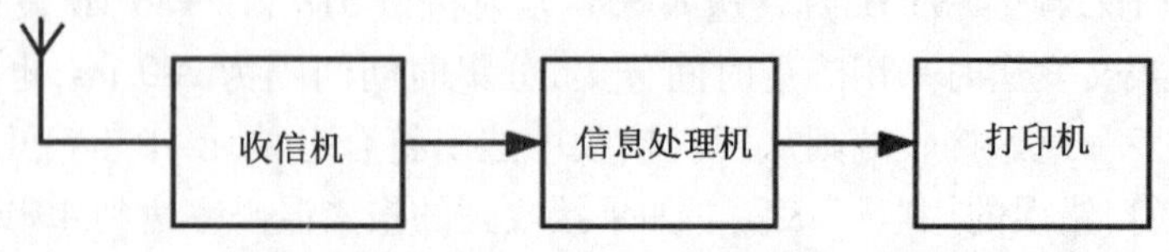

图 6-8 NAVTEX 接收机方框图

船用 NAVTEX 接收机应具有下述的特性:

(1)接收机应由收信机、信号处理器及打印机组成。

(2)接收机的灵敏度在 2 μV 电动势源串一个 50 Ω 无感电阻时的字符错误率应小于 4%。

(3)在电报完好收妥情况下,只有识别标志 $B_1 \sim B_4$ 存储,完好收妥定义为:字符错误率小于 4%;大于或等于 4%的 $B_1 \sim B_4$ 则不存储。

(4)应能存储 30 个 $B_1 \sim B_4$ 电报识别标志,电报识别标志存入 60~72 h 后,应能自动在存储器中清除,如果收到的电报识别标志数量超过存储量,则应消除最先存储的识别标志。

(5)预置的 B_1、B_2 选择信息在断电 6 h 内应不会消除。

(6)应能根据预置的 B 识别字母,自动选取需要的海上安全信息。

(7)除 A、B 和 D 类电报外,应能预置选择打印分类电报。

(8)应具备避免重复打印已经收妥的同一电报的功能。

(9)收到 $B_2 = D$ 的识别标志,应在驾驶台发出声响警报,并能人工复原,打印纸用完,也应报警。

(10)收到 $B_3B_4 = 00$ 的电报,且 B 是选收的电台,必须打印。

(11)打印机每行至少可打 32 字符,一般为 40 个字符。

(12)如果自动换行会使一个单词分开,应在打印文中标明,打印机在打印完电报后能自动送纸。

(13)如果收到字符残缺,应打印一个星号。

(14)设备应有自检功能。

(15)工作频率选 518 kHz。

(16)应能随时获得置定了的 B_1B_2 信息。

习题

1. 简述 NBDP 通信为了提高可靠性所采用的纠检错技术。
2. 在 NBD 中,ARQ 通信过程一般可分为几部分?每部分含义是什么?
3. 简述 NBDP ARQ 通信的基本时间周期。
4. 简述 CFEC 的工作流程。
5. SFEC 通信具有什么样的特点?

6. CFEC 和 SFEC 通信过程中的异同点是什么?

7. 海上安全信息一般分几大类? 其主要播发手段有哪些?

8. 国际 NAVTEX 业务和安全网业务的补充业务有哪些?

9. 简述 NAVTEX 系统的组成、功能和工作方式。

10. 所有 NAVTEX 岸台均工作于 518 kHz 上,为避免相互间干扰,NAVTEX 系统在设置上和工作过程中采取了什么措施?

11. NAVTEX 报文的发射格式是什么? 简述各部分含义。

第7章　地面系统数字终端之二——DSC

DSC是GMDSS地面通信系统中进行遇险报警的终端,同时它又有选择性呼叫功能。也就是说,DSC具有遇险报警、遇险确认和遇险转播的功能;同时在常规通信中,它还有选择性呼叫、值班守听和船舶查询的功能。它的引入将改变水上船岸、船舶间的通信程序,使之进入一个崭新阶段。

DSC技术应用于水上移动业务中,最早正式地被提出是1982年的CCIR 493号建议(技术特性)和541号建议(操作特性)。经过4年的大规模水上试验,CCIR完成了对这两个建议的最后修改,并于1986年由海安会(MSC)通过。这就是现在的CCIR 493-3和541-2号建议。

本章主要介绍DSC终端的组成和主要技术要求、检纠错措施、各种序列的组成。

7.1　DSC终端的一般组成

7.1.1　DSC的功能

DSC是用来实现遇险报警和选择性呼叫的一个数字终端。它与MF/HF/VHF通信设备相连可完成下列功能:

按呼叫的对象分,DSC能完成下列几类呼叫:

(1)遇险呼叫,包括遇险报警、遇险确认和遇险转播。遇险报警是指处于遇险状态下的船舶发出的呼叫,其报警对象是装有DSC终端的所有岸台和船台,遇险确认是指任一岸台或船台收到遇险报警后给予的确认,表明本台已收到遇险报警并已转至有关RCC;遇险转播是指船台收到遇险报警5 min后,岸台没有在同一频率上予以确认,则该船台可将遇险呼叫转发至任一合适岸台,或收到遇险报警的RCC和岸台(或受委托)必要时可将该遇险呼叫转发给遇险现场附近的船舶,以期前去营救或监护。

(2)全呼,被呼对象是所有装配DSC终端的岸台和船台。

(3)海呼,被呼对象是某海域中的所有装配DSC终端的船台。

(4)组呼,被呼对象是具有相同利益或同属性的船舶。

(5)选呼,被呼对象是某一特定的船台或岸台,又称单呼。

(6)海上业务呼叫,指用VHF电话通过岸台,按呼陆地公众网电话所发出的申请呼叫。

按呼叫的类别分,DSC能完成下列几类呼叫:

(1)遇险呼叫,包括遇险报警、遇险确认、遇险转播。

(2)紧急呼叫,指发现有人落水,需提供紧急医疗援助,船损但还没有直接的危险及搜救协调时所发出的呼叫。

(3)安全呼叫指岸台发布台风警报、航行警告、紧急气象信息之前的呼叫。

(4)船舶业务呼叫,指船舶调度通信、船位查询等之前的呼叫。

(5)常规呼叫。

7.1.2　DSC 终端的一般组成

DSC 终端的一般组成如图 7-1 所示。

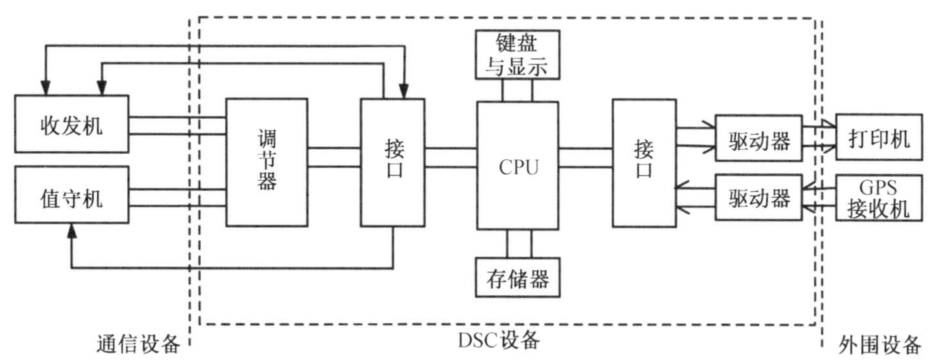

图 7-1　DSC 设备的一般组成

CPU 与存储器、键盘、显示器一起构成了一个专用微机。DSC 的所有功能均通过它来处理和控制。通常用 8 位单片机,如 284C015、HD64180R_1 等来代替 CPU。

存储器 EPROM 中存的是 DSC 终端的应用程序,E^2PROM 中存的是系统格式化数据,RAM 中存的是处理过程中的中间结果。键盘与显示用来实现人-机接口。它可实现呼叫序列的编辑和修改、遇险报警的单键启动发射、收到有关呼叫时的声光报警与显示。

打印机通常是 ASCII 码只读打印机,它通过接口经驱动器与 CPU 相连。此口一般为串行接口片,如 SIO;驱动主要是实现电平变换和滤波,常采用 RS 232 电平。打印机的作用是将编辑完的序列、收发过程中的信息打印出来,以供留底或参考。

DSC 终端要求接 GPS 接收机,目的是将 GPS 得出的船位随时送入 DSC 的 RAM 中,当船舶遇险或岸台查询船位时自动构成遇险呼叫序列或船位应答序列,先后发出。其接口方法也是通过驱动器和串行接口片实现与 CPU 的连接,驱动器可采用 RS 422 标准或电流环来提供 TTL 电平的信号。

调制器和解调器合起来称为调解器,其作用是实现数字基带信号与音频(1 700 Hz)FSK 信号间的变换。与 CPU 间的接口常采用 SIO 实现串、并数据同变换,该接口的另一任务是与收发机控制微机间进行通信以实现收发频率的改变,同时对收发机中的接收机提供哑控,对发射机提供键控,接口电平需经 RS 232C 进行变换。

编辑完的序列经 FSK 调制后送往发射机发出。接收机收到后输出的 FSK 信号经解调后,通过接口送入 CPU 进行处理。这里的收发机可以是 MF/HF 组合电台,也可以是 VHF 电台。相应的值守机可以是 MF/HF DSC 值守机,也可以是 VHF DSC 值守机。前者可扫描接收最多 6 个 DSC 遇险频率,后者只值守 VHF CH70 一个频道。

值守机的作用是实现国际 DSC 遇险频率的连续无人守听,提高 DSC 遇险报警接收的有效性。如果是 VHF DSC 值守机,因其值守频率是固定的,因此不需控制;但对 MF/HF DSC 值守机,其值守的遇险频率的改变(包括扫描时间)可由 CPU 通过接口输出控制信号来实现。同时收发机、值守机与调解器间信号及 CPU 对值守机的控制信号均需依 RS 232C 标准进行电平变换。

作为 MF/HF 通信设备的终端时,进出通信机的 FSK 信号的中心频率为 1 700 Hz,频偏为 ±85 Hz,B 码对应的音频为 1 785 Hz,Y 码对应的音频为 1 615 Hz,速率为 100 波特。作为 VHF 通信设备的终端时,进出通信机的 FSK 信号的中心频率仍然为 1 700 Hz,但频偏为±400 Hz,故 B 码对应的音频为 2 100 Hz,Y 码对应的音频为 13 000 Hz,速率为 1 200 波特。由于 MF/HF 的 DSC 与 VHF DSC B/Y 对应的音频不同,且传输速率不同,故 MF/HF 的 DSC 不能与 VHF DSC 互换或混用。

7.2 DSC 编码和检纠错措施

数据在 MF/HF/VHF 信道中传输,考虑到信道特点,必须要有一定的抗干扰能力,在编码方式上,既要简单,也要有一定的检纠错能力,从而提高呼叫的成功率。

7.2.1 DSC 的编码

数字选呼的每一种呼叫序列都由若干码组组成,其中每个码组由若干个字节组成。每一字节由十单元二进制码元构成,其中前 7 位作为信息码元,后 3 位作为检错码元。后 3 位二进制码元表示的数字代表前 7 位二进制码中"B"(即"0")的个数。例如,后 3 位二进制数字是 101,则表示前 7 位二进制码中"0"的个数为 5。这样,当收到的 1 个字节中前 7 位中"0"的个数与后 3 位表示的数字不相符时,表示该字节有误。

信息位(前 7 位)的最左位为最低数字位,从左至右第 7 位为最高数字位。检错码(后 3 位)的最右位为最低数字位,从右至左第三位为最高数字位。

1 个字节有 7 位二进制信息码,共可表示 $2^7=128$ 种信息。按规定,第 00~99 号编码作为信息中的数字编码使用,第 100~127 号编码作为信息中的功能编码使用,字节的十单元二进制码的 28 个编码表示如表 7-1 所示。

表 7-1

代码	发射信号和比特位置 1 2 3 4 5 6 7 8 9 10	代码	发射信号和比特位置 1 2 3 4 5 6 7 8 9 10	代码	发射信号和比特位置 1 2 3 4 5 6 7 8 9 10
0	BBBBBBBYYY	43	YYBYBYBRYY	86	BYYBYBYBYY
1	YBBBBBBYYB	44	BBYYBYBYBB	87	YYYBYBYBYB
2	BYBBBBBYYB	45	YBYYBYBBYY	88	BBBYYBYYBB
3	YYBBBBBYBY	46	BYYYBYBBYY	89	YBBYYBYBYY
4	BBYBBBBYYB	47	YYYYBYBBYB	90	BYBYYBYBYY
5	YBYBBBBYBY	48	BBBBYYBYBY	91	YYBYYBYBYB
6	BYYBBBBYBY	49	YBBBYYBYBB	92	BBYYYBYBYY
7	YYYBBBBYBB	50	BYBBYYBYBB	93	YBYYYBYBYB
8	BBBYBBBYYB	51	YYBBYYBBYY	94	BYYYYBYBYB
9	YBBYBBBYBY	52	BBYBYYBYBB	95	YYYYYBYBBY
10	BYBYBBBYBY	53	YBYBYYBBYY	96	BBBBBYYYBY

续表

代码	发射信号和比特位置 1 2 3 4 5 6 7 8 9 10	代码	发射信号和比特位置 1 2 3 4 5 6 7 8 9 10	代码	发射信号和比特位置 1 2 3 4 5 6 7 8 9 10
11	YYBYBBBYBB	54	BYYBYYBBYY	97	YBBBBYYYBB
12	BBYYBBBYBY	55	YYYBYYBBYB	98	BYBBBYYYBB
13	YBYYBBBYBB	56	BBBYYYBYBB	99	YYBBBYYBYY
14	BYYYBBBYBB	57	YBBYYYBBYY	100	BBYBBYYYBB
15	YYYYBBBBYY	58	BYBYYYBBYY	101	YBYBBYYBYY
16	BBBBYBBYYB	59	YYBYYYBBYB	102	BYYBBYYBYY
17	YBBBYBBYBY	60	BBYYYYBBYY	103	YYYBBYYBYB
18	BYBBYBBYBY	61	YBYYYYBBYB	104	BBBYBYYYBB
19	YYBBYBBYBB	62	BYYYYYBBYB	105	YBBYBYYBYY
20	BBYBYBBYBY	63	YYYYYYBBBY	106	BYBYBYYBYY
21	YBYBYBBYBB	64	BBBBBBYYYB	107	YYBYBYYBYB
22	BYYBYBBYBB	65	YBBBBBYYBY	108	BBYYBYYBYY
23	YYYBYBBBYY	66	BYBBBBYYBY	109	YBYYBYYBYB
24	BBBYYBBYBY	67	YYBBBBYYBB	110	BYYYBYYBYB
25	YBBYYBBYBB	68	BBYBBBYYBY	111	YYYYBYYBBY
26	BYBYYBBYBB	69	YBYBBBYYBB	112	BBBBYYYYBB
27	YYBYYBBBYY	70	BYYBBBYYBB	113	YBBBYYYBYY
28	BBYYYBBYBB	71	YYYBBBYBYY	114	BYBBYYYBYY
29	YBYYYBBBYY	72	BBBYBBYYBY	115	YYBBYYYBYB
30	BYYYYBBBYY	73	YBBYBBYYBB	116	BBYBYYYBYY
31	YYYYYBBBYB	74	BYBYBBYYBB	117	YBYBYYYBYB
32	BBBBBYBYYB	75	YYBYBBYBYY	118	BYYBYYYBYB
33	YBBBBYBYBY	76	BBYYBBYYBB	119	YYYBYYYBBY
34	BYBBBYBYBY	77	YBYYBBYBYY	120	BBBYYYYBYY
35	YYBBBYBYBB	78	BYYYBBYBYY	121	YBBYYYYBYB
36	BBYBBYBYBY	79	YYYYBBYBYB	122	BYBYYYYBYB
37	YBYBBYBYBB	80	BBBBYBYYBY	123	YYBYYYYBBY
38	BYYBBYBYBB	81	YBBBYBYYBB	124	BBYYYYYBYB
39	YYYBBYBBYY	82	BYBBYBYYBB	125	YBYYYYYBBY
40	BBBYBYBYBY	83	YYBBYBYBYY	126	BYYYYYYBBY
41	YBBYBYBYBB	84	BBYBYBYYBB	127	YYYYYYYBBB
42	BYBYBYBYBB	85	YBYBYBYBYY		

发射次序：首先是比特 1B-0 Y-1。

通常信息中的数字都是按十进制表示的 1,为了按 DSC 要求进行数字编码,将信息中的十进制数字按相邻的两位组成 1 个字节,两位十进制的数字量最多可达 599。因此,可按表 7-1 中前 100 个十单元二进制码进行编码。

例如,1 个 10 位十进制数字字的信息可划分为 5 个字节:

X_1X_2	X_3X_4	X_5X_6	X_7X_8	X_9X_{10}
字节 1	字节 2	字节 3	字节 4	字节 5

5 个字节中每一不可按表 7-1 中前 100 个十单元二进制码相对应编码。

如果信息的十进制数字是奇数位,可在最低位或最高位填“0”,构成偶数个位,然后按相邻两位划分成 1 个字节。

第 100~127 号码作为功能编码使用功能编码共计 28 个,它在序列中的不同码组位置代表的意义不同。

呼叫序列按规定由代表不同含义的码组组成,码组由若干字节组成。功能编码的高用和是 1 个字节,也就是第 10~12 号码在序列中都是以 1 个字节形式出现的。功能编码在呼叫序列中可表示该序列的性质(遇险全呼/海呼/组呼/选呼/海上业务呼叫),或表示该序列的呼叫类别(遇险/紧急/安全/船舶业务/常规),或表示遇险性质等。同一代码在序列中不同位置表示的含义不同。

7.2.2 检纠错措施

DSC 的编码方式是采用十单元二进制码组成 1 个字节,每 1 字节的前 7 位二进制码为信息码,后 3 位二进制码为监督码或检错码,监督码的值正好是信息码中“0”的个数,这种码称为群计数码。

收方根据监督码所示数字检查信息码中“0”的个数,就可判别所收信息码是否有错。这种编码具有很强的检错能力,除信息码中“1”变“0”与“0”变“1”的错码数相同的错码不能被发现外,所有其他形式的错码均可检查出来。但这种编码不具备纠错能力。为能纠错,可在群计数码基础上加垂直校验,构成垂直校验群计数码。

比如,在 DSC 呼叫序列后加一个垂直校验字节(ECC)。ECC 的产生是在发端把各个字节的信息码(前 7 位)按垂直排列,然后对各字节中的信息位进行垂直模 2 相加,产生 1 个字节的信息码,称为垂直校验信息码,在加入水平监督码后构成 ECC 字节。

例如,若呼叫序列由 5 个字节组成,则产生 ECC 过程是先把这 5 个字节的信息码按垂直排列,然后模 2 相加即得垂直校验字节的信息码为 0111001,再加入监督码 011 构成 ECC 为 0111001011。

```
1 1 0 1 1 1 1
1 0 0 1 0 1 0
0 1 1 0 1 0 0
0 0 0 0 0 0 0
0 1 0 1 0 0 0
-------------
0 1 1 1 0 0 1
```

收方可根据收到的 ECC 字节,对收到的前面各字节进行垂直校验。若前面收到的各字节信息码各码元按垂直模 2 相加后不等于 ECC 字节中信息码,则表示该序列有错误。

利用垂直校验群计数码不仅可以检错,还可以纠正一位错码。例如,设第二字节信息码中第二位发生错码,由“0”变为“1”,利用该字节中监督码与信息码间的关系很容易发现其字节有错,但无法确定哪位错误。此时实际收到的各字节中的信息码在垂直模 2 相加后为 00110001,这与最后收到的 ECC 字节中的信息码不同,经比较可知第二位有错,从而确定是第二字节信息码中第二位有错,于是就可纠正。

在 DSC 中仅仅利用垂直校验群计数码来纠正一位错码显然是不够的,为增强 DSC 呼叫序列的抗干扰和衰落的能力,在 DSC 呼叫序列的传输过程中采用了与 NBDP 中 FEC 方式相同的二重时间分集方法,即同一字节在相隔一定时间后重复传输,分集时间宽度为 4 个字节。

对 MF/HF DSC,传输速率为 100 波特,每一码元为 10 ms,每字节为 100 ms,分集时间为 400 ms。对 VHF DSC,传输速率为 1 200 波特,每一码元为 0. 833 3 ms,每一字节为 8. 33 ms,分集时间为 333 ms。

收方对两次收到的信号(DX 和 RX)加以比较和选择,保留正确的作为接收信号,具体方法与 FEC 中介绍的相同,只是这里判断某字节错误的准则与 FEC 中不同而已。凡是字节残缺信息码与监督码不一致都属于错误。

7. 3　DSC 呼叫系列的组成

用 DSC 终端进行呼叫时,发射信号是一个包含一系列信息的编码序列,称为呼叫序列。

一个典型的呼叫序列格式如下:

点阵	定相序列	格式符	地址	类别	自识别	电文 1~4	序列终止符	校验符

7. 3. 1　点阵

点阵(Dot Pattern)是由 0、1 交替的数码组成的一段信号,又称 0-1 序列。它的作用是作为呼叫序列的起始标志;作为值守机对 DSC 呼叫的识别,当值守机在某频率上检测出该 0-1 交替的序列时,就停止扫描,并在该频率上进行信息接收;作为整个序列的起码位同步,有了 0-1 序列后,将使整个序列很快地建立起码位同步,正确地区分后面各个时间段,同时使定相序列更快地形成二重时间分集接收。

点阵持续时间对于不同类型的呼叫序列有所不同。

在 MF/HF 频段上,对于“遇险呼叫”及所有岸台发往船台的呼叫均为 200 bit,即持续 2 s。

在 MF/HF 频段上,对于所有“呼叫确认”(除遇险确认)和所有船台发往岸台的呼叫(除“遇险报警”和“遇险转播”)均为 20 bit,即 0. 2 s。

在 VHF 频段上,所有呼叫均为 20 bit,即持续 162 ms(1/60 s)。

7. 3. 2　定相序列

使用定相序列(Phasing Sequence)是为正确地区分后面各个时间段,获得正确的帧同步(字节同步)及减少由于码位不同步造成的同步损失,同时也是为了形成二重时间分集传输和接收。

定相序列是在发射点阵序列之后，紧接着在交替的 DX 和 RX 位置上发射下述定相序列的功能代码：

(1)在 DX 位置上，发射定相序列的功能代码“125”，共 6 个字节。

(2)在 RX 位置上，依次发射定相序列功能代码“111”“110”“109”“108”“107”“106”“105”“104”，共计 8 个字节。

整个定相序列构成如下：

点	DX (125)		DX (125)		DX (125)		DX (125)		DX (125)		DX (125)		A		B			
阵		RX (111)		RX (110)		RX (109)		RX (108)		RX (107)		RX (106)		RX (105)		RX (104)		A

其中 A 与 B 为定相序列后面的各个字节。

在收端接收到定相序列后，立即进行字节同步（帧同步）。下列情况中任一种均可认为完成定相，即完成帧同步（字节同步）：

(1)正确地接收到相邻接的 2 个 DX 和 1 个 RX；

(2)正确地接收到相邻接的 1 个 DX 和 2 个 RX；

(3)正确地接收到相邻接的 3 个 RX。

7.3.3 格式符

格式符（Format Specifier）说明本呼叫序列的性质，即说明本呼叫序列属于下述哪一个：遇险呼叫/全呼/群呼/海呼/选呼/海上业务呼叫。使用功能代码分别是:12116/114/102/1120/123。

虽然格式符仅用 1 个字节表示，但考虑在“遇险呼叫”“全呼”的呼叫可靠性，避免在接收机解码时产生虚警和漏报，要求发射功能代码两次，也就是说格式符占用 2 个字节。

接收机在解码时，对于格式符为“遇险呼叫”“全呼”的呼叫，必须两次检测格式符，并进行对比。两次检测一致时才判明格式符确为该类呼叫，以增加识别的可靠性。对于格式符为其他类型的呼叫，解码时不一定要进行两次检测及对比，检测一次也可以。

7.3.4 地址

呼叫地址（Address）是对于呼叫对象的识别。“遇险呼叫”“全呼”的呼叫对象是所有岸台和船台，因此序列中没有这一栏目。

对于“群呼”“选呼”呼叫，被呼地址是某一船队或某一单台的 MMSI 码，MMSI 码是由 9 位十进制数字组成的，即：

$$\times_1\times_2\times_3\times_4\times_5\times_6\times_7\times_8\times_9$$

其中×表示十进制某数字，其下标表示第几位。

DSC 编码时，按规定在 9 位十进制数字后加一个“0”，即

$$\times_1\times_2\times_3\times_4\times_5\times_6\times_7\times_8\times_9\ 0$$

然后按相邻两个数字构成 1 个字节的方法，编成 5 个字节，再用表 7-1 中第 00~99 的数字编码分别对每一字节进行编码。

对于“海呼”，呼叫地址是按墨卡托（Mercator）坐标法的某一矩形区域加以限定。墨卡托

坐标的横轴是赤道,纵轴与格林尼治经度线重合;所选定的矩形区域应有一个参考点及该点的坐标纬度与经度,以及矩形区域跨越的纬度差和经度差。CCIR 建议规定,矩形区域的左上角为参考点。

例如,图 7-2 所示的墨卡托坐标中的一个矩形区域,所选定的参考点坐标为:

$$\varphi = +15°, \lambda = -20°$$

矩形区域跨越的纬度差与经度差分别为:

$$\Delta\varphi = 45°, \Delta\lambda = 45°$$

参考点在选定的坐标中的象限按下述规定予以数字标定:

NE—0　NW—1　SE—2　SW—3

在图 7-2 中,参考点选在坐标的 NW 象限内,并用数字“1”表示。

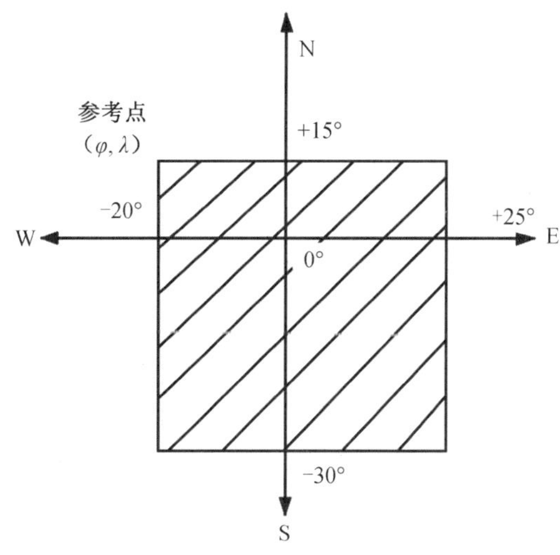

图 7-2　墨卡托坐标的某一矩形区域表示法

用墨卡托坐标中某一矩形区域限定所呼叫的海域范围共需用 10 位十进制数字表示,它们是:

(1)参考点象限:1 位;

(2)参考点纬度与经度:5 位(经度 3 位,纬度 2 位);

(3)矩形区域跨越的纬度与经度:4 位(纬、经度各 2 位)。

对于图 7-2 所示墨卡托坐标中矩形区域可表示为:

1	1	5	0	2	0	4	5	4	5
参考点象限	—φ— 参考点纬度		—λ— 参考点经度			—Δφ— 矩形区纬度		—Δλ— 矩形区经度	

即呼叫地址可表示为 1 1 5 0 2 0 4 5 4 5。

然后按相邻两个数字组成 1 个字节,共计 5 个字节。

7.3.5　类别

类别(Category)表示本次呼叫的优先级别,它们是遇险/紧急/安全/船舶业务/常规,共

5 个级别,分别用功能代码 12/110/108/06100 表示,占据 1 个字节。对于“遇险呼叫”,其优先级别已在在格式符中标明,因此没有这一栏目。

7.3.6 自识别

自识别(Sell Identification)是发出呼叫的呼叫台自我标识。用 MMSI 码表示自识别,即用 9 位十进制数字表示。

把 9 位十进制数字最后位填“0”,然后按相邻两位组成 1 个字节,共计 5 个字节,用相对应的数字编码表示。

7.3.7 电文

对于不同类型的呼叫,电文(Message)的组成不同。

(1)“遇险报警”的电文有四部分

电文 1:表示遇险性质,分为火灾或爆炸/浸水/碰撞/搁浅/倾斜/沉没/失控或漂泊/性质不明/弃船九种情况,分别用功能代码 100/101/102/103/104/105/106/107/108 表示,占据 1 个字节。如在遇险时来不及注入遇险性质代码,设备将自动按“性质不明”代码“107”注入。

电文 2:表示船舶遇险时的地理位置,它由 10 个十进制数字组成,其具体规定如下:

第 1 位数字表示方位,即象限,其代码表示为:东北象限(NE)——“0”,西北象限(NW)——“1”,东南象限(SE)——“2”,西南象限(SW)——“3”;

第 2~5 位数字表示遇险时的纬度和纬度分;

第 6~10 位数字表示遇险时的经度和经度分。

上述表示如下:

1	2	3	4	5	6	7	8	9	10
象限	←纬度→		←纬度分→		←经度→			←经度分→	

例如,遇险坐标电文 3452002058,表示遇险时的坐标是南纬 45°20′,西经 20°58′。

如果遇险时坐标不能由导航导航仪通过接口给出或来不及人工注入,DSC 设备将自动在此栏中填充 10 个数字“9”,表示遇险时坐标没给出。

电文 2 共占据 5 个字节,由数字编码给出。

电文 3:遇险时间,它表示遇险坐标对应的时间,由 4 个十进制数字组成,其构成如下:

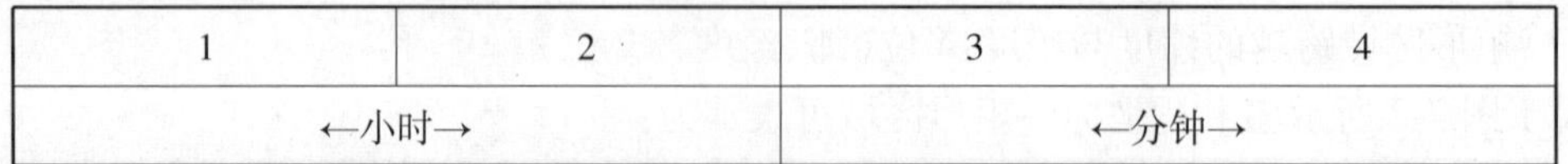

1	2	3	4
←小时→		←分钟→	

前两个数字表示小时,后两个数字表示分钟,用 UTC 时间表示。

如果遇险时间不能动或人工给定,DSC 设备将自动在此栏中填充 1 个数字“8”。

电文 3 共占据 2 个字节,由数字编码给出。

电文 4:表示遇险船舶要求的遇险通信使用的通信终端(TEL 成 TLX),以便进行遇险信息的交换。如果没有给出,则意味仅用无线电话(TEL)。

在 VHF 波段,仅适用无线电话(TEL)。

电文 4 占据 1 个字节,用功能代码表示,对 G3E SIMP TEL/G3E DUP TEL/J3E TEL/H3E TEL/J2B FEC TTY/J2B ARQ TTY,分别用 10/01/0111/1113/115 表示。

(2)“遇险转播”或“遇险确认”呼叫

这两类呼叫属于遇险类别的呼叫。因此,类别一栏应注明是“遇险”,即用类别功能代码“112”填充。

这两类呼叫在“自识别”一栏后,再注明“遇险转播”或“遇险确认”,使用第一指令中的功能代码,即“112”或“110”。

然后是“转播”或“确认”遇险船舶的识别码,遇险性质,遇险船舶的坐标和时间,以及遇险船舶要求的通信方式(第二指令)。这些可将收到的原数据存储后自动转发。

若不知道遇险船舶识别码,可用 5 个“126”功能代码填充。

上述的“遇险报警”、“遇险转播”和“遇险确认”的呼叫序列格式可表示如下:

①遇险报警

点阵	定相序列	格式符	自识别	电文 1 遇险性质	电文 2 遇险坐标	电文 3 时间	电文 4 指令	EOS	ECC

②遇险转播

点阵	定相序列	格式符	地址 * *	类别 (遇险)	自识别	指令 (遇险转播)	遇险船 识别码	遇险性质	遇险船 坐标	时间	指令 *	EOS	ECC

③遇险确认

点阵	定相序列	格式符 (全呼)	类别 (遇险)	自识别	指令 (遇险转播)	遇险船 识别码	遇险 性质	遇险船 坐标	时间	指令 *	EOS	ECC

注:* 表示建立通信所用通信手段(TEL 或 TLX);* * 表示若格式符是全呼,则该栏不要。

(3)遇险呼叫以外的其他呼叫

电文有三部分:

电文 1:第一指令,1 个字节,由功能代码表示。对 G3E SIMP TEL/G3E DUPTEL/Unable to comply/DATA/J3E TEL/H3E TEL/J2B FEC TTY/J2B ARQTTY/F3C FAX/No information,分别用 100/101/104/106/109/111/113/115/124/126 表示。

电文 2:第二指令,1 个字节,由功能代码表示。若第一指令是功能代码“104”,则第二指令应附加说明原因,如 No reason given/Congestion/Busy/Queue/Station barred/No operator available/Operator temporarily unavailable/Equipment disabled/Unable to use proposed channel/Unable 10 use proposed mode,分别用功能代码 100/101/102/103/104/105/106/107/108/109 表示。若第一指令是功能代码“106”,则第二指令应附加说明数据的形式,如 V21/V22/V22bis/V23/V26bis/V26ter/V32/V27ter,分别用功能代码 15/116/118/119/120/121/124/123 表示。若第二指令是 Ship's aircraft/Medical transport/Pay phone,分别用功能代码 10/111/11 表示。若第二指令是 No information,则用功能代码“126”表示。

电文 3:要求通信时(接收和发射)使用的信道或频率信息,其中每 1 个(收或发)都是由“字节 1”“字节 2”“字节 3”共 3 个字节组成,共占据 6 个字节。其中前 3 个字节表示被呼台接收信道或频率,或成对频率,后 3 个字节是建议被呼台使用的发射信道或频率。

如果呼叫台仅指定被呼台的接收信道或频率(对于广播工作模式),则后 3 个字节用功能代码“126”填充 3 次。如果不要求信道或频率信息,则用功能代码“126”填充 6 次。

在 VHF 波段,仅用一个信道号或数字就可指示其成对频率,因此后面 3 个字节用功能代码“126”填充 3 次。

对于 MF/HF 波段,由于使用频率低于 30 MHz,采用以 100 Hz 的倍乘数表示实际的频率数,最多有 6 位十进制数字,可组成 3 个字节。6 位十进制数字的最低位是 U(100 Hz 位),次最低位是 T(1 kHz 位),依次向左(向高)的位数是 H(10 kHz 位)、M(100 kHz 位)、TM(1 MHz 位)及 HM(10 MHz 位),最高位是 HM。6 位十进制数字从左到右排列是:

HM　TM　M　H　T　U

如果以 100 Hz 的倍乘数表示的实际频率数是奇数位,则前面填“0”,组成偶新位,然后以数字编码进行编码。

在 MF/HF 信道,如果 HM 位的数字是“3”,这表示由 TM、M、H、T 和 U 数字表示的数是 HF/MF 的信道号(或者是单频信道号或者是双频信道号)。

在 VHF 的信道,如果最高位 HM 位是“9”,这表示由最后四位 M、H、T 和 U 位数字表示的数是 VHF 的信道号。这时 TM 规定为 0。

对于遇险呼叫以外的其他呼叫及其应答序列,几种可能表示如下:

①呼叫序列

点阵	定相序列	格式符	地址	类别	自识别	指令和信道频率	请答 BQ (EOS)	ECC

②同意的应答序列

点阵	定相序列	格式符	地址	类别	自识别	指令和信道或频率	确认 BQ (EOS)	ECC

③新建议的应答序列

点阵	定相序列	格式符	地址	类别	自识别	新建议的指令及频率	请答 BQ (EOS)	ECC

④不同意的应答序列

点阵	定相序列	格式符	地址	类别	自识别	不同意	确认 BQ (EOS)	ECC

(4)船位呼叫与应答序列

电文有三部分:

电文 1:注明本序列是船位呼叫或应答,用功能代码“121”填充,占据 1 个字节。

电文 2:对于船位呼叫序列用 6 个“126”功能代码填充。对于船位应答序列,船位数据是按墨卡托坐标法给出的 10 个数字,然后冠以“55”,表示本序列是对船位呼叫序列的应答,占据 6 个字节。

电文 3:给出船位的时间(UTC),共 2 个字节。船位呼叫序列没有电文 3。

(5)船舶查询呼叫与应答序列

电文有两部分:

电文 1:第一指令注明本序列是“查询”,用功能代码“103”填充,占据 1 个字节。

电文 2:功能代码“126”填充 6 次,占据 6 个字节。

船位呼叫和船舶查询呼叫及其应答序列的组成如下所示：

①查询呼叫序列

点阵	定相序列	格式符	地址	类别	自识别	指令（查询）	*	请答 RQ（EOS）	ECC

②查询应答序列

点阵	定相序列	格式符	地址	类别	自识别	指令（查询）	*	确认 RQ（EOS）	ECC

③船位呼叫序列

点阵	定相序列	格式符	地址	类别	自识别	指令（船位）	*	请答 RQ（EOS）	ECC

④船位应答序列

点阵	定相序列	格式符	地址	类别	自识别	指令（查询）	坐标	时间	确认 BQ(EOS)	ECC

注：* 表示用功能代码填充 6 次。

(6) VHF 船对岸 DSC 海上业务呼叫

电文有三部分：

电文 1：第一指令选为 G3E DUP TEL，用功能代码“101”表示，为 1 个字节；第二指令为 No information，用功能代码“126”表示，为 1 个字节，共占据 2 个字节。

电文 2：表示通信时使用的 VHF 信道号，占 6 个字节，其中后 3 个字节用功能代码“126”填充。一般情况下，船台不指配信道，所以用 6 个功能代码“126”填充。

电文 3：船台要求的陆地公众网用户的电话号码。若电话号码是奇数位，则前面缀以功能代码“105”；若电话号码是偶数位，则前面缀以功能代码“106”。共计占据 6 个字节，不满 6 个字节的，在电话号码前加“0”补足。

7.3.8　序列终止符

序列终止符（End of Sequence，EOS）表示该序列的结束，它有三种情况：

(1) END：表示该序列结束，使用功能代码“127”。

(2) ACK · RQ：表示该呼叫序列需要被呼台予以确认（应答），使用功能代码“117”。

(3) ACK · BQ：表示该序列是对带有 ACK · RQ 呼叫序列的应答（或确认），使用功能代码“122”。

序列终止符在 DX 位置上相继发射 3 次，在 RX 位置上发射 1 次。

7.3.9　校验符

校验符（Error Check Character）是发射的最后的字符，用以对整个呼叫序列各字节信息位的垂直校验，采用偶数校验。格式符和序列终止符也作为信息字节使用，参与垂直校验，但定相序列不作为信息字节考虑，不参与垂直校验。格式符和序列终止符作为 1 个字节使用参与垂直校验。校验符也送到 DX 和 RX 位置。

在自动发射确认(应答)序列时,只有在收到校验符并解码正确后才能进行。

综上所述,一个典型的呼叫序列(非遇险呼叫)格式如下:

点阵	DX/RX 定相序列	A 格式符 (-2)	B 呼叫地址 (-5)	C 类别 (-1)	D 自识别 (-5)	E 指令电文 (-2)	F 频率 电文 (-3)	G 频率电文 (-3)	H 终止符 EOS 3DX 和 1RX	I 校验符 (-1)

上面格中 A,B,…,I,表示序列中内容的次序,(　)中的数字表示该项内容(或栏目)所占字节数。

上列的呼叫序列发射顺序如下所示:

点	DX		DX		DX		DX		DX		DX		A		A		B_1		B_2		B_3		B_4
阵		RX		RX		RX		RX		RX		RX		RX		RX		A		A		B_1	

	B_5		C		D_1		D_2		D_3		D_4		D_5		E_1		E_2		F_1		F_2	
B_2		B_3		B_4		B_5		C		D_1		D_2		D_3		D_4		D_5		E_1		E_2

F_3		G_1		G_2		G_3		H		I		H		H	
	F_1		F_2		F_3		G_1		G_2		G_3		H		I

对于同一地址,重复呼叫发射时上下序列链接如下:

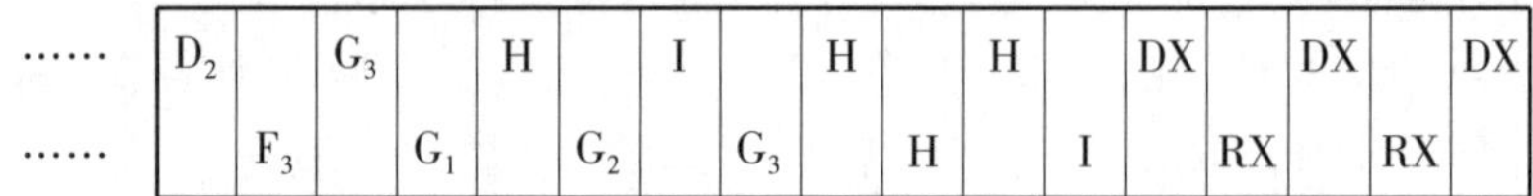

……	D_2		G_3		H		I		H		H		DX		DX		DX
……		F_3		G_1		G_2		G_3		H		I		RX		RX	

	DX		DX		DX		A		A		B_1		B_2		……
RX		RX		RX		RX		RX		RX		A		A	……

习题

1. DSC 在 GMDSS 中的作用是什么?
2. 简述 DSC 终端的一般组成和功能。
3. 试述为了提高信号传输的可靠性,DSC 所采用的纠检错技术。
4. 简述 DSC 基本呼叫序列的组成及各部分的含义。
5. 试述 DSC 遇险呼叫序列的组成,并说明各部分含义。
6. DSC 区域呼叫的地址是如何确定的?

第 8 章　寻位系统终端——搜救雷达应答器

搜救雷达应答器(Search and Rescue Radar Transponder,SART)在 GMDSS 中是用于海难发生现场附近对遇险者进行搜救的寻位装置。IMO 规定,所有 300 总吨以上的船舶均应配备该设备。

SART 工作于 9 GHz 频段,它与搜救船只或直升机上的 9 GHz 导航雷达相配合构成了一个寻位系统。该系统有助于在搜救作业中尽早发现幸存者或救生筏。

本章介绍 SART 的一般组成与工作原理,并给出它的技术要求及日常维护保养事项。

GMDSS 搜寻定位设备包括雷达 SART 和 AIS-SART,本章主要雷达 SART,涉及 AIS-SART 的部分内容进行了简单接收。

8.1　SART 的组成和工作原理

在 GMDSS 中,船舶遇险时可借助各种手段进行遇险报警。在报警的同时已指出或测出遇险船舶的地理位置。但是,在报警时给出的船位由于受到定位精度等影响仅是粗略位置,一般说来都有相当的误差,并且由于海流、风向及其他因素影响,报警信息中指出的位置往往发生变化,因此它只能是一个参考数值,最终找到幸存者还需搜救船只或直升机做出相当艰苦的努力,而海难发生时遇难船常处于恶劣的海况下。在恶劣的海况下,特别是在浓雾或黑夜,依靠肉眼发现水中幸存者更为困难。为了能在救助现场尽快发现遇险目标,SART 寻位是一种最有效的手段。

搜救雷达应答器一般安装在船舷或救生艇上,或者由落水者携带。一旦发生海难事故,能自动或人工操作工作,进入待命状态,这时应答器并不发射信号,但可以接收 9 GHz 的信号。如有搜救船只或直升机前来营救,应答器在接收到搜救船只或直升机的 9 GHz 雷达信号后,立即在同一波段发射一串脉冲信号,于是在搜救船只或直升机上的雷达荧光屏上显示出应答器所响应的信号标志(用在同一方位上 12 个等距点表示),并可用该标志的起始点及方位计算幸存者的确切位置,其荧光屏显示的图例如图 8-1 所示。

图 8-1 表示的是 SART 距救助船或飞机较远时的显示情况。在距离较近时,救助船或飞机雷达所接收的 SART 信号较强,这时每个大光点附近会出现小光点,这主要是 SART 发射雷达波的回扫信号造成的。当距离再近时,救助船或飞机雷达天线的旁瓣与后瓣方向也能接收 SART 的信号,这样依靠显示的余辉,雷达屏幕上的图像逐渐向圆形扩展。这时可知遇险目标在很近的距离。此时如把雷达增益下降,雷达屏幕显示将重新形成 12 个点的排列。这种现象如图 8-2 所示。

另外,在 SART 上装有判别其工作情况的指示或音响装置。在 SART 收到救助雷达的触发信号后,它可以发出音响信号,从而提示已有救助船或飞机来到。当距离较远时,只有雷达

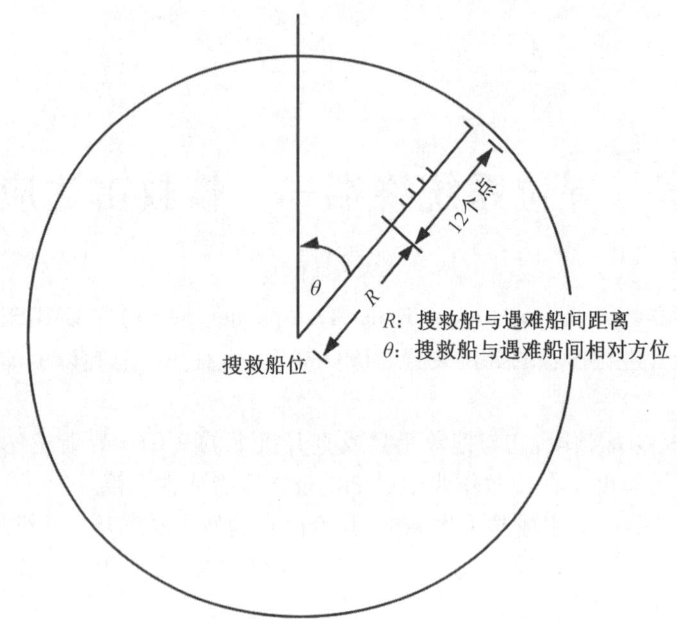

图 8-1　搜救船雷达荧光屏显示遇难信号图例

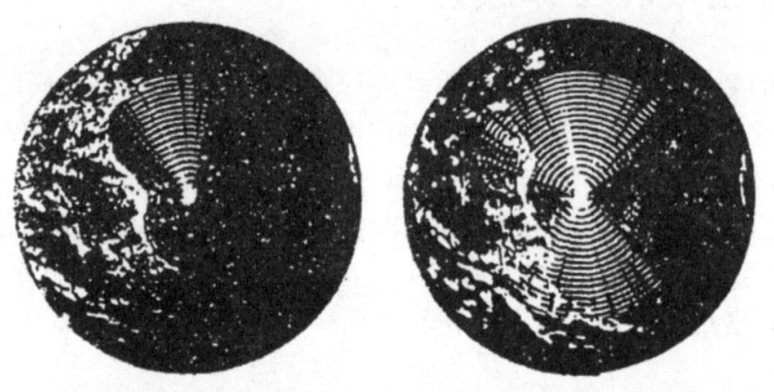

(a)近距离时显示的同心圆图像　　(b)最近距离时显示的同心圆图像

图 8-2　雷达天线旁瓣与后瓣方向接收的信号

天线指向 SART 时，才能周期地听到 SART 应答时发出的短促声音；当距离较近时，雷达的旁瓣信号也能触发应答器工作，因而逐渐变成连续的音响，这表明救助船或飞机已来到 SART 的附近。

SART 主要由天线、接收单元和发射单元及电池、电源等部分组成。它必须与雷达相配合才能实现寻位的目的。SART 与雷达构成的寻位系统如图 8-3 所示。

从图 8-3 可以看出，当雷达与 SART 按照一定的定时关系相配合时，作为雷达的回波信号是 SART 发出的应答信号。因此只要 SART 有应答信号响应，并与雷达的定时信号相同步，就可以在雷达屏幕上显示出应答信号。这个应答信号就是等距的 12 个同方位亮点，据此可以测定目标的距离和方位。SART 平时处于接收状态，只有雷达的搜索信号（触发脉冲）作用到 SART 的天线上并被收到后，SART 才会立即向雷达发回应答信号。

图 8-4 是一种典型的 SART 电路框图。它是通过扫频方式向雷达发射应答信号的。天线

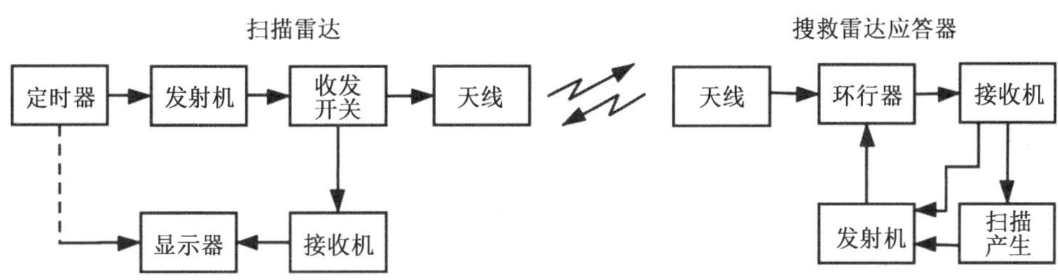

图 8-3　寻位系统

采用水平极化方式,在水平面无方向性,在垂直面具有 25°的方向性。天线方向性的如此设计保证了各个方向发来的搜救雷达触发信号都能被收到,同时又不会因 SART 和搜救雷达天线的纵向摇摆而丢失信号。

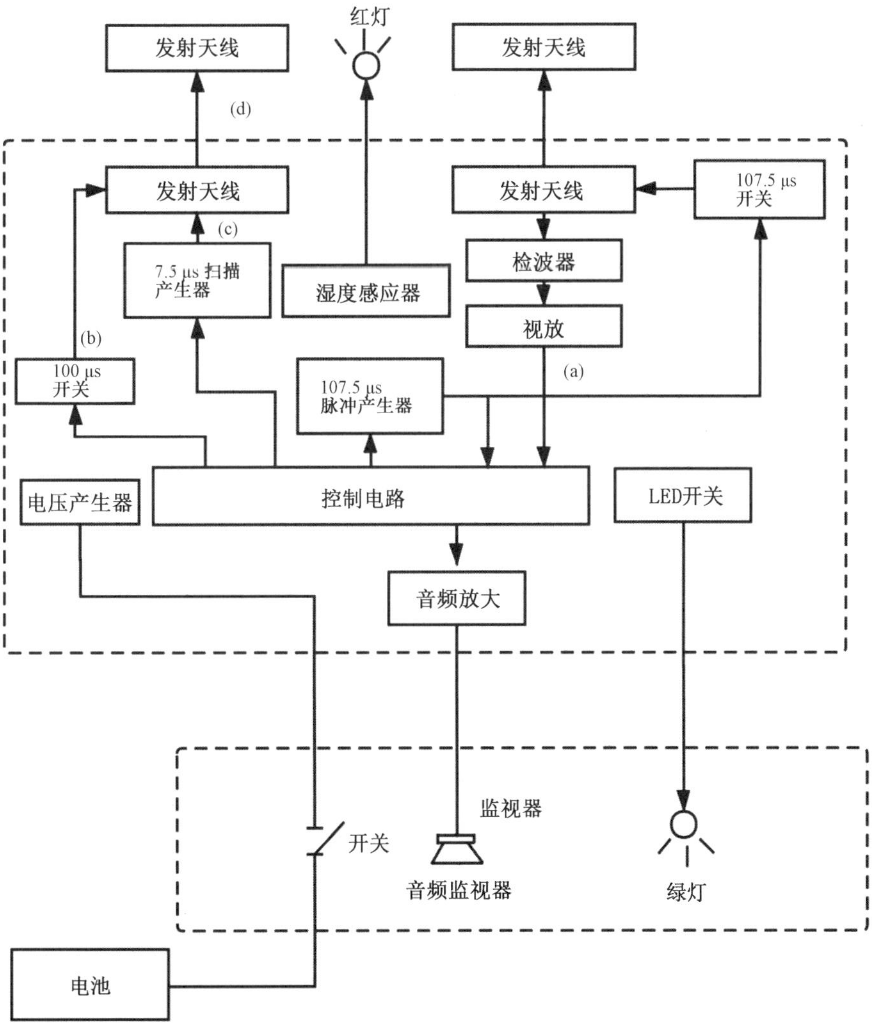

图 8-4　JQX-10A 型 SART 原理图

当应答器收到搜救雷达的触发信号后，经过微波放大、检波和视频放大，便送出一个具有一定幅度的正脉冲，如图 8-5(a)所示。这个脉冲的重复频率与雷达发射的触发信号脉冲的重复频率相同。此脉冲信号在控制电路中形成了 SART 发射应答信号的同步信号。这个同步信号去触发控制电路内的其他电路，并产生三种脉冲信号。第一种是约 100 μs 宽的门脉冲，如图 8-5(b)所示，它用来推动调制器打开微波振荡源（发射机），允许 SART 在 100 μs 内发射应答号。第二种去控制锯齿波信号产生器在 100 μs 宽的脉冲时间内产生的 12 个锯齿波信号，如图 8-5(c)所示。每个锯齿波的正程期约为 7.5 μs，逆程期约为 0.833 μs。这些锯齿信号经缓冲放大后加到决定微波振荡源振荡频率的变容管上，使微波源的频率在 7.5 μs 内（锯齿波正程期）线性变化。也就是使微波源在 9 GHz 波段上的某一频率范围内（搜救船或飞机的 9 GHz 波段雷达工作频率范围）产生线性调频输出，如图 8-5(d)所示，每一次发射共调制 12 次。按规定在 7.5 μs 内频率为 9 200~9 500 MHz，变化频宽达 300 MHz。如此宽的频率变化范围，使工作在 9 GHz 波段、不同工作频率范围的搜救雷达都能收到 SART 发出的应答信号，从而在其屏幕上显示出特定的等距 12 个亮点，实现寻位。

由控制电路产生的第三种脉冲信号是 107.5 μs 宽的禁止信号（在图 8-5 中未画出），它仅比图 8-5(b)宽 7.5 μs，但起始在同一时刻。该信号用于在 SART 收到雷达发来的搜寻触发信号后立即封锁 SART 接收部分，使应答器在发射 100 μs 射频信号的期间内不再接受外信号（另一个搜救雷达的搜寻信号）的触发，从而保证 SART 正常工作。

SART 发射的 100 μs 宽的射频脉冲信号，其频率包含了 12 次的线性变化，即发射频率不是恒定值（线性 FM 波），其每次频率都是 9 200~9 500 MHz。实际上，搜救雷达工作的频率范围仅是上述范围内的特定一段，如图 8-5(e)所示，该图的纵坐标表示频率。搜救雷达收到 SART 的应答信号并检波后，就得到相应于该雷达能响应的频率范围的脉冲信号，如图 8-5(f)所示，100 μs 内共有 12 个，进而形成 12 个亮点的特殊图像。根据图 8-5(e)和(f)，不同工作频率的 9 GHz 波段雷达测定同一 SART 的位置要略有微小的差异。

从图 8-5 可以看出，雷达每触发 SART 1 次（1 ms 1 次），微波源在 1 000 μs（1 ms）内仅发射 100 μs。这样大大地降低了 SART 的能耗，延长了电池的使用寿命。

每个锯齿波的逆程期也会使 SART 产生一个时间很短的调频输出。这时如果 SART 与搜救雷达较近，就会在雷达屏幕上的每个大亮点附近出现小亮点；如果距离远，由于它的平均功率低，小亮点就会消失。

另外，JQX-10A 内部还有一个湿度检测器、音频监视器和激励指示灯。湿度检测器检测该设备内部的湿度，若湿度上升则红灯亮，表明防水机械部分可能损坏或变松。音频监视器作为向遇险人员告示救助他们的船或飞机已近的信息的一种手段，在收到对方雷达发出的脉冲时产生音响。激励指示灯用于该设备被打开时的指示，当打开时，该灯亮并发出绿光。

8.2 SART 的主要特性和维护保养

搜救雷达应答器有多种型号，其外形结构也各不相同。尽管如此，它们只有满足一定的技术要求和操作要求，才能保证其在现场寻位中的可靠工作，以实现搜救寻位的目的。

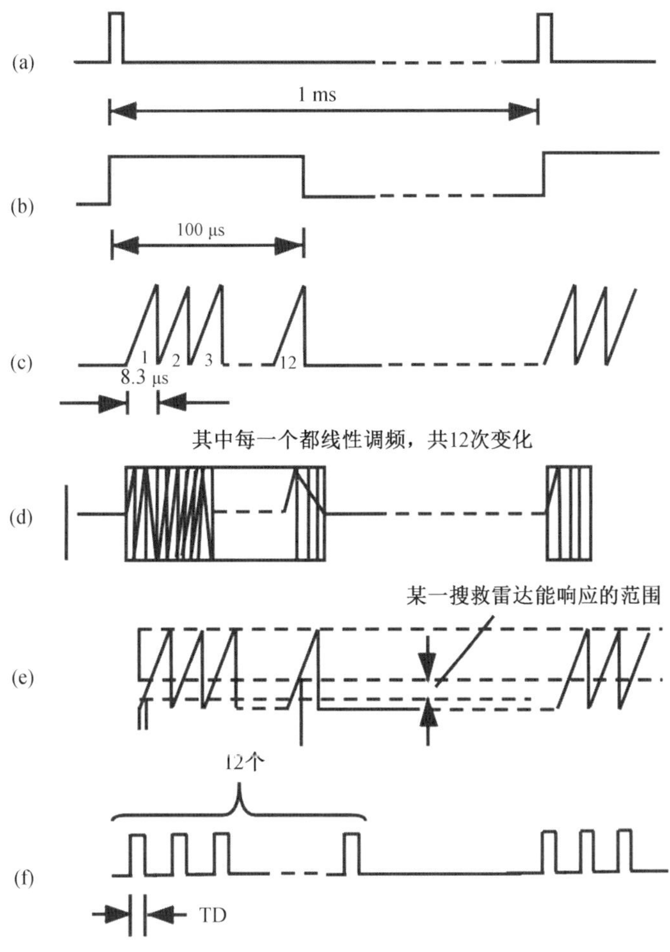

图 8-5　对应图 7-4 电路各点波形

8.2.1　SART 的主要技术特性

(1)接收与发射的频率:9 200~9 500 MHz。

(2)天线极化方式:水平极化。

(3)水平波束范围:360°。

(4)垂直波束范围:相对水平面至少为±12.5°。

(5)接收灵敏度:优于−50 dBm。

(6)等效全向辐射功率:≥400 mW。

(7)发射允许脉冲宽度:100 μs。

(8)接收禁止脉冲宽度:105~110 μs。

(9)扫频范围(线性调频):9 200~ 9 500 MHz。

(10)扫频形式:锯齿波形,正程期为(7.5±1)μs,逆程期为(0.4±0.1)μs。

(11)扫频重复次数:在 100 μs 发射期内扫频 12 次。

(12)接收后续触发的恢复时间:≤10 μs。

（13）应答延时时间：≤0.5 μs。

（14）工作环境温度：-20～+55 ℃；存放环境温度：-30～+65 ℃。

（15）电池工作寿命：在预备状态（仅接收单元工作）≥96 h，在应答状态（收、发都工作）≥8 h。

8.2.2 SART的操作特性

（1）应便于非熟练人员操作，并装有防止意外启动的装置。

（2）应有监听或监视装置，以指示SART的工作状态和告知幸存者已有搜救船只靠近他们。

（3）应能人工启动和关闭，也能在紧急时自动启动。

（4）应提供非触发状态的待命工作指示。

（5）在20 m高处落入水中不损坏，在10 m深水中至少保持5 min不进水，保持良好的水密性。

（6）自由落入水中，能迅速自动正向立起。

（7）应有一根与SART连接的绳索，以提供给遇险者用于固定。

（8）应抗海水等侵蚀，长期暴露在阳光下及风雨的侵蚀下，技术指标不应降低。

（9）SART表面应涂橘黄色，以保证具有高的可见度。

（10）SART表面应光滑，以防止损伤救生筏具或遇险人员的身体。

（11）SART露出海平面部分的高度（天线的高度）不应小于1 m，现在各种SART的天线高度一般在1～1.5 m。

8.2.3 SART的日常维护和保养

（1）应尽可能保持SART的清洁，防止受异侵蚀。

（2）要保持SART表面各种记录标记的清晰。

（3）要定期更换电池，并在表面标记电池有效期。

（4）要定期对船上的SART进行试验检查，以观察其能否正常工作。但要注意不要使SART长时间启动，以免对其他船雷达造成干扰或虚警。

总之，SART作为一种寻位装置，在GMDSS中起到了非常重要的作用。为了保证其在紧急情况下发挥其作用，坚持日常的维护和保养是十分必要的。

8.3 SART的使用和搜寻SART信号注意事项

8.3.1 SART的作用距离

SART的作用距离主要与SART的安装高度和搜救者雷达的天线高度有关。一般情况下，如果SART的安装高度离海面1.5 m，雷达天线高度离海平面15 m以上，搜救船在至少5 n mile远处就能探询到SART信号；飞行高度3 000 ft雷达峰值功率10 kW的搜救飞机能在40 n mile远处探询到SART信号。影响探询SART信号距离还有以下三方面的因素：

(1)雷达的类型和使用

一般地讲,大型船舶的雷达有较高的天线增益,离海平面也比较高,探询 SART 的距离会更远。雷达接收机的性能和最佳使用也很重要。

(2)海面和天气状况的影响

平静的海面因电波多径传输可影响到 SART 的接收。在大浪海况时,搜救雷达和 SART 仰角要发生变化,可能导致更远距离的接收,但是在波谷时也会降低探测距离。

(3)SART 的安装高度的影响

为延长作用距离,需要将 SART 启动后无遮挡地安装在高处。IMO 建议 SART 的性能标准为:当 SART 安装在离海平面 1 m 以上,搜救雷达天线高 15 m 时,能达到至少 5 n mile 的探测距离。

实验得知:将 SART 平放在地板上时,作用距离为 1.8 n mile;垂直立放在地板上时,作用距离为 2.5 n mile;SART 漂浮在水中时,作用距离为 2.0 n mile。一般天气情况下,适当地安装 SART,对于大船雷达,探测距离要在 10 n mile 以上。如果安装不好,或者在救生艇(筏)内使用,或者漂浮在水中,对于一艘小渔船雷达,其探测距离甚至比视距还要近。

8.3.2　SART 的使用

便携式 SART 应安装在驾驶室两侧容易接触到的地方。在船舶遇险时,应有专人把它带到救生艇上,或者由幸存者手持,或者安放在遇险船的船舷上,作为出事点的标志。SART 启动后应尽量安装在高处,以延长作用距离。

SART 平时是以关机状态保存,船舶遇险时要从 SART 的安装容器中取出,开机使其处在 STAND-BY 状态,尽可能地安装在高处,准备应答搜救船舶或者搜救飞机的雷达的触发信号。

8.3.3　搜寻 SART 信号应注意的问题

在海上救助时,使用雷达搜寻遇险者的 SART 信号应注意以下几个问题:

(1)雷达量程的选择。在使用雷达低量程挡时,仅能显示 SART 的几个亮点,如在 3 n mile 量程仅能显示出 SART 信号的 4 个亮点。在恶劣海况下,杂波干扰非常严重,经常不能看到完整的 12 个点的 SART 信号。一般情况下,海浪干扰最严重可延至 4 n mile,不会完全淹没整个 SART 信号。因此,由两亮点间距离大约为 0.65 n mile,可推算出遇险者的位置。

从以上分析看,开始进入搜救区时,应尽量用远量程,以便在大范围内搜寻到遇险者的 SART 信号。当搜寻到遇险者的 SART 信号后,最好使用雷达的 6~12 n mile 的量程。这些量程中,能看到完整的或多个 SART 亮点。易区别其他回波和确定 SART 的位置。

(2)SART 的距离误差。在 SART 距搜救者雷达相距 6 n mile 左右时,距离误差在 150 m 以上;而在接近 SART 时,由于雷达能接收到 SART 的正向扫描信号和返回扫描信号,所以会出现两个不同形状的亮点,第一个亮点的距离延迟不大于 150 m。

(3)选择合适的雷达带宽。小于 5 MHz 的雷达带宽将对 SART 的信号稍有衰减。最好是使用中等带宽以确保获得 SART 的最佳信号。一般雷达的远距离量程,采用宽脉冲和窄带滤波器,带宽在 3~5 MHz;雷达的近距离量程,采用短脉冲和宽带滤波器,带宽在 10~25 MHz,应根据具体情况灵活选用。

(4)在接近 SART 时,来自雷达天线的旁瓣波束,可能使 SART 的信号在雷达的荧光屏上变成一串圆弧或同心圆。这种情况可用反海浪旋钮来消除。出现这种情况,证明 SART 在船附近,应减速并注意搜索。

(5)在海况不好的情况下,为增加 SART 信号的可见度,可失谐雷达,以减小海浪回波的影响。自动频率控制雷达不允许手动失谐设备。注意在失谐的情况下,一些需要的信息,比如航行和避碰船舶信息可能被取消,因此在可能的情况下,要尽快回到正常调谐状态。

(6)使用正常的最大增益。获得对 SART 信号的最大范围的搜寻,即雷达荧光屏出现轻微背景噪声。

(7)为获得最佳探测距离,海浪抑制旋钮应放在最小。注意在受到海浪杂波干扰时,不使用反海浪控钮,最近的 SART 回波可能被淹没。这种情况下,可从 SART 回波的最后亮点推算出本船船位。如海浪抑制旋钮有自动/人工选择,选择人工方式。注意和自动方式比较一下,看选择哪种方式效果更好。

(8)在搜寻 SART 时,应将抗雨雪干扰旋钮放在人工位置上,直到搜寻到 SART 信号。此旋钮如有自动/人工雨雪抑制功能,选择人工方式。注意和自动方式比较一下,看选择哪种方式效果更好。

(9)如果海浪抑制和抗雨雪干扰用一个旋钮控制,建议选择手动搜寻 SART 信号。注意和自动方式比较一下,看选择哪种方式效果更好。

(10)注意,SART 和雷达反射器不能在同一救生艇筏上使用,因为雷达反射器可能阻挡 SART 的信号。

习题

1. SART 在 GMDSS 中的作用和意义是什么?

2. 简述 SART 的主要技术特征。

3. 简述 SART 的日常维护和保养。

4. SART 的使用和搜寻 SART 信号的注意事项有哪些?

5. SART 中的收发机的接收范围和扫频范围各是多少?电池的工作寿命应为多长?应有哪些主要操作性能?

第 9 章　国际海事(移动)卫星通信系统

9.1　海事卫星通信系统概述

航海是社会与经济活动的重要领域。随着科学技术的发展,这种活动的范围越来越广,通信的业务量也越来越大。GMDSS 系统的实施又对海上通信的质量及可靠性提出了更高的要求。国际移动卫星通信系统,原称“国际海事卫星通信系统”,是目前唯一的提供全球海、陆、空通信业务的卫星通信系统。在南、北纬 70°之间的卫星覆盖区内为航行的船舶、陆上移动车辆和空中飞机提供电话、传真、数据及电传通信业务。它具有全球(除南、北极区外)、全时、全天候、稳定、可靠、高质量、大容量和自动通信等显著优点,改善船舶营运和提高管理效率,密切船岸联系,有助于保障海上人命安全。

早在 1966 年,国际海事咨询组织(IMCO)就开始研究海事卫星通信系统的运行要求和潜在优势。1973 年,IMO 通过了召开“关于建立国际海事卫星系统的国际会议”的决定。

1976 年,美国通信卫星总公司(COMSAT)在同 RCA 全球通信公司、ITT 世界通信公司西联国际公司的合作下先后向大西洋、太平洋和印度洋上空的静止轨道发射了三颗海事卫星(MARISAT),相应的三个地面站设在美国的圣保罗、绍斯伯里和日本的山口县,正式开放海事卫星通信。1979 年,第一个覆盖全球的商用海事移动卫星通信系统形成。这三颗卫星一直工作到 1986 年以后。

MARISAT 的成功运行,加快了 IMO 建立全球性海事卫星通信系统的进程。1976 年通过了《国际海事卫星组织公约》《国际海事卫星组织业务协定》。

1979 年 7 月 16 日,国际海事卫星组织(International Maritime Satellite Organization,Inmarsat)正式成立。当时只有 28 个成员国,中国以创始成员国身份加入该组织,并指定交通部北京船舶通信导航公司作为中国的签字者,承担有关该组织的一切日常事务。

1982 年 2 月,Inmarsat 开始提供全球海事卫星通信服务。

1985 年 10 月,Inmarsat 通过了 Inmarsat 公约和业务协定的修正案,批准该组织开发航空卫星移动业务。

1989 年 11,Inmarsat 第七届大会又批准了另一修正案,把业务从海、空扩展到陆地。

1994 年 12 月,Inmarsat 更名为国际移动卫星组织(International Mobile Satellite Organization, IMSO),但 Inmarsat 缩写不变。

1999 年,Inmarsat 转制成为有限公司,由一个政府间的组织转变为商业化公司。

Inmarsat 是世界上第一个也是目前唯一的提供全球海、陆、空移动卫星通信的营运商。Inmarsat 几乎可以满足所有通信的要求,如补充固定和蜂窝网不能覆盖的盲区,克服系统的不兼容性,确保用户在 76°N～ 76°S 地球表面上的任何地方、任何时间获取通信手段。目前,Inmarsat 拥有 93 个成员国,被 170 多个国家和地区用于通信服务,使用的终端即移动地球站数近 30 万个。

Inmarsat 从 1979 年起,已经提供了 40 年可靠、有效的海事通信服务,在 GMDSS 中发挥了极其重要的作用。

9.2 国际移动卫星通信系统组成

国际移动卫星通信系统基本上分为三大部分:空间段、地面站和移动卫星终端。

9.2.1 空间段

空间段包括 Inmarsat 卫星、卫星测控站和卫星控制中心。

(1)Inmarsat 卫星

Inmarsat 星体结构由 4 颗静止工作卫星和在轨道上等待随时启动的 5 颗备用卫星组成,这 4 颗工作卫星分别位于大西洋东区、大西洋西区、印度洋区和太平洋区,每颗卫星均可覆盖地球表面约 1/3 的面积,覆盖区域内地球上的卫星终端天线所覆盖的卫星都处于视距范围内,它们的运动与地球自转同步。所有 Inmarsat 卫星都由位于英国伦敦 Inmarsat 总部的卫星控制中心控制,以保证每颗卫星正常运行。4 个覆盖区间有重叠区。处于重叠区内的用户可灵活地选择不同的卫星进行工作。

随着地面通信技术的发展、用户需求的提高和业务量的加大,Inmarsat 卫星也不断地更新换代。第 1 代 Inmarsat 系统从 1982 年投入使用,共发射了 3 颗卫星,形成了第一个覆盖全球的商用海事卫星通信系统;第 2 代 Inmarsat 系统于 1990 年投入使用,共发射了 4 颗卫星,扩大了卫星覆盖范围,第 2 代 Inmarsat 系统的容量为第 1 代 Inmarsat 系统最大容量的 2.5 倍;第 3 代 Inmarsat 系统于 1996 年投入使用,共有 5 颗卫星,其中 1 颗是备用卫星,其容量是第 2 代 Inmarsat 系统的 8 倍,此外,还可提供导航业务;第 4 代 Inmarsat 系统共有 3 颗卫星,于 2008 年完成全部发射,它是迄今为止世界最大、最先进的商用卫星,可为用户提供符合宽带全球区域网络(Broadband Global Area Network,BGAN)规范的宽带业务。

Inmarsat 第 5 代卫星系统"Global Xpress"已完成全球覆盖,人们称为"全球特快",3 颗卫星 Inmarsat-5 F1/F2/F3 已分别于 2013 年 12 月 6 日、2015 年 2 月 1 日和 2015 年 8 月 28 日相继发射成功,它采用 Ka 频段,是第一个全球高速宽带网络,比第 4 代卫星系统要快 100 倍。卫星终端的宽带能力相当于 4G 的水平,可满足用户对更高带宽的需求。Global Xpress 堪称促进全球移动宽带持续发展的重要推动力量——"互联网无处不在"(Internet of Everywhere)。

表 9-1 列出了第 5 代卫星与之前 3 代卫星技术特性的对比。

表 9-1　卫星技术对比

技术特征	第 2 代卫星	第 3 代卫星	第 4 代卫星	第 5 代卫星
启动时间	1990 年	1996 年	2005 年	2013 年
全球服务时间	1992 年	1998 年	2009 年	2015 年
卫星数量/颗	4	5	3	4
波束	1 个全球波束	1 个全球波束 7 个宽点波束	1 个全球波束 19 个宽点波束 193 个窄点波束	89 个固定波束 6 个移动波束
终端 EIRP/dBW	39	49	67	51
信道数量	4	46	630	72
信道带宽	4.5~7.3 MHz	0.9~2.2 MHz	200 kHz	36 MHz
业务	话音	话音/ISDN	话音/ISDN 最高 700 kbit/s 数据	上行 5 Mbit/s 下行 50 Mbit/s 数据

(2)卫星测控站(Tracking Telemetry Control,TT&C)

卫星测控站直接与卫星保持联系,它的主要作用是监测和跟踪卫星,获取卫星状态参数(如卫星相对于地球的姿态、卫星相对于太阳的姿态、卫星内各处的温度和燃料消耗情况及星上设备的工作状态等),并根据卫星控制中心的指令对卫星进行相应的调整和控制。

全球目前共有 6 个 TT&C,它们分别位于加拿大东、西部的彭南特角和考伊琴湖、意大利的福希诺及中国的北京。在挪威的 Eik 和新西兰岛的 Aukland 的 TT&C 是两个备用 TT&C。

(3)卫星控制中心(Satellite Control Centre,SCC)

卫星控制中心位于伦敦的 Inmarsat 总部,是指挥卫星工作的枢纽,负责监测和控制所有 Inmarsat 卫星的操作运行,是卫星的地面指挥部。卫星控制中心根据全球各 TT&C 发来的卫星状态数据,依靠计算机数据处理来检测卫星的运行状态,指挥传感器工作和信息的传输,以及控制星载仪器与地面接收站的工作配合,并发出控制指令,通过 TT&C 调整,保证卫星工作正常。

9.2.2　地面站

地面站包括对信道分配、建立与拆除、计费,进行协调和控制的网络协调站、固定地面站设在伦敦 Inmarsat 总部的网络控制中心。

9.2.2.1　地面站(LES/CES)

地面站,简称岸站,可缩写为 LES(Land Earth Station)或 CES(Coast Earth Station)。地面站是 Inmarsat 移动站与陆地公众通信网的接口,也就是说 Inmarsat 移动终端与陆上用户、移动终端与移动终端之间的所有通信都必须通过地面站来转接。所以,地面站的作用就像各单位的电话总机,移动卫星终端就像电话分机。

Inmarsat 系统的地面站通常为 Inmarsat 签字者所拥有并进行管理,签字者可以是各国电信管理机构,也可以是政府部门或私人公司。

具体来说,地面站的主要功能有:

(1)响应移动地球站的通信申请、(部分)卫星通信信道分配、卫星通信及陆上通信线路建立和拆除。

(2)为陆上的电信用户提供进入 Inmarsat 通信网络的接口。

(3)对所拥有信道的状态(如空闲、申请受理、占线、排队)进行监视和管理。

(4)受理新移动地球站的识别码(IMN)及进入系统使用前的启用申请。

(5)对用户使用的通信及费用进行记录和计算。

(6)对移动地球站进行性能测试,如启用试验、链路测试。

(7)对移动地球站遇险报警的监收。

(8)为移动地球站提供国内/国际电信网的接口及多种通信服务。

(9)备用网络协调站功能。当 NCS 故障时,地面站可临时替代网络协调站。

9.2.2.2 网络协调站(NCS)

Inmarsat 系统中,每个洋区均设立一个 NCS,负责对本洋区内的地面站和移动站的通信进行监督、协调和控制。其主要作用如下:

(1)通知相关信道的占用情况,分配和管理 SCPC 通信信道。

(2)发布广播业务,如 C 系统的 EGC 信息、系统业务信息等。

(3)发射公共 TDM 信息,用于移动站跟踪卫星。

(4)优先处理遇险通信,包括:

①强制中断正常通信,优先分配信道给遇险呼叫的船站。

②不管是否已登记入网,对所有遇险呼叫一律加以处理。

③若不能查出遇险呼叫中的被叫站名,则由 NCS 对遇险呼叫进行应答处理。

④在遇险呼叫中,被叫 CES 不应答时,NCS 则应答,并处理遇险业务。

NCS 在通信中起着很重要的作用,每一个 Inmarsat 系统的每个洋区都有自己的 NCS,通常由一个地面站兼作 NCS,由网络控制中心控制。此外,为 了防止 NCS 工作出现异常,每个系统的每一个洋区都配有一个备用 NCS。

9.2.2.3 网络控制中心(NCC)

网络控制中心是 Inmarsat 系统的核心,位于英国伦敦的 Inmarsat 总部。整个 Inmarsat 系统只有一个 NCC,它与四个洋区的 NCS 建立通信连接,可以实现对整个 Inmarsat 网络的通信进行监视、控制、协调和管理。

注意:网络控制中心和卫星控制中心合称操作控制中心(Operation Control Center,OCC)。

9.2.3 移动卫星终端

移动卫星终端是指利用 Inmarsat 系统进行通信的移动地球站,包括船舶地球站(Ship Earth Station,SES,简称船站)、移动地球站(Mobile Earth Station,MES)和机载站。

(1)船站识别码(ID)

Inmarsat 每一个移动站都需向 Inmarsat 或 Inmarsat 签字者申请,配置一个或多个专用的识别码才能正常使用。每一个船站都被分配有自己专用的识别码(ID)。

Inmarsat-A 船站的识别码是由 7 位十进制数字组成的。例如,某船站识别码为 157227,其中第一位数“1”表示 A 船站,第二、三、四位数为国家码,其余为船站号。

Inmarsat-B/C/M/Mini-M/F 船站的识别码都是由 9 位十进制数字组成的。Inmarsat-B 船

站识别码的第一位数字为3,Inmarsat-C船站识别码的第一位数字为4,Inmarsat-F船站的识别码语音服务为76(表示F船站除高速数据业务以外的其他中、低速业务的IMN)、60(表示F船站高速数据业务的IMN)。

(2)船站的组成

Inmarsat相继推出过一系列的船站:A、C、M、B、Mini-M、E、D/D+、Mini-C、F77、F55、F33、FB。

Inmarsat从最早开发的A系统开始,为了满足GMDSS的要求,以及使移动通信能够适应全球通信技术的迅速发展,相继开发了一系列适合海、陆、空使用的通信系统,下面着重介绍一下已推出的服务于海上的各分系统。

Inmarsat-A是Inmarsat推出的第一个卫星通信系统,属于模拟通信系统,1982年投入商业使用。它提供船对岸和岸对船的双向模拟电话、电传、传真、电子邮件和高速(56 kbps/64 kbps)数据通信业务。Inmarsat-A船站的天线体积和重量都大,通常适用于较大船舶,诸如油船、大型货船及豪华游轮等。由于Inmarsat-A的话音采用FM调制的模拟通信,存在占用的频带宽、卫星的频带资源得不到有效使用、系统的话路容量小和通信费用高等缺点,此外,它不具有GMDSS所要求的遇险报警和MSI播发功能,因此,该系统已于2007年12月31日关闭。

Inmarsat-C是Inmarsat开发的第二个卫星通信系统,属于全数字化通信系统,于1991年开始投入使用。Inmarsat-C船站作为Inmarsat-A的补充,弥补了Inmarsat-A系统占用频带宽与通信费用高的不足,适于安装在不论大小的船舶上,其体积小、重量小,适用于小型船舶,诸如游艇、渔船或供给船等。Inmarsat-C系统不提供话音通信,但提供存储转发的电传和低速(600 bit/s)数据通信,通信费用低廉,而且具有Inmarsat-A所不具有的GMDSS遇险报警及MSI播发功能,已被国际海事组织(IMO)接受为符合GMDSS要求的系统。为了满足日益增长的小型船舶对通信的需求,2002年推出了Mini-C,它主要用于车、船等移动体的定位、跟踪、短信服务、船舶保安报警及船舶远程识别和跟踪系统。

Inmarsat-M于1992年投入使用,它作为对Inmarsat-C系统不具有的电话和传真通信的补充,提供全球数字电话、传真和低速数据通信业务。该系统由于采用了卫星数字通信技术,比较充分地利用了卫星的频带资源,使通信费用大幅度下降,而且终端设备比A系统的体积更小,重量也更小。

Inmarsat Mini-M(又称Inmarsat-Phone)是在Inmarsat-M的基础上于1996年年底推向市场的全新概念卫星电话终端,由于采用了Inmarsat第3代卫星的点波束技术,终端设备体积小、重量小、携带方便、使用灵活,而且通话质量清晰、接通时间短、保密性好,因此广受船东的青睐。Inmarsat-M4(Multi-media Mini-M, M4)又称全球局域网(Regional Global Area Network, RGAN),在Mini-M的基础上,于2002年加入高速数据通信的功能,从而在提供语音通信服务的同时,满足多媒体移动通信业务的需求。

Inmarsat-B作为Inmarsat-A的数字式替代产品,于1993年投入使用。它与Inmarsat-M几乎同时开发,由于采用先进的数字通信技术,提供所有与A系统相同但有所增强的服务,但比A系统更能充分利用功率和频率资源。这意味着空间段费用将大大降低,终端体积和重量都较A系统减小了许多。Inmarsat-B既可以工作于全球波束,也可以工作于Inmarsat第3代卫星的点波束,可提供实时的直拨数字电话(16 kbps)、电传和传真业务,还有增强数据通信(16 kbps)业务和高速数据通信(56 kbps/64 kbps)业务。Inmarsat-B/M/Mini-M系统于2016年

12 月 31 日关闭。

Inmarsat-D 是 Inmarsat 推出的全球卫星短信息服务系统,即移动卫星寻呼机,于 1998 年正式投入商业使用。它支持中心办公室与偏远地区的使用者、无人监控设备、传感器之间的通信,传输多达 128 个字符的字母和数字混编短信息。后来推出的 Inmarsat-D+使用更小的终端设备(内置 GPS 接收芯片),提供双向数据通信,既可接收短信息,也可发送短数据报告和应答,是实现数据采集、船位监控、船舶保安报警的最好选择之一。

Inmarsat-E 是为了适应 GMDSS 的需要,Inmarsat 开发的 L 波段的卫星紧急无线电示位标(EPIRB),作为船对岸遇险报警的专用装置。Inmarsat-E 于 1996 年正式投入商业使用,但由于受到业务量等因素的制约,已于 2006 年 12 月关闭。

为了满足海上高速数据通信的需求,Inmarsat-F 于 2002 年正式投入使用。它是海事卫星通信技术与 IT 需求发展到一定阶段的产物,是陆用全球局域网向海上的延伸。Inmarsat-F 除提供遇险报警、全球话音通信和高速传真、速度达 128 kbps 的宽带数据通信业务外,还提供移动综合业务数字网(ISDN)和移动分组数据交换(MPDS)业务,即全数字化的、涵盖语音和数据的各种通信服务。随着宽带通信技术的发展,海上宽带通信的需求不断增多, Inmarsat-F 业务已经难以满足不断增长的高速低价的通信需求。因此,Inmarsat 决定于 UTC 时间 2020 年 12 月 1 日 23 时 59 分关闭 Inmarsat-F 业务。F 业务关闭后,除遇险电话外,所有服务不可再使用。

第 4 代 Inmarsat 卫星提供的宽带全球区域网(Broadband Global Area Network,BGAN)是基于 IP 和 GPRS 技术的移动宽带数据通信业务,2003 年正式投入运营,2007 年实现全球覆盖,将提供新型海上、航空宽带业务,可以满足 432 kbps 移动高清晰视频直播通信的需求。

9.3 Inmarsat 信令系统

建立卫星移动通信网的目的是将公众网提供的业务扩大到移动用户。卫星移动通信组网的主要技术特点是:

(1)卫星移动通信系统要求卫星采用多波束天线,如 Inmarsat-3 第三代卫星单波束天线因覆盖面积大,导致信号功率分散,而多波束可使天线增益提高 20~30 dB。

(2)各点波束区域之间能实现频率、时间再用。

船和岸之间的通信线路的建立、保持和清除都需要单独的信号交换过程。这种信号交换不是通信双方所要传送的信息。这种用作建立、管理线路的信号交换过程称为信令系统(Signaling System)。

(3)各种信令的交换是按一定的格式进行的。

所用的信号形式、传输时间、先后顺序都有一定的要求,否则对方不能响应。这种信令交换过程主要是由微处理器控制,并自动完成的。在 Inmarsat 系统中有两种基本的信令形式:带外信令(TDM 信道及申请信道)和带内信令。带外信令是指在有用信息所占频带或所占时隙之外所传输的信令,主要用于建立和控制经过卫星系统的各种通信信道。带内信令是指在有用信息所占频带或所占时隙之内所传输的信令,主要用于在卫星信道被分配之后进行信道的管理。

9.3.1　Inmarsat-A 信令系统

Inmarsat-A 系统是国际移动卫星组织最早开发出来(1982 年)的卫星通信系统。该系统作为 Inmarsat-A 移动地球站进入公众电话交换网(PSTN)、公众数据交换网(PSTN)和电传网络的通道,使移动地球站和陆地之间的用户进行有效的通信。Inmarsat-A 系统主要能提供列业务:双向直拨模拟电话、双向电传、话音频带传真(数据)、高速数据(56/64 kbps)、慢扫电视、群呼、电子邮件(E-mail)等。

在 Inmarsat-A 系统中,移动地球站工作在 L 波段。其发射频率范围是 1 636.525~1 644.975 MHz,接收频率范围是 1 535.025~1 543.475 MHz,共有 339 对信道,信道间隔为 25 kHz。每对信道形成一双向信道,统一由网络协调站(NCS)分配。

在发射频率中,Inmarsat-A 系统指定了两个频率为船站的公共申请信道。这两个频率由船站自动交替使用,不需操作员来选择。

在接收频率中,有两个网络协调站发送分配信息的分配信道,也就是公共 TDM 载波信道。每个船站由其识别码的第四位数字的奇偶性决定固定接收其中的一个 TDM 信道,如船站识别码为 1570123,第四位数字为 0,是偶数,所以接收 TDM0 信道。其中,还有一些预分配给岸站的固定 TDM/TDMA 信道,每个电传信道可同时进行 22 路电传通信。另外,还有一个自动频率控制信道。除去上述信道外,余下的就是 NCS 按需分配给岸站和航站的话音类信道和高速数据信道。

9.3.1.1　TDM 信令信道

网络协调站(NCS)和普通岸站都有 TDM 信令信道。船站在空闲时自动守听 NCS 的公共 TDM 信道。一旦与某个岸站建立起通信链路后,船站则守听这个岸站的 TDM 信令信道。

TDM 信令信道包括帧同步码、船站识别码、信息种类、信道号、TDM 频率号、BCH 纠错编码,共有 22 个时隙,可供 22 艘船同时使用。

9.3.1.2　申请信道

申请信道属于带外信令,也是公共信道,所有船站都使用格式相同的两个申请信道之一进行申请。作用方向是船到岸。船站自动更换申请信道。

申请信道采用突发型发射形式。每次占时 35.83 ms。当一艘船正在发送申请时,如果恰巧另一艘船站也在发申请,发生冲突,这样就必须重发申请。为防止再次冲突,Inmarsat 规定:A 船站不能自动重发申请,需人工重发,但必须在 6 s 以后才允许重发申请。当使用申请信道时,船站不会中断 TDM 载波的接收。

申请信道帧长为 172 bit,其中前 109 bit 为前文,包括载频恢复,比特定时恢复和帧同步码 UW。它们用于保证岸站与船站达到准确同步;后 24 bit 用于 BCH 纠错码;所申请的信息仅占 39 bit。但这是完全必要的,是由申请信道的突发性质决定的。

9.3.1.3　TDMA 电传信道

与岸到船的 TDM 信道相对应的是船站发射电传用的 TDMA 电传信道。船岸之间的 TDMA/TDM 频率配对使用,完成收发任务,所以当岸站的 TDM 分配信道给出了频率号和时隙号后,船站的 TDMA 的频率和时隙也随之确定。

TDMA 信道的频率比 TDM 信道的频率高 101.5 MHz。

TDMA 与 TDM 相对应,一帧内划分成 22 个时隙,即同时可有 22 艘船使用同一 TDMA 电传信道,但我们应注意到在相邻时隙间有保护间隔。一个时隙有 379 bit,而一个船站在一个时隙内只发 181 bit,有 198 bit 的保护间隔。保护间隔的作用是:

(1)各船站与卫星的距离不同,如船在星下点与船在卫星覆盖区边缘所立的突发时差约为 70 bit,在时间上差 15 ms(假如所分配的时隙相同)。这样如果不留一定的保护间隔,必定会在相邻时隙上造成重叠,不能正常工作。

(2)各船站的时钟不够准,故存在微小的偏移。

(3)卫星存在摄动现象,不是绝对静止的。

(4)大气折射会对电波传播路径产生微小的影响。

9.3.1.4 SCPC 电话信道

SCPC(Single Channel Per Carrier)意为单路单载波,这种频分多址方式是 Inmarsat 系统中主要的通信体制。我们已经知道共有 339 对载波,其中一部分预分配(PA)SCPC 给申请信道及岸站的 TDM/TDMA 信道,为 FDMA/TDM 和 FDMA/TDMA;一部分按需分配(DA)SCPC 给需进行语音通信的岸船站,调制方式为 FM。可简记为 SCPC-FM 方式。这种通信方式特别适宜通信量小、船站数量大的船舶通信。

9.3.2 Inmarsat-C 信令系统

Inmarsat-C 系统是 Inmarsat 推出的第 1 代全数字化卫星通信系统,于 1991 年正式投入商业运行。它除提供遇险报警、电传、低速数据传输和增强群呼(Enhanced Group Call,EGC)等基本业务外,还提供数据报告、询呼和监控与数据采集等各种增值业务。随着不断开发,Inmarsat-C 系统已在船舶保安报警系统(Ship Security Alert System,SSAS)、船舶远程识别和跟踪系统(Long Range Identification and Tracking of Ships,LRIT)、水文水利、管道监护、森林防灾及车辆跟踪和调度管理等领域都得到了广泛应用。Inmarsat-C 移动站完全满足 GMDSS 的规范要求,不仅价格低、体积小、重量小、通信费用低,而且采用直流供电(9~33 V),能耗低,不存在日凌中断现象,通信可靠性高,因此,除远洋船舶必须配备外,已广泛应用于汽车、火车、飞机等移动交通和大量的小型船舶上。

Inmarsat-C 系统主要使用 Inmarsat 的第 3 代卫星,而且是它们所提供的全球波束。同 Inmarsat-A 系统一样,Inmarsat-C 系统中的岸站(LES)是移动地球站(MES)与陆上用户进行通信的接口,也是移动地球站间通信的接口,所有的通信都必须通过岸站来完成。

随着技术的不断发展,Inmarsat-C 系统实现了 IP 前端接入(IP-FEP)技术,解决了用户系统的若干接入问题,提高了用户响应速度、系统的吞吐量,提升了用户的接入性能。此外,增强型预分配数据报告(EPADR)技术也使系统有充足的信道资源,通过预分配通信时隙减少通信碰撞率,进而提高了整个系统的通信成功率和资源利用率。

9.3.2.1 Inmarsat-C 信道构成

Inmarsat-C 系统的信道形式和工作种类都比 Inmarsat-A 系统复杂,Inmarsat-C 系统采用了 4 类不同的信道,分别为 TDM 信道、信令信道、信息信道和站际信令信道,如图 9-1 所示。图中还说明了这些信道的作用,通过这些信道,完成整个通信程序过程、信息分组方式的传递以及通信网的管理等。

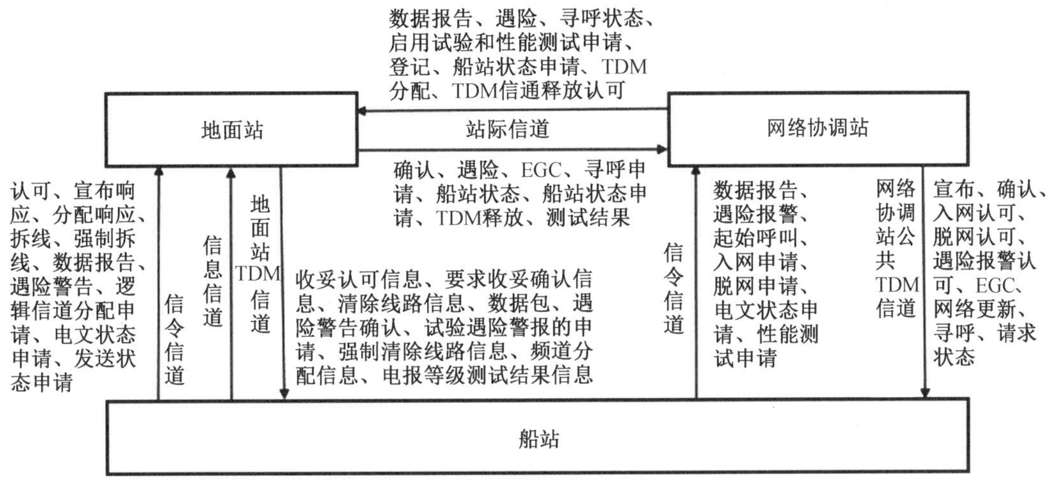

图 9-1　Inmarsat-C 通信信道

在 Inmarsat-C 系统中,移动地球站工作在 L 波段,其发射频率范围是 1 625.500～1 646.500 MHz,接收频率范围是 1 530.000～1 545.000 MHz,信道间隔为 5 kHz。信道统一由网络协调站分配。

Inmarsat-C 系统主要以单工方式工作,其收、发频率不成对使用。这一点与 Inmarsat-A 系统不同。

Inmarsat-C 系统岸站在信令信道和信息信道上接收船站的信息。与 Inmarsat-A 系统不同的是,Inmarsat-C 系统各岸站有自己的信令信道,而 Inmarsat-A 系统是指定了两个频率为船站的公共申请信道。

各洋区网络协调站的 TDM 信道频率是不同的。还有一些频率固定预分配给岸站的 TDM 信道。

(1)TDM 信道

TDM 信道基于时分多路复用技术,为网络协调站 NCS 和一般岸站所采用。每用 TDM 信道都占有一个唯一的频率,连续不断地发射,以供船站同步、查询信息及收取信息用,包括 NCS 及岸站的工作业务情况。

NCS 的公共 TDM 信道和一般岸站的 TDM 信道具有同样的结构,每帧包括三个部分,即独特字(UW)、布告板(Bulletin Board)、数据组,如图 9-2 所示。其中,布告板和数据组经过了卷积编码和扰码处理,以提高信号的抗干扰能力。

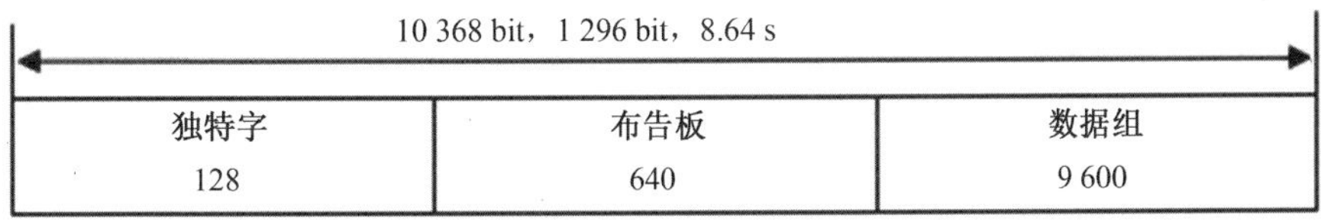

图 9-2　TDM 信道帧结构图

①UW 独特字

UW 的作用是帧同步码。如前所述,UW 具有尖锐单峰的自相关函数特性,以利于船站识别,船站建立帧同步后,就可正确地接收后面的信息。

②布告板

NCS 公共信道承担着网络信息和 EGC 信息。当船站空闲时,都守听在 NCS 公共信道上。每个船站可从 NCS 公共信道的布告板和各岸站 TDM 信道的布告板连续获得网络资源及各岸站业务状态的信息。

③信息和控制数据组

NCS 公共信道不但与 CES 的 TDM 信道布告板构成相同,数据组的格式也相同。

在 NCS 数据组的 Information 中可发布宣布(Announcement)、确认(Confirmation)、遇险报警认可(Distress Alert Ack)、EGC、入网认可(Login Ack)、脱网认可(Logout Ack)、网络更新(Network Update)、询呼(Poll)和请求状态(Re-quest Status)等信息。

(2)信令信道

信令信道采用的是 TDMA 时分多址接续技术,在规定的时隙内发送信息。信令信道的作用方向是船站至岸站或船站至 NCS。每个网络协调站和岸站都有自己的信令信道频率,它们的信道结构相同,但所传递的数据信息不同。发往网络协调站的数据信息包括数据报告、遇险报警、入网和脱网申请等。发往岸站的数据信息包括对岸站发送报文的确认、对岸站分配和拆线的响应、发送报文的申请、遇险报警和数据报告等。

(3)信息信道

信息信道的作用方向是船站到岸站。每个岸站都有若干个信息信道,由网络协调站根据通信业务量情况分配给岸站,通信时由岸站直接分配给船站。船站把发送的电文分成若干个数据包,在信息信道上一次性发送完,岸站若接收到有错误的数据包,将通知船站重发该数据包,这样不断重复,直到岸站收到完整无误的电文。

在 Inmarsat-C 系统中,传输信息有两种方式:一种是电文方式,通过信息信道传输,一般用于传输较大容量的数据,这种方式因为有检错、重发、收妥确认等技术,故传输可靠性高;另一种是数据报告方式,通过信息信道传输,一般用于传输小容量的数据。

(4)站际信令信道

站际信令信道(Interstation Signaling Channel)是网络协调站与本洋区的岸站之间的通信链路,通过站际信令信道来交换系统和船站工作状态的信息,分两个方向:一是岸站→网络协调站的信令信道,传递的信息包括报文收妥确认、EGC 信息、船站工作状态、船站工作状态申请、寻呼申请等;二是网络协调站→岸站的信令信道,传递的信息包括数据报告、对岸站的 TDM 信道的动态分配等。

9.3.2.2 Inmarsat-C 系统开放的主要业务

Inmarsat-C 系统开放的主要业务有存储转发业务、询呼及监控和数据采集业务、数据报告、遇险报警和遇险通信业务、EGC 业务、操作人员协助和增值业务(并不是所有岸站都开发这些业务),但存储转发、遇险报警和遇险通信及 EGC 的 Safety Net 业务,每个岸站都必须提供。EGC 业务放在下一章中介绍,下面先介绍其他业务

(1)存储转发业务

存储转发是 Inmarsat-C 系统的一个显著的工作模式,此工作模式是单工的,所有电文先由

船站发至岸站存贮后再发至用户。它包括以下四种形式:

①电传业务

船站可以与任何连接国际或国内电传网络的用户经岸站进行电传通信。

②传真业务

船站将电文用电传方式发送至岸站,存贮后岸站再以传真方式发给传真用户。

③电子邮件业务

船站可以将电子邮件或数据经岸站与分组交换数据网用户进行交换。

④船到船的常规通信业务

船站与船站之间经岸站转接进行通信。

(2)Inmarsat-C 系统寻呼业务

严格地讲,询呼业务并不是建立种通信线路的连接,而是由 NCS 或岸站直接发送的信令。询呼指令发向船站信息,船站收到寻呼指令后,必须以电传或数据报告形式发回信息,或操作受控系统中的设备。

询呼响应通过公众交换网络,或经过闭网(Closed Netwvork)来传递。其中经公众交换网络的必须是电传形式,而经闭网的可以是电传形式,也可以是数据报告形式。

Inmarsat-C 系统共有三种询呼指令:单个询呼,群(组)询呼和区域询呼。

①单个询呼

单个询呼(Individual Poll)是向一个目标组内的各船站分别发出询呼指令,包括被询呼船站的数据网络识别码和成员号。如有必要,询呼指令中还可包括一份简短电文。操作中心通过公众通信网将询呼指令发给岸站,由岸站转发给网络协调站,通过网络协调站的公共 TDM 信道播发给成员号码表中的该船站。当船站完成洋区登录,守听在 NCS 的公共 TDM 信道并处于空闲时,它可接收到该指令。

如果某个船站当时正忙于通信,NCS 暂时不发送这个询呼指令,而是先把询呼指令短暂储存起来,同时通知岸站、询呼申请被排队,等船站数据库指示船站空闲时(即通信已结束时),再发送询呼指令。

船站接收到询呼指令后会做出相应的响应,发回一份数据报告,或执行监控与数据采集等。

②群询呼

群询呼(Group poll)用一个单指令询呼一组船站。指令中包含群识别码,但并不标明具体船站。询呼发起者通过公众通信网将询呼指令发送给某个岸站,岸站通过站际信道将询呼申请数据组发向网络协调站,网络协调站在公共 TDM 信道中播发该询呼指令。所有具有这一群识别码的船站,即属于这个数据网络组中的船站,只要它们正在守听 NCS 公用信道,并且当时处于空闲状态,就都可以收到这个询呼指令。为了避免许多船站同时发出收妥通知而造成系统出现拥挤情况,网络协调站在播发询呼指令时加入了一个随机间隔号码,以使船站在不同的时间随意发出收妥通知。

但是,若播发询呼指令,某些船站当时并没有守听在 NCS 的公共信道上,或者正忙于通信,那么这些船站将不能收到询呼指令,也不会按要求做出响应。NCS 也不再为这些船站重播该询呼指令。

③区域询呼

区域询呼(Area Poll)类似于群询呼,询呼指令中含有数据网络识别码及接收的地理区域信息,但无须指明被询呼的船站。区域是以 IMO/IHO(国际航道组织)的 NAVAREA 海区来划分的。先由询呼发起者向岸站发送询呼指令,岸站再通过站际信道转发 NCS,NCS 再通过公共 TDM 信道播发该询呼指令。只有那些正处于这一区域的属于这一数据网络识别组的并且处于空闲状态的船站才能接收到这一询呼指令。如果某船站当时正忙于通信,则不能收到该询呼指令,因此也不会做出响应,NCS 将不会重新播发这一指令。

典型的询呼控制指令包括:

①立即发送数据报告。这种控制指令可以有下列两种形式:一种是要发送的数据结构,另一种是要执行的任务。这样船站就会在规定的时间开始发送报告,然后按规定的时间间隔定期发送,直到接收到停止发送的指令为止。

②接收电文电报。询呼指令中可以包含一份简短的电报(最大为 256 字节或字符,这些字节或字符可以根据船站软件的需要进行编码,或者一份简明电文)。

③修改工作参数。询呼发起者可以通过询呼,为船站输入一个新的参数,例如,指示船站监视不同的传感器,这样就免除了派遣专业操作人员去现场工作。

④操作控制设备。询呼发起者可以通过船站向一个控制系统的设备发送一个控制指令,如开关、继电器或阀门等,控制设备的工作。

⑤立即停止发送报告。这是与立即发送数据报告配套使用的。

(3)Inmarsat-C 系统数据报告

Inmarsat-C 系统的数据报告业务可以使船站以简短数据报告的形式将采集或输入的数据(如船位等)发送给陆某个部门(如船舶所有人等),数据报告是通过信令信道发送的。数据报告充分利用了 Inmarsat-C 系统的优点,既节省了时间,又降低了通信费用。与常规的通过信息信道发送的存储转发式电传相比,这种方式更为便宜。

为了能够发送数据报告,船站必须首先在陆上船公司的闭路网络中登记。该公司可以安排某个岸站通过 Inmarsat-C 系统为登记注册的船站输入网络识别信息供船站存储,所以前 16 bit 为闭网识别码。

网络识别信息由一个特殊的数据网络识别码(Data Network Identifier,DNID)和船站在闭路网络中的编号组成。

船站发送数据报告是为了满足商业经营的需要,同时也是为了满足海上安全的需要。船公司通常要求它们的船舶定期发送船位更新信息和其他数据,并且每天发送一次甚至两次。它们需要船舶不论位于哪个时区都能以较低的费用将这种数据可靠地发回办公室。

海上安全部门也由于各种原因需要船舶发回各种类型的数据报告,以便帮助陆地有关部门对气象进行分析,编辑航行警告或气象预报。数据报告在政府部门中其他重要的应用领域是为遇险的船舶提供帮助和防止发生海上污染事故。

数据报告的发送有三种形式,它们是使用船站键盘的人工方式,对终端预先编程后船站自动发送和根据陆地发起者发送的寻呼指令自动发送。

①数据报告的优点

(a)Inmarsat-C 系统使用的数字技术适用于连接导航设备或用于数据采集的监测传感器之类的数字电路仪器。

(b)数据报告中的数据使用标准格式,采用数据编码和数据压缩技术,因此数据采集和发送将十分迅速。同其他报告方式(其中包括 Inmarsat-C、储存转发电报)相比,这种方式既省时又省钱。

(c)数据报告可以按预先确定的时间间隔自动发送,也可以人工发送。人工发送不需要经过专门培训的专业人员进行操作。

(d)操作中心可以使用 Inmarsat-C 船站寻呼功能控制终端进行工作,如发送数据报告,或者执行规定的监控和数据采集任务。

②数据报告的种类

(a)无预约数据报告(U)——可以由操作人员以人工方式随时发送,或者在监测仪器控制下自动发送。无预约类型的数据报告只能使用三个数据块,最多可以发送 32 字节的数据。

(b)编程无预约数据报告(P)——船站可以通过编程在一个预先确定的时间发送数据报告(如每天上午 8 点发送船位报告)。这种编程可以由船站操作人员人工输入,也可以由操作中心发送一个寻呼控制指令予以完成。这样,船站便可以使用上述的无预约数据报告方式发送报告。

(c)预约(预先规定的)数据报告(R)——这种类型的报告由操作中心发送一个寻呼指令对船站进行预先编程,规定发送时间与报告程序。典型的预约数据报告可以是在一个预先选择的特定时间向操作中心发送的船位报告。预先规定类型的数据报告只能使用 4 个数据块,最多可以发送 44 字节的数据。

(d)宏编码电报(MEM)——为了在一份 32 字节无预约数据报告或 44 字节预先规定的数据报告中包含尽可能多的信息,人们采用二进制码技术和宏编码电报。宏编码电报使用独特的二进制码来代表预先确定的数据或电文电报,可以根据用户要求进行编制。例如,一个宏编码可以用来表示“下一港口需要加油”之类的技术术语。

Inmarsat 标准船位报告使用的宏编码是 7 位二进制码,用户也可以根据需要,使用几个宏编码进行组合来编制数据报告。

典型的船舶报告包括航行计划、船位报告、偏航报告、抵港报告、离港报告、船公司船位报告、气象数据报告和捕鱼量报告等。

(4)Inmarsat-C 系统遇险报警(Distress Alert)

Inmarsat-C 系统中所有的岸站通过可靠的通信网与附近的救助协调中心相连,岸站一旦收到船站发来的遇险报警后将立即转至该救助协调中心,救助协调中心将通知搜救机构和遇险船附近的其他船舶进行救助。不少救助协调中心也配备 Inmarsat 终端,能和其他搜救中心和遇险船舶附近的船舶通信,以保证遇险船舶获得迅速的援助。

Inmarsat-C 船站的遇险报警通常有以下两种方式:

①通过信令信道发送遇险报警

这种遇险报警仅含有非常有限的有关数据,包括:

(a)船站识别码(SES ID):由船站自动输入。

(b)船位(Position):由人工输入或船站自动输入。

(c)遇险性质(Nature):包括原因未明、起火/爆炸、进水、碰撞、搁浅、倾斜、下沉、失控与漂流、弃船及需要援助。

(d)航向(Course)(0°~359°):由人工输入或船站自动输入。

(e)航速(Speed)(kn):由人工输入或船站自动输入。

(f)遇险时间(Time of Distress)。

②通过信息信道发送遇险报警

如果时间允许,可编辑一份遇险优先等级电文,电文中可详细说明遇险的细节即所需提供的援助,且通过所选择的岸站,传送到最近的搜救协调中心。

应当注意,当发生遇险时,应先通过信令信道发送遇险报警,以便迅速向教助机构提供遇险概况。随着搜救行动的开始,再通过信息信道发送详细的遇险优先等级电文以便帮助救助机构采取协调行动。如果在遇险报警后 5 min 内没有收到岸站和救助协调中心的收妥通知,就必须重复遇险报警。

如果不小心误发了遇险报警或遇险优先等级电传,则应等候救助机构的收妥通知,然后向它们发送一份电传进行解释,它们便会取消这次遇险报警。某船站如果经常发生误报警,Inmarsat 就会清除这一船站,使之不能正常进行通信。

(5)入网申请和脱网申请

①入网申请

船站在使用 Inmarsat-C 系统发送和接收电传报文之前必须在该洋区入网。入网后 Inmarsat-C 系统的 NCS 便会自动在数据库中注明这一船站已经入网,能够进行通信。这时船站调谐并同步在 NCS 的公共 TDM 信道上。如果没进行通信,则船站处于空闲(Idle)状态。

某些船站在开机后可以通过选择最强信号的 NCS 公共信道自动进行洋区入网,其他不能自动进行洋区入网的船站则必须以人工方式根据船位选定一个洋区的 NCS 进行入网。

船站还具有自动扫描(Scan)功能。当处于卫星覆盖重叠区内时,可通过扫描选用洋区并入网。如果选用所有洋区,船站便会自动寻找到一个最强的 NCS 公共信道信号并入网。这样,当船舶跨洋区航行时,船站便会自动从当前的洋区脱网,并自动在另一信号有较强的 NCS 公共信道信号的洋区入网。这将费时 10 min。船站自动扫描每个洋区的标准时间为 2 min,在这期间,船站不能通信。

②脱网申请

如果在一段较长的时间内不打算使用船站,就应当在关闭电源之前脱网。脱网后,网络协调站便更新 NCS 数据库,并通过网络控制中心(NCC)将这一信息发送至所有洋区的网络协调站及所有岸站。这样各洋区的岸站便不再受理任何打算发给这一船站的信息。有些船站在关闭主机开关后可以自动执行脱网功能。

如果船站在关闭电源之前没有脱网,当给该船站发电传时,岸站将试图传送这份电传,经过一段时间或一定次数传送后,单站便会向发电传人发出一份“无法投递通知(NDN)”。此外,国际电信部门有可能会根据占时过长而向发电传人收取费用。

9.3.2.3 Inmarsat-C 中的通信过程

为了提高信道利用率和减少碰撞,Inmarsat-C 系统采用了双通道 R/ALOHA 系统,既解决了长电文的传输,减少碰撞,又解决了短的数据包传输,提高信道利用率问题。

在 Inmarsat-C 系统中,信令信道以 S/ALOHA 方式工作。专门供申请预约及发短数据报,而信息信道以 R/ALOHA 方式工作,即岸站根据船站的申请,给船站的信息信值分配时隙。还有 TDM 信道用于广播、分配及传送报文。此外,为减少遇险报文的碰撞,采用了优先等级的方式。

Inmarsat-C 系统的信息传递过程可定义为船岸之间的存储器相互通信。通信过程分为三步:逻辑信道的建立、信息(数据)传递及信道拆除(释放)。图 9-13 为岸发起通信过程;图 9-14 和图 9-15 分别表示船发起通信过程和船发起半双工通信过程。

从图中可以看到,岸发起通信过程和船发起通信过程的主要不同之处在于逻辑信道的建立。在岸发起的通信过程中,岸站主动请求 NCS 在 NCS 公共信道上宣布该岸站需对某船站建立通信,而船站从 NCS 公共信道的广告板上找到岸站的 TDM 信道频率并从 CES 广告板中找到一个信令信道和可用时隙宣布响应。在船发起的通信过程中,船站主动从 NCS 公共信道的广告板中找到要通信的岸站 TDM 信道频率并找到 CES 可用的信令信道和可用时隙,在申请信道上进行分配申请。另外,在信道拆线后,船发起通信过程有一个报文传至陆地用户的确认程序。

9.3.3　Inmarsat-F 信令系统

Inmarsat-F 系统是 Inmarsat 推出的唯一兼容第 3 代、4 代卫星的新系统,于 2002 年正式投入商业运行。它是在 Inmarsat-B/M/Mini-M/M4 基础上发展起来的一种全球区域网络(GAN)的增强型的新一代系统。使用增强型的新一代信令系统,除 PSTN 移动电话等基本业务外,它还提供移动 ISDN 的高质量电话、传真、高速数据业务和移动包交换数据业务,支持视频电话和图像传输、数字图片传输和 Internet/Intranet 接入,使多媒体业务和通信网互联互通延伸到海上,让海上用户同样享用综合业务数字网和互联网带来的高速、便捷和高效服务,以适应新时代海上通信的发展。

Inmarsat-F 系统是目前唯一能满足 IMO A. 88(21)关于话音优先权控制及优先级别的决议的卫星通信系统,即船到岸、岸到船两个方向上能按四个优先等级对话音通信实现控制,使 MRCC 或其他搜救机构始发的船到岸和岸到船的遇险、紧急和安全通信给予适当的优先权,通信等级高的可以中断正在进行的较低等级的影响搜救的通信,将信道让给较高等级的通信使用。根据 IMO 对 GMDSS 的新要求,F 系统中增加了 NSC 优先权控制功能,并对 LES 和 MES 的控制功能也相应做了改正,以实现船到岸和岸到船两个方向分层优先权抢占功能。F 系统(F77)是迄今为止唯一完全满足 GMDSS 标准要求的系统。

Inmarsat-F 系统采用先进的船、岸站 EIRP 的控制技术,以实现用最小的功率达到最佳通信效果,减少电波干扰和卫星功率。船、岸站根据通信业务、转发卫星和船站天和角,自动设置初始发射功率,在通信过程中船站还不间断地自动检测发射功率,一旦收到岸站的指令会自动报告,并根据岸站的"功率调整"指令,及时进行调整。同时,系统充分利用点波束技术,大幅度提高卫星频谱的利用率。

此外,F77 船站还提供多种不同数量的通信接口,既可与高速数据终端设备相连,又可与中、低速数据终端相连接,既可与数字设备相连接,又可与模拟设备相连接,从而提供多种通信业务,故已被广泛用于 Intranet/Internet 接入、船舶管理、电子海图更新、DGPS 修正、气象导航、远程服务和电子商务等多领域。

9.3.3.1　Inmarsat-F 系统组成

Inmarsat-F 系统是 Inmarsat 系统的一个分系统,其组成与其他 Inmarsat 系统一样,由空间段的 Inmarsat 卫星,地面部分的网络控制中心、网络协调站和地面站,以及移动站组成。

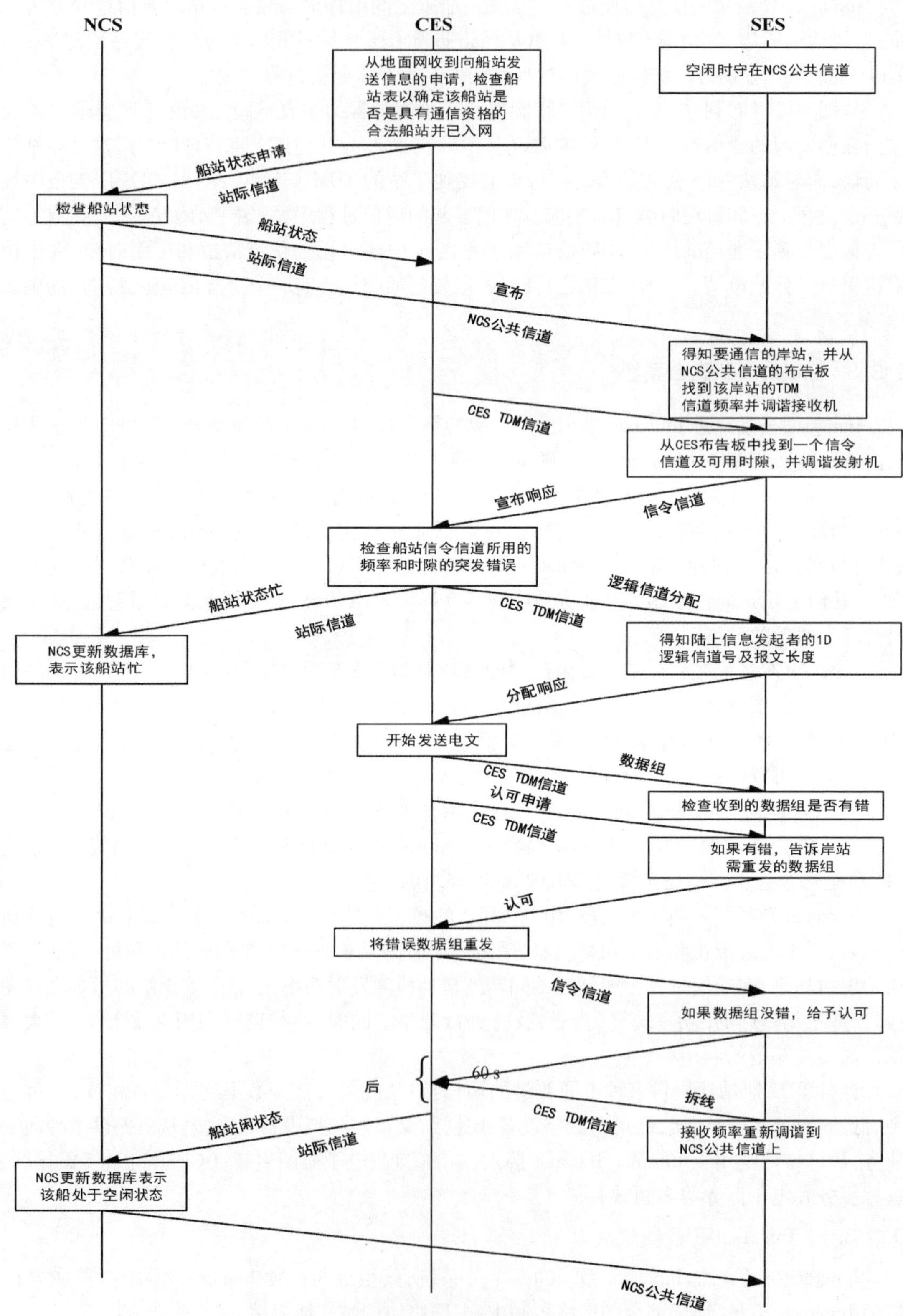

图 9-13　岸发起通信过程

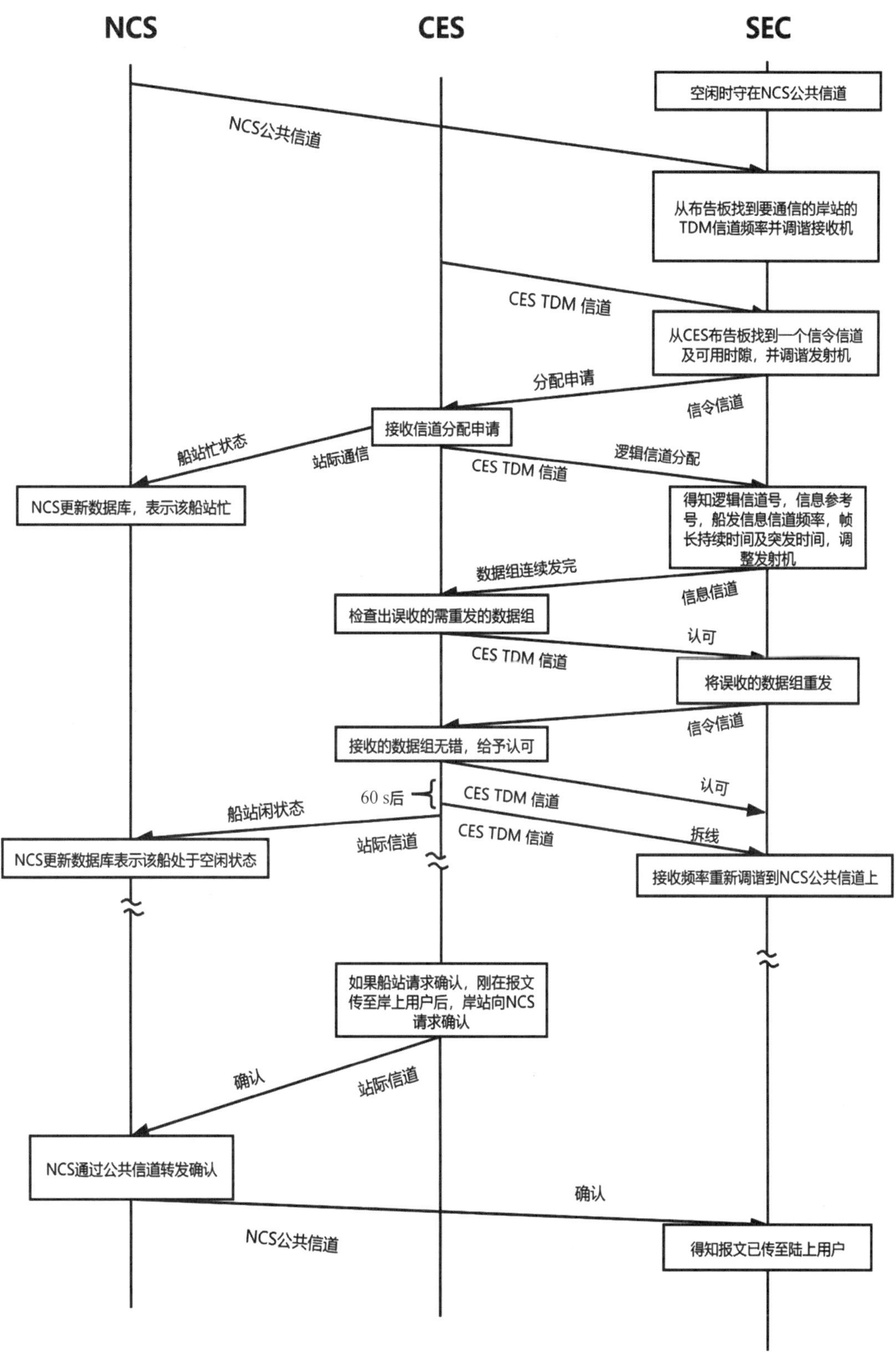

图 9-14　船发起通信过程

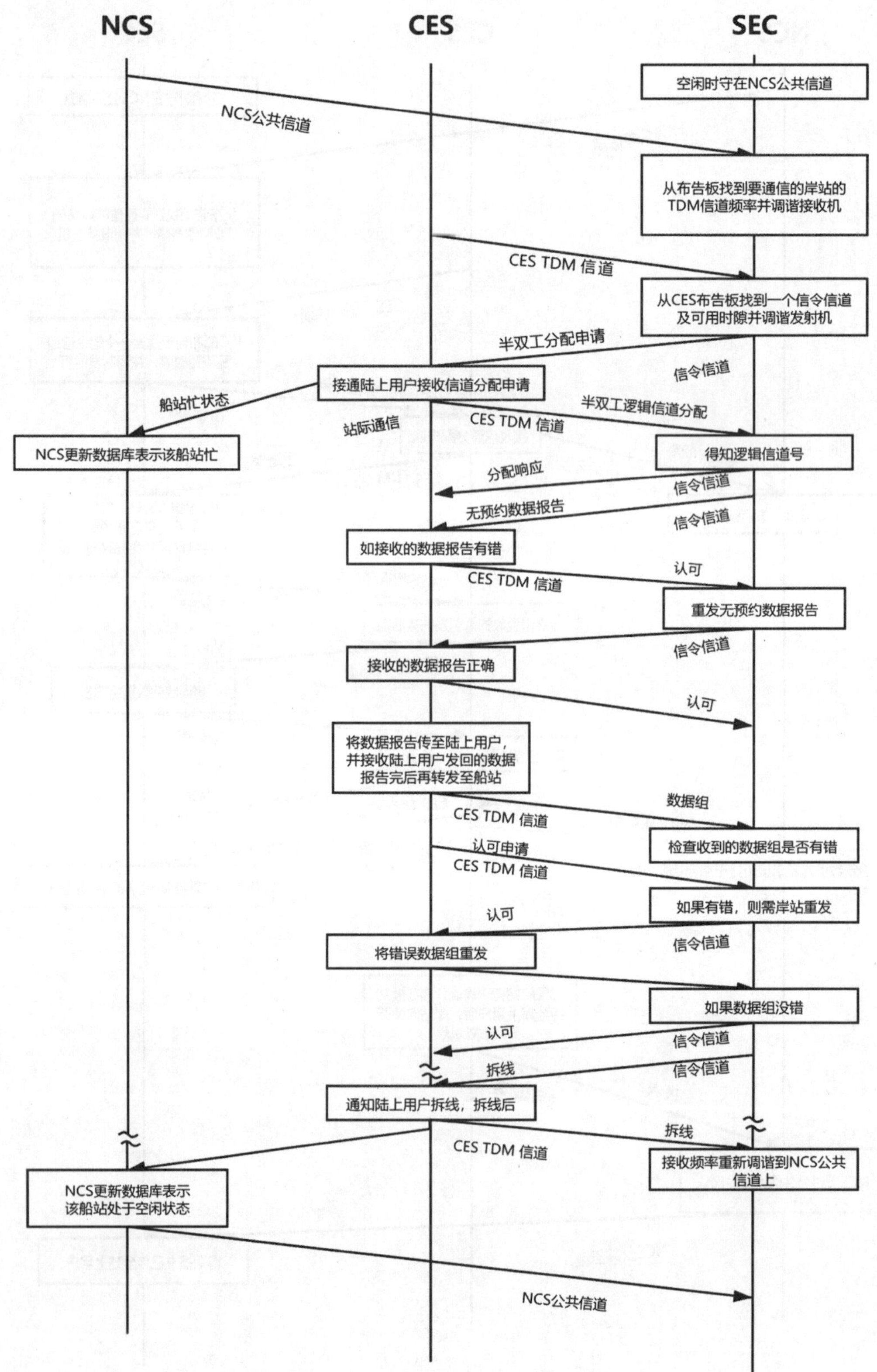

图 9-15　船发起半双工通信过程

Inmarsat-F 系统主要使用 Inmarsat 第 3 代卫星,而且兼容第 4 代卫星,可在它们所提供的全球波束和点波束的覆盖范围内运行,第 3 代卫星的 4 个卫星覆盖洋区分别是:大西洋东区(AOR-E)、大西洋西区(AOR-W)、太平洋区(POR)和印度洋区(IOR)。

地面站(LES)起着连接卫星和陆上国内/国际电信网络的作用,MES 与 MES、MES 与陆上用户之间的通信必须通过 LES 来实现。不难发现,Inmarsat-F 地面站的接续码由 3 位十进制数字组成,且每个洋区都相同。在每个卫星覆盖洋区都设有网络协调站(NCS),还设有备用 NCS。

网络控制中心(NCC)是 Inmarsat 系统的核心,位于英国伦敦的 Inmarsat 总部,它与 4 个卫星覆盖区内的 NCS 建立通信连接,可以实现对整个系统的工作进行监视、控制、协调和管理。

Inmarsat-F 移动站(MES)按天线直径的大约尺寸,分为 F77(80 cm)、F55(50 cm)和 F33(30 cm)三种型式。F77 工作在卫星全球波束和点波束下,可实现 F 系统所提供的所有业务,通常适用于大型船舶,诸如油船、大型货船及豪华邮轮等。F55 的 4.8 kbps 普通话音业务工作在卫星全球波束下,而数据和传真业务都只工作在点波束下,适用于大中型邮轮和中型船舶。F33 也具有全球波束的 4.8 kbps 普通话音业务,点波束的数据/传真业务只具有 9.6 kbps 的 G3 传真、9.6 kbps 的异步数据和 MPDS 业务,而 MPDS 业务也采用不同的上传和下载速率[上传速率为 28.8 kbps(19.2~50.4 kbps),下载速率为 64 kbps],但它体积小,价格低,受到小型船舶的青睐,适用于游艇、渔船和中小型商船。

三种型式 Inmarsat-F MES 机内均装有 GPS 接收机,利用它提供的位置信息和 NCS 公共信道布告板播发的卫星点波束图,MES 可以确定是否位于卫星的点波束覆盖区及选择最好的点波束信道。

9.3.3.2　Inmarsat-F 系统信道构成

在 Inmarsat-F 系统中,移动地球站工作在 L 波段。其发射频率范围是 1 626.500~1 660.500 MHz,接收频率范围是 1 525.000~1 559.000 MHz。信道统一由网络协调站(NCS)分配。

Inmarsat-F 系统采用了 4 种不同的信道,即 TDM 信道、信令信道、话音信道和数据信道,如图 9-16 所示。

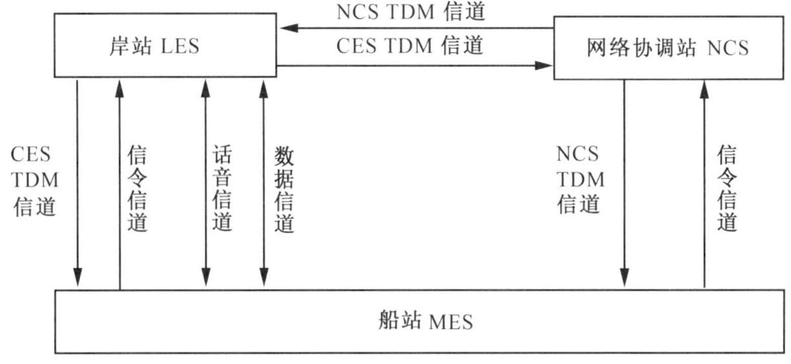

图 9-16　Inmarsat-F 系统信道

(1)TDM 信道

TDM 信道分网络协调站 TDM 信道和岸站 TDM 信道。网络协调站 TDM 信道包括:网络协调站的公共信道(NCSC)、分配信道(NCSA)、点波束信道(NCSS)、洋区登记确认信道(NCS-RA)和网络协调站至岸站站际信道(NCSI)。岸站的 TDM 信道包括:分配信道(LESA)和岸站至网络协调站的站际信道(LESI)。

NCS TDM 信道与 LES TDM 信道的频率不同,但都连续不断地发射。MES 空闲时自动守听 NCS 的公共信道 NCSC,该信道用于 NCS 发布岸至船的呼叫通告、布告板信息和网络状态信息。当 MES 与 LES 建立通信连接后,MES 则守听 LES 的 TDM 信道。

(2)信令信道

信令信道分为 MES 至 LES 和 MES 至 NCS 的两类信令信道。MES 至 LES 信令信道包括申请信道(MESRQ)、洋区登记信道(MESRR)和呼叫确认信道(MESCA);MES 至 NCS 的信令信道包括申请信道(MESRQ)、洋区登记信道(MESRR)和移动站应答信道(MESRP)。MESRQ 用于 MES 通信前的信道申请;MESRR 用于 MES 发送洋区注册登记信息;MESCA 是告知 LES 已收到呼叫通告,并做好了接收准备;MESRP 载有发至 NCS 的呼叫回应信息。

MES 开机后一般会自动进行洋区注册登记,收到洋区登记确认信息后注册完成,否则自动将重新注册,转换洋区后也会自动重新注册。MES 一旦关机,洋区注册解除。由于信令信道采用随机接续、突发模式,发射时间很短,所以 MES 使用信令信道时,不会中断公共 TDM 载波的接收。

(3)话音信道

话音信道分为移动站话音信道(MESV)和岸站话音信道(LESV),是 4.8 kbps AMBE 电话通信时使用的信道。64 kbps SPEECH 语音电话通信时则使用数据信道。

(4)数据信道

F 系统的数据信道分低速(2.4 kbps)、中速(9.6 kbps)和高速(56/64 kbps)三种类型,每种类型又分为移动站数据信道和岸站数据信道两个方向。低速数据信道包括 MESD 和 LESD(2.4 kbps FAX);中速数据信道包括 MESM 和 LESM(9.6 kbps FAX 和 9.6 kbps 异步数据);高速数据信道包括 MESH 和 LESH(64 kbps UDI、64 kbps SPEECH、64 kbps 3.1 kHz Audio 和 56 kbps DATA)、MESP 和 LESP(MPDS)。

9.3.3.3 Inmarsat-F77 开放的业务

(1)话音

①4.8 kbps AMBE 电话

4.8 kbps AMBE 电话也称窄带电话,是默认的电话服务,可通过 ISDN(Integrated Service Digital Network,综合业务数字网)手柄或普通模拟电话机来提供,话音质量稍低,但经济,是 F77 成本最低的电话业务。

高级多频段激励(Advanced Multi-Band Excitation,AMBE)是基于 MBE 技术的低比特率、高质量的改进型语音压缩算法,在低比特率压缩系统中能提供极优的语音质量。它是一种声码器,即对话音进行分析和合成的编、译码器,实现数字电话通信中话音信号的模-数转换。

②64 kbps SPEECH

64 kbps SPEECH 也称宽带电话或丽音电话,主要在 ISDN 电话之间支持高质量的电话服务,一般通过 ISDN 手柄提供,费用较高。

(2)传真

F77 的传真业务包括:

①9.6 kbps G3 传真

F77 的 9.6 kbps 传真是基于 9.6 kbps 的异步数据传输。

②64 kbps 3.1 kHz Audio

64 kbps 3.1 kHz Audio 是由 ISDN 提供的、使用 G3 类模拟传真机的传真通信,它的最大速率达到 14.4 kbps。由于使用 PCM,将 3.1 kHz 音频信号转换为 64 kbps 的数字信号,故称 3.1 kHz 音频 FAX。

③64 kbps G4 传真

64 kbps G4 传真使用 ISDN 协议的 G4 类传真。G4 类传真的速度约是 G3 类的 6 倍,G4 与 G3 相“兼容”,即 G4 可以作 G3 类使用(G4 可以接收来自 G3 和 G4 的传真,但 G4 不能向 G3 发传真)。

(3)数据

F77 提供下列数据业务:

①56 kbps DATA

56 kbps DATA(通过 V.110 速率适配器接入)业务主要在北美使用。

②64 kbps UDI(Unrestricted Digital Information)

64 kbps UDI 不受限数字信息业务,也称为移动 ISDN 业务。F 系统的移动 ISDN 业务由于采用电路交换方式,且支持基本速率(BRI),所以信道是专用的,信道带宽为 64 kbps(或 128 kbps),且在信道占用的整个期间带宽保持不变,这样信息传输速率就有保证。这种特点尤其适用于对实时性要求高、带宽要求宽和数据量大的数据传输,如视频会议、可视电话、图片和音像文件的传输等。由于信道是独占的,因此移动 ISDN 业务通常按占用信道的时间进行计费。

③MPDS

MPDS 是 F 系统的 MPDS 业务,是一种结合 IP 技术的新业务,由于采用分组交换方式,因此其信道是共享的,移动用户可以保持每天 24 h 的“永久在线”连接,通信费用则按实际收发的信息量来计费。MPDS 的信道带宽虽然是 64 kbps,但由于信道是共享的,因此实际信息传输速率与信道上的移动用户数量有关,移动用户愈多,传输速率会下降,但一般信息传输速率在 20 kbps 左右,当移动用户数量增多而导致信道拥挤时,系统会及时适当增加 MPDS 信道的数量。MPDS 的这种特点通常适用于小文件的传输(如 E-mail、航行海图更新和 FTP 数据传输等),以及交互式的信息传输,如 WEB 浏览、网络聊天和访问企业内部互联网等。

习题

1. 国际移动卫星通信系统是由哪几部分组成的? 各部分又包括哪些内容?
2. 地面站的主要功能有哪些?
3. 什么是信令系统? 什么是带外信令? 什么是带内信令?
4. Inmarsat-A 通信系统的移动地球站工作在什么波段? 频率和信道如何配置?
5. Inmarsat-A 系统共有几种信道?
6. 在 Inmarsat-A 通信系统中,一个 TDM 帧中有多少个时隙?
7. 在 Inmarsat-A 通信系统中,一个 TDMA 帧内有多少个时隙? 相邻时隙间为什么要留有保护间隔？

8. Inmarsat-C 频率和信道如何配置？其工作方式和 Inmarsat-A 系统有何不同？

9. Inmarsat-C 系统共有几种信道？船站何时守听 NCS TDM 信道？

10. 简述 Inmarsat-C 系统开放的业务。

11. 什么是 C 系统的询呼？询呼种类有哪些？询呼过程是如何进行的？

12. 什么是数据报告？C 船站发送的数据报告的种类有哪些？数据报告的优点是什么？

13. Inmarsat-C 船站的遇险报警有哪些方式？何时用哪种方式报警？

14. Inmarsat-C 系统采用的是哪种分组通信方式？为什么？

15. F 系统船站如何分类？满足 GMDSS 功能的是哪一类船站？

16. Inmarsat-F 系统共有几种信道？

17. 简述 Inmarsat-F77 提供的通信业务。

第 10 章　Inmarsat 船站终端技术

10.1　Inmarsat 船站组成

船站电路组成的具体形式随着 A/C/F 标准的不同、厂家及型号的不同而千差万别，但实现的功能是相似的。一般来讲，船站总框图如图 10-1 所示。

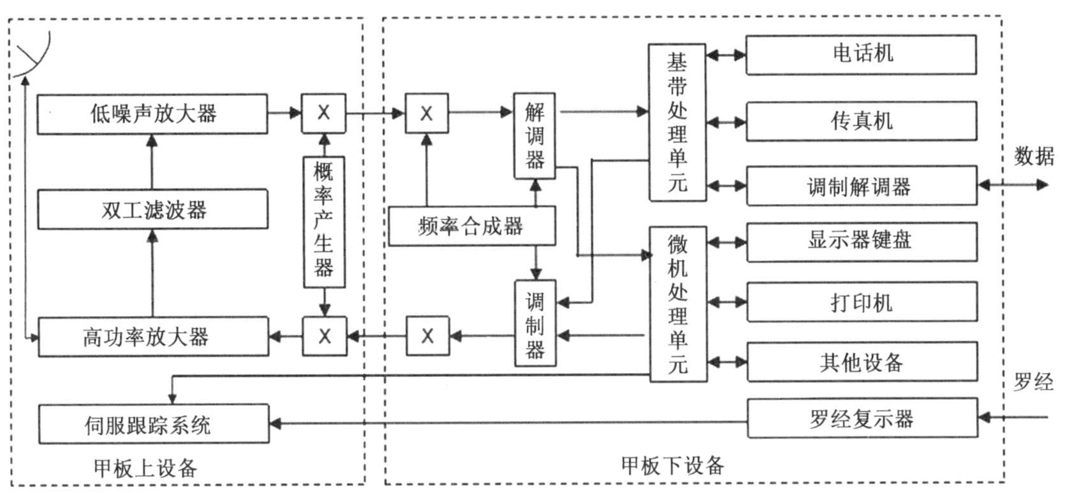

图 10-1　Inmarsat 船站总框图

(1)天线

①天线类型：直径 1 m 左右、带有正交双极性馈源的抛物面天线。

②极化方向：右旋圆极化波。圆极化波是由正交双极性馈源得到的。

③轴比：≤2 dBi。轴比为圆极化天线的椭圆极化率，是椭圆长轴与椭圆短轴之比。

④频带：接收为 1 535.0～1 543.5 MHz；发射为 1 636.5～1 645.0 MHz。

⑤增益：≥21.1 dBi(带天线罩)。

⑥波束宽度：≤16°(在 8 dBi 点)。

⑦副瓣电平：≤8 dBi；≤-3 dB(当偏离波束中心在 57°以上时)。

⑧电压驻波比：≤1.5(50 Ω)。

⑨适宜温度：-35～+55 ℃。

(2)双工滤波器

双工滤波器是由分别具有发射和接收频带的两个带通滤波器组成的。双工器有效地隔离了发射与接收,有效地避免了发射对接收信号的干扰。一般来讲,隔离度在 95 dB 以上。

(3)低噪声放大器(LNA)

接收信号的质量主要是由第一级放大器决定的,故必须采用高质量的低噪放大器。

(4)高功率放大器(PA)

因为采用了高增益天线,所以对高功率放大器的要求不高。高功率放大器采用全固态方式,稳定可靠。其输出功率在 15 dBW 左右。

(5)天线控制单元(ACU)

控制单元由角度传感器、模数转换电路、控制电机、接口及中央处理电路组成,以保证天线时刻指向卫星,通信不中断。

(6)频率变换单元(FTU)

频率变换单元的作用是把微波 L 波段信号向下变为易于处理的较低频率上。由于受到器件的限制,一般需 2~3 次搬频。

(7)调制解调器(MODEM)

调制解调器完成频带信号与基带信号间的转换。不同的调制方式决定了不同的信号质量。在 A 船站中,语音采用调频,而电传采用 2 相相移键控,即 BPSK,这两种属于角度调制,可以获得比调幅及单边带调制高得多的信号质量。

(8)基带处理单元

基带处理单元由语音信号发射接收电路,语音信号处理电路及电话机的接口电路组成,电话机、传真机及数据都是通过基带处理单元接入船站的。

(9)微机处理单元

微机处理单元包括 CPU、ROM、RAM、EPROM、NOVRAM 及接口电路。船站大部分控制是由软件来完成的。

(10)外围设备

①罗经(COMPASS):罗经接入船站的终端接口(TERM INTF)。船站从该接口获得由罗经提供的方位角(AZ)轴信号,以跟踪卫星。

②外接蜂鸣器(EXT BUZZ):安装在船上需要的地方,以监视接收状态。

③语音遇险开关盒(VOICE DISTRESS SW):提供迅速的遇险报警方式。

④显示器键盘及打印机(VDU,RO PRINTER):输出设备。

⑤卫星导航仪(SAT—NAV):包括 GPS。

⑥只收打印机(ROP for CLASS Ⅱ)。

⑦电传打字机或第 2 显示器(ASR or 2nd VDU)。

⑧操作板单元(OPU):可作为一有线遥控装置。

⑨调制解调器(MODEM)。

10.2　模拟电话电路

调频是卫星通信最先采用的调制方式。在模拟通信中,因为调频通信系统具有许多优越性,所以现在仍被普遍采用在卫星电话及卫星电视之中。在移动卫星通信系统中,电话采用调频的主要原因是:

(1)调频体制的制度增益高,可降低对信号发射功率的要求。这对于传播距离远,空间损耗大的卫星通信尤为适用。

(2)调频信号的幅度恒定。这有利于卫星转发器工作稳定,提高卫星转发器的利用率。常用的调频信号解调器是鉴频器,但是需要较高的门限值及较高的信噪比才能正常工作。在卫星通信中几乎无例外地采用了低门限解调器,即用较低的信噪比就能够工作的调频解调器。另外,在调频的发与收过程中,调制前要对语音进行压缩,解调后要相应地扩展,以充分利用信道动态范围。

10.2.1　低门限解调器

10.2.1.1　门限载噪比

普通调频解调器由限幅器、鉴频器及基带滤波器组成。限幅器的作用是消除 FM 信号的寄生调幅及干扰,因为鉴频器的输出电平不仅与输入信号的频率变化有关,还与其包络起伏有关。这种包络起伏是由调制器特性的非线性、传输电路频带内的幅频特性不平坦及噪声和干扰等引起的。门限载噪比就是指为保证输出信号质量,接收机解调器必须得到的最低输入信号载波功率与噪声功率之比。不同的调制方式,其门限载噪比的定义也不同。

在调频解调中,解调器输出端的信噪比 $\frac{S_o}{N_o}$ 与输入端的信噪比 $\frac{S_i}{N_i}$ 的关系如图 10-2 所示。曲线中存在一门限点 P,当 $\frac{S_i}{N_i}$ 大于此点数值时,$\frac{S_o}{N_o}$ 与 $\frac{S_i}{N_i}$ 基本呈线性关系,而小于此值时,$\frac{S_o}{N_o}$ 迅速恶化,这就是“门限效应”,对应点的 $\frac{S_i}{N_i}$ 值 a 就是门限载噪比。注意:门限点的意义是使输出信噪比下降偏离线性下降路径 1 dB 的点对应的输入载噪比。

10.2.1.2　低门限解调器

为了在输入载噪比比较小时不致工作在门限以下,人们研究了门限扩展技术,也就是使门限电平降低。扩展门限一般有两种方法:一种是设法在保证信号传输的同时,尽量减小加到鉴频式解调器上的噪声,以减小出现尖峰噪声的概率;另一种是设法改进电路,抑制已出现的尖峰噪声。

已用于卫星通信线路,传输多路电话或电视信号的门限扩展解调器主要有跟踪滤波器式鉴频器,频率负反馈解调器,正反馈跟踪型鉴频器和锁相环鉴频器四种。其中锁相环鉴频器目前在船站中广泛应用,如图 10-3 所示。锁相环能跟踪输入信号的相位,并且环路滤波器对输入噪声有滤除作用,还可抑制尖峰噪声,所以完全可用锁相环构成一低门限鉴频器。锁相环门限扩展解调器的门限电平比普通解调器的门限电平可低 3 dB 左右。

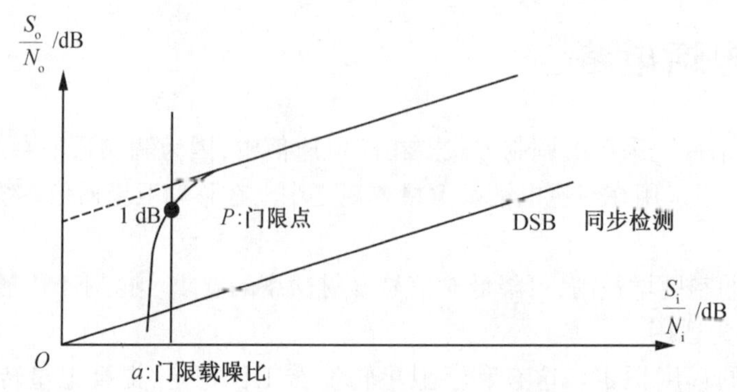

图 10-2 FM 解调器的性能曲线

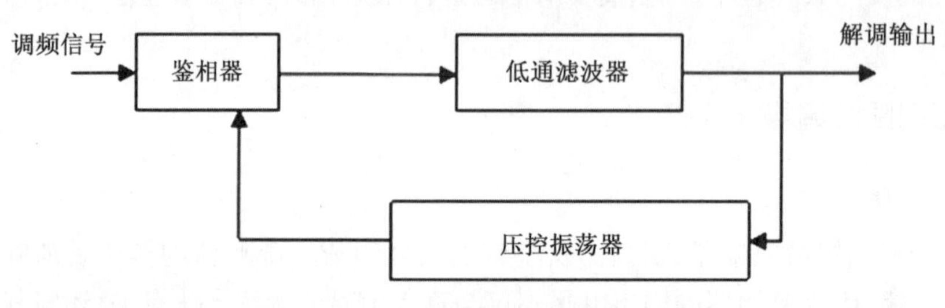

图 10-3 锁相环鉴频器

利用门限扩展技术，可以降低门限电平，即在较低的载噪比时使输出信噪比不致急剧恶化，而在设备复杂性和成本方面不需要付出多大的代价。为了发挥各种方式的优点，在实用中，常将两种或数种方式结合起来应用。

注意，在大于普通解调器门限电平的载噪比条件下工作时，门限扩展解调器输出的信噪比并不比普通解调器有什么改善。

10.2.2 语音信号处理技术

卫星通信由于传输距离远，信号衰耗很大，因此噪声的影响很大。为了保证信号质量，除了采用合适的调制体制外，还必须在基带上对信号进行处理。

10.2.2.1 语音压扩技术

语音信号的特点是音量幅度相差太大，从声音最微弱到声音最强的范围可达 70 dB。这在信号传输时是不易兼顾处理的。以小信号为准，则大信号过载；以大信号为准，小信号又极易被噪声淹没。因此，必须采用语音压扩技术，即在发送端的调制器前加一压缩器放大弱信号，衰减强信号，过强的信号则限幅(可懂度不会有明显的影响)，从而压缩了语音信号的动态范围。在接收端的解调器后则采用特性与压缩器相反的扩张器，以恢复原来的动态范围。

特别强调，压缩器不是衰减器，它只是把语音信号的动态范围压缩。由于压扩器受控变化的周期近似等于语音波形包络变化的周期，即一个音节的时间，故这种压扩器又称为音节压扩器。

采用压扩器可带来下列好处：

(1)增加卫星转发器的容量。因为经压扩器后，语音信号动态范围受到压缩，则调频后所占带宽小，从而使卫星转发器容量增加。

(2)改善信噪比。由于越微弱信号经压缩后增强得越多，因而在传输过程中受噪声影响就越小。

(3)对通道间电话干扰起到抑制作用。在通话停顿期间，在传输过程中所加入的噪声会受到扩张器很大的衰减。例如，-22.5 dBm0 的噪声将衰减成 50 dBm0。

Inmarsat 规定，可在调频线路上传输数据，这时基带输入是移频键控信号，其幅度是恒定的，不必进行压缩，所以可以选择压扩器是否接入。

10.2.2.2　话音激活技术及静噪电路

对通话过程所进行的大量统计表明，在双方对话时，讲话者每句话之间有一定的间隔。因此单向话路上实际有话音传递的时间只占全部的 40%左右，为此人们提出了“话音激活”的问题。话音激活是指只有讲话时，才发射载频，否则不发。话音激活的优点是：

(1)节省卫星功率、增加卫星转发器容量。采用话音激活技术后，不通话时，就关掉载波，原先占用着的功率可以分给其他正在通话的载波。

(2)减小互调的影响。使用话音激活时，载波时通时断，使整个卫星转发器内的载波排列具有某种随意性，从而可以减小互调的影响。

但是，引入话音激活技术后，当鉴频器检测不到载波时，就会出现“噪声腾起”现象。可采用静噪电路来达到静噪目的。

10.3　数字电话电传电路

Inmarsat-A/C 系统的电传业务通信采用 PSK 相移键控调制方式，属于数字卫星通信。Inmarsat-B/F 系统采用了现代数字技术和数字信号处理技术，包括数字调制和语音编码技术、话音激活、载波交换、岸至船载波前向功率控制、差分码、卷积码及软判决 Vitbi 译码。

调制方式不同对通信质量有很大的影响。与幅度键控(ASK)、频移键控(FSK)相比，相移键控(PSK)不仅在恒参信道上具有良好的抗噪声性能和较高的频带利用率，在有衰落和多径效应的信道上也有较好的效果，所以 PSK 调制应用最广。BPSK(两相相移键控)和 QPSK(四相相移键控)是最基本的调制方式。在信道频带受限时为了提高频带利用率，常采用多进制数字调制系统，其代价是增加信号功率和实现上的复杂性。

在数字通信系统中，滤波器也是其中重要部件之一，滤波器特性的选择直接影响数字信号的恢复。使滤波器输出信噪比在某一特定时刻达到最大的最佳线性滤波器称为匹配滤波器。“匹配”是对输入信号波形的匹配。匹配滤波器的作用使信号得到积累，噪声却相互抵消了许多，所以提高了信噪比。不同的输入信号，其匹配滤波器的形式是不同的。

同步是数字通信系统及采用相干解调的模拟通信系统中一个重要的问题。由于收、发双方不在同一地，要使它们能步调一致地协调工作，必须要有同步系统来保证。同步使收、发双方在时间上步调一致，又称定时。在数字通信中，按照同步的功用分为帧同步、载波同步、位同步等。

数字通信一般总是以一定数目的码元组成一个个的“字”或“句”，也就是说把码元信息分组，形成帧的结构来传输。例如，在 Inmarsat 通信系统中，岸站发射时分多路信号(TDM)，把一帧分成 22 个时隙,每个时隙对应一个用户,这样在一帧内就只有 22 个用户。每个时隙传送 2 个字符,所以,一份报需许多帧才能完成。船站在接收岸站的 TDM 载波时,必须要精确地在其被分配的时隙里读取信息,这样就必须精确地建立帧同步。另外,船站发给岸站的 TDMA 波是在所分配的时隙内以突发的形式进行的,所以也必须建立与岸站的帧同步。

载波同步是指在相干解调时,接收端需要提供一个与接收信号中的调制载波同频同相的相干载波。这个载波的获取称为载波提取或载波同步。要想实现相干解调,必须有相干载波。因此,载波同步是实现相干解调的先决条件。

位同步是指在接收端的基带信号中提取码元定时的过程,它与载波同步有些相似,也有区别。位同步是正确取样判决的基础,只有数字通信才需要,并且不论是基带传输还是频带传输都需要位同步;所提取的位同步信息是频率等于码元速率的定时脉冲,相位则根据判决时信号波形决定,可能在码元中间,也可能在码元终止时刻或其他时刻。

10.4 语音压缩编码

信息是通过一定形式的信号来传输的,如何通过合适的编码方法,用较小的信号功率、频带宽度和较少的程序时间来传输信息是信源编码所要解决的提高数字信号有效性的问题,即提高编码效率问题。

信息编码的码速率与允许失真的理论关系——率失真理论是由香农提出来的。由此理论可知,量化后的信号仍存在多余信息(称为多余度或剩余度),因此在允许一定失真的条件下,有可能进一步压缩码速率。通常人们把低于 64 kbps 码速率的语音编码称为语音压缩编码。语音压缩编码技术可分为两大类,即波形编码和参数编码(语音分析与合成)。本节主要介绍数字语音编码的原理及其在 Inmarsat-B/F 系统中的应用。

10.4.1 脉冲编码调制(PCM)基本原理

数字通信系统因具有许多优点而成为当今通信的发展方向。然而自然界的许多信息经各种传感器感知后都是模拟量,如电话,电视等通信业务,其信源输出的消息都是模拟信号。特点是其生成的电信号在时间与幅度上都是连续的。

若要利用数字通信系统传输模拟信号,一般需三个步骤:①把模拟信号数字化(A/D);②进行数字方式传输;③把数字信号还原为模拟信号(D/A)。

脉冲编码调制(简称脉码调制)是模数转换的一种方法,如图 10-4 所示。

PCM 主要包括抽样、量化与编码三个过程。抽样是对模拟信号进行周期性扫描,把时间上连续的模拟信号转换成时间上离放的抽样信号。量化是把经抽样得到的信号的瞬时值进行幅度离散,即指定一组规定的电平,把瞬时抽样值用最接近的电平值表示,经过抽样和量化得到的脉辐调制信号仅为有限个数值。编码是用二进制码组表示每个固定电平的量化值。PCM 码组(电话语音)是用 8 位码组代表一个抽样值,从通信的调制意义上讲,可以认为 PCM 过程是模拟信号调制成一个二进制脉冲序列,比特率为 64 kbps,所以 PCM 称为脉冲编码调制。

编码后的 PCM 码组经数字信道传输(可以是直接的基带传输,也可以是载额调制后在一定的频带内传输)。图中的预滤波器把原始语音信号的频带限制在 83 400 Hz 的标准模拟电话频带内,降低调制器的复杂度,但也会造成一定的频率失真。

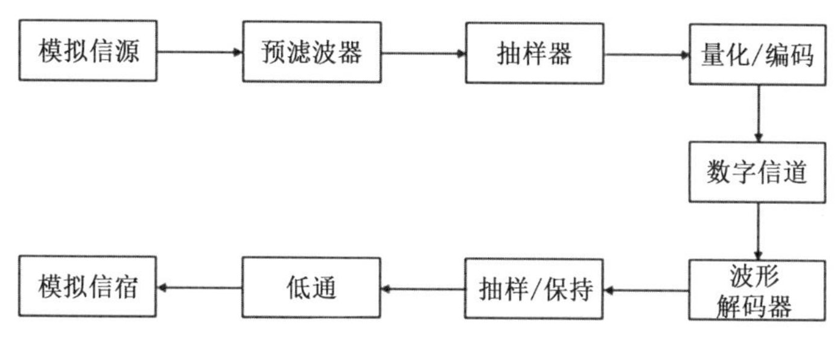

图 10-4　PCM 原理图

对连续信号抽样后的离文序列能否再恢复其原始信号？抽样定理告诉我们：如果抽样频率大于或等于原始信号最高频率的 2 倍，则由其抽样序列无失真地恢复原始信号。

话音信号最高频率限制在 3 400 Hz 以内，所以，在电话通信中规定抽样频率为 8 kHz。

量化会引起一定的误差，称为量化噪声。量化值的间隔越小，量化噪声越小，但量化值的数目增加，表示量化值的比特数也增加。

根据量化过程中的输入与输出的关系，可以有均匀量化和非均匀量化两种方式。均匀量化指量化值的间隔相等。其缺点是大信号的量化信噪比大，而小信号的量化信噪比小，不能满足要求。PCM 采用的是非均匀量化，其主导思想是对大幅度信号采用大的量化值间隔，对小幅度信号采用小的量化值间隔，在接收端按此还原，这又称为“压缩扩展”技术。PCM 有 A 律对数压缩和 μ 律对数压缩两种。由于抽样频率为 8 kHz，且抽样值用 8 bit 编码，故比特率标准为 64 kbps。

10.4.2　自适应预测编码(APC)

在 PCM 编码中，对波形的每个取样值的编码是独立进行的，与其他取样值无关，而实际情况是有关的。所以，DPCM 传输的不再是已量化编码的抽样脉冲，而是抽样值与预测值之差的量化编码信号。由于话音间的相关性，其差值比抽样值小得多，故其编码的比特数也小得多。APC 实现了语音压缩编码，降低了比特率。在译码端，使用与发端相同的预测器，就可恢复原来被抽样的信号。显然，所恢复信号的质量与预测器有很大关系。

实际上，由于电路的传输损耗不同、讲话人的声音强弱不同，预测系数及阶数应采用后向自适应方法，以得到最小预测均方误差，即自适应预测编码(APC)，也称自适应差分脉码调制(ADPCM)。

10.4.3　AMBE 多带激励编码

Inmarsat 等对当前的语音编码技术进行全面评估后，决定在 Mini MIF 系统中采用 AMBE (Advanced Muti Band Exitation Speech Model)语音参数编码器模型。MOS 测试表明，Mini-M 所用的 3.6 kbps AMBE 声码器性能比 Inmarsat-M 的 15 kbps 改进型多带激励模型 IMBE(Improved Multi Band Excitation Model)码器优越。

10.4.3.1　参数编码技术

参数编码技术中的发送端有一个语音分析器，它根据语音产生机理建立的理论模型来分析信号，以便得出描述这种模型的各种参数，随后以数字形式传输这些参数。在接收端，由这些参数来控制与分析器中使用的模型相对应的语音合成器，合成很像原来语音的信号。参数编码有声码器和线性预测编码（LPC）两种形式。

声码器法根据信号的频谱提取模拟模型参数，压缩率高，但自然度差。

基于数字技术的 LPC 是从信号的时间波形中提取离散时变模型参数，包括增益因数、基音信息、有无声音判决信息和预测系数等。由于线性预测编码结合了声码器和自适应预测编码的某些优点，因而既能有效地压缩频带，又能保持较好的话音质量，并且可用大规模集成电路来实现。

参数编码的压缩比比波形编码要大，所以码元速率更低，话音质量也相对差些，但可满足通信要求。

AMBE 可提供适当的语音质量和自然度，可懂度高，对随机及突发错码的容错能力强（达到 4%），在高背景噪声电平、多径失真及视线限制下满足通信质量要求，基本不受麦克风非线性的影响，实现简单。

AMBE 的基本要求是：语音基带带宽 4 kHz；语音编码和信道编码后的码元速率 6.4 kbps；帧长度 20 ms；端到端语音编码延迟最大 100 ms（典型 95 ms）。

AMBE 的编码过程为：

（1）语音抽样及数字化。

（2）由于发音的声道及嘴唇惯性的限制，其子带中编码信号具有平坦的谱信号和本质上几乎没有样值间的相关性，所以采用快速傅立叶变换决定平滑频谱（窄带）。

（3）决定共振峰周期（基本频率）。

（4）由语音的生成机构及其特征参数，可知语音呈周期结构，其频谱是离散的。将输入频谱分成若干个频带，称为子带。所以采用工作在基本频率的谐波上的梳状带通滤波器。这就是“多带”的意思。

（5）测量每个滤波器中的能量。

（6）检测高于阈值的谐音能量，标明是语音，测量谐音的幅度。检测低于阈值的能量，标明是非语音，测量谐音的幅度。

（7）平滑谱的包络、谐音的语音和非语音状态及幅度传输到接收机的语音合成器。在接收端，共振峰周期语音谐音用正弦振荡器重建，正弦波的幅度由语音谐音的幅度决定。

（8）非语音谐音由限带噪声模拟得到，噪声的幅度由非语音谐音的幅度决定。

（9）平滑谱与合成的谐波谱相乘，反向快速傅立叶变换重建数字化的合成语音信号。

10.4.3.2 Inmarsat-F 语音编码器

Inmarsat-F 语音编码器的主要部分是由编码器和解码器组成的。编码器可以分成三大块，即语音分析参数量化差错控制编码相似的，解码器可以分成差错控制译码、参数重建语音合成。

AMBE 语音编码器的特征是一个基于模型的语音编码器，或者说，是一个不依据抽样定理重新构造基于抽样的输入语音信号的声音合成器。取而代之的是，AMBE 语音编码器，构造含有和原始语音信号一样的参数信息的合成语音信号。通过成熟的语音模型和复杂的参数估计算法，AMBE 语音编码器在保持清晰度、可懂度及扬声器可辨识度的同时，能够得到低数据速率。这是 AMBE 与 LPC 线性预测编码、同态语音编码器及没有成功生成高质量语音的信道语音编码器等旧的基于模型的系统不同的地方。

10.5 差错控制措施

数字信号在传输过程中,因为受到干扰和噪声的影响,码元波形变坏,在接收端可能发生错误判决,所以,在数字卫星通信中,人们广泛使用差错控制技术,以保证信号经有噪声及干扰的通道传输后的质量。对于卫星功率受限系统,采用差错控制技术后,在相同误比特率的条件下,对卫星所转发的信号能量可要求小一些,因而可提高通信容量。

在卫星通信中,经常出现的是由随机噪声引起的随机错码,偶尔也会出现少量由突发干扰引起的突发性错码,所以,卫星通信系统采用差错控制技术时,首先是考虑随机性差错,其次是考虑突发性差错。

10.5.1 差错控制技术

差错控制技术根据信道类型不同应有所变化,主要的方法有以下三种。

10.5.1.1 检错重发法(ARQ)

检错重发法是指接收端在收到的信码中检测出有错码时,即设法通知发送端重发,直到正确收到为止。检测出有错码是指在若干接收码元中知道有一个或几个是错的,但不一定知道该错码的准确位置。在二进制系统中,如果接收端已经准确知道哪位码错了,则将该码元用子取补即能纠正,不需要发送端重发。应用检错重发法时,需要具备双向通道:正向通道和反馈通道。具体实现时,主要有以下三种形式:

(1)停止与等待 ARQ。发送站发射一码组后停止发送,并等待接收站的应答信号。若收到的应答信号是 ACK(肯定回答),则发送下一码组;若是 NAK(否定回答),则重发此码组。

(2)连续 ARQ。发送站发射一码组后不等待应答而继续发送下一码组,在三组连续发送过程中,发送站同时监视反馈通道上接收站所发的应答信号,当发送站收到一个 NAK 应答或等一定时间未收到应答信号,即停止发送下一码组,而重发从有错的码组起到停发前的一个码组为止的全部码组。例如,接收站发现第 4 码组有错,即发 NAK(4)的应答信号,当发射站收到应答信号时正在发第 9 码组,于是暂时停发第 10 组码,而重发第 4~9 码组,然后发第 10 码组。

(3)有选择地重发 ARQ。它的特点是只重发有错的码组,因此需要更多的记忆组件与逻辑电路。根据卫星信道传播时延长的特点,应避免使用“停止与等待 ARQ”形式,一般用“连续 ARQ”形式。但是,考虑到存储转发非实时的特点,Inmarsat-C 系统采用的是“有选择地重发 ARQ”形式。

10.5.1.2 前向纠错法(FEC)

前向纠错法指接收端在收到的信码中不仅能发现有错码,还能够纠正错码。对于二进制系统,如果能够确定错码的位置,就能够纠正它。采用前向纠错法时,不需要反馈通道(传递重发指令),也不存在由于反复重发而延误时间(实时性好)。但是,纠错设备要比检错设备复杂。

10.5.1.3 反馈校验法

反馈校验法是指接收端将收到的信码原封不动地转发回发送端,与原发送信码相比较,如果发现错误,发送端再进行重发。这种方法原理和设备都较简单,但需要有双向通道,而且传输效率较低,因为每一信码都相当于传送了两次。

在实际应用时,这三种方法还可结合运用。例如,检错和纠错相结合,当出现少量错码在接收端能够纠正时,即用前向纠错纠正;当错码较多,超过纠正能力但尚能检测时,就用检错重发方法。此外,在某些特定场合,如信息内容有大量多余度或多次重复发送的场合,可采用检错删除法,即接收端将其中存在错误的部分码元删除,不送给输出端。

在卫星通信中,比较常用的是前两种差错控制法。

10.5.2 差错控制编码

差错控制编码是指在信息符号序列中按定规则加入若干监督码元,在传输误差性能满足一定的条件时,接收端可利用这些监督码元来纠错的方法,有时也叫纠错编码。

纠错编码的方式有很多:若按差错种类来分,有随机误差纠错码和突发误差纠错码两种;若按码制结构来分,有分组码和卷积码两类。

10.5.2.1 分组码

分组码是把信息符号序列每 k 个符号分成组,每组附加若干监督码元,成为 n 个符号($n>k$)。这 n 个符号构成一个码字。

编码后的符号序列传送实际信息的比率 k/m 叫作编码效率。编码效率越接近 1,则码的监督码元越少,多余度也就越低。应指出,不同的编码方式,有不同的检错或纠错能力,有的编码只能检错,不能纠错。一般来说,多余度越高,检(纠)错的能力就越强。至于编码的纠错能力的表示通常都采用最小距离。最小距离是指两个不同的码字间符号彼此不重合的最小的位置数。如最小距离为 d,则只要码字内的差错数小于 $d/2$,所有差错都必定能纠正。

在分组码中,目前卫星通信用得较多的也许是 BCH 码。BCH 码是一种循环码。它是以三个研究发现这种码的人 Bore、Chaudhuri 和 Hocguenhem 名字的字头命名的。BCH 码除具有线性码的一般性质外,还具有循环性,即任一码组循环一位后,仍为 BCH 的一个码组。

BCH 码的重要性在于它解决了生成多项式与纠错能力的关系问题,是一种能纠正多个随机错误的码。生成多项式是指对任意信息码可用来产生 BCH 码的普遍表达式。对于任意选定的正整数 m 和 1,必定存在长为 $2m-1$ 的 BCH 码,它能够纠正 t 个随机错码(或检测出 $2t$ 个错码),而且生成多项式的次数,即监督位数,不大于 mt。因此,这种码的信息位数 $k \geqslant 2m-mt-1$。生成多项式用 $g(x)$ 表示。

Inmarsat-A 系统中使用两种 BCH 码,(63,57)码用于 TDM 波,可纠 1 位错码;(63,39)码用于船站申请信道,可纠 4 位错码。括号中的第一位数字是指码长 n,后一位数字是指信息位 k。

注意:电传信道没有采用纠错编码方法。

10.5.2.2 卷积码

Inmarsat-B/C/F 系统采用的是卷积码,卷积码与分组码相比有以下差别:

①分组码长,卷积码短。

②分组码延时长,卷积码延时短。

③分组码编码后,每个码组的 $n-k$ 个校验位仅与本码组的 k 个信息位有关,而与其他码组

无关。而卷积码编码后的 n 个码元不但与当前段的 k 个信息位有关,而且与前面 N-1 段的信息位有关,相互关联的码元为 Nn 个。N 越大,纠错能力越强。

④在编码器复杂性相同的情况下,卷积码的性能优于分组码。

⑤分组码有严格的代数结构,而卷积码至今尚未找到严密的数学手段。

分组码和卷积码都属于前向纠错(FEC)技术。通信系统使用 FEC 后,差错率最多能改善三个数量级以上。

(1)(1/2,7)卷积码

Inmarsat-C/F 系统所用的卷积码编码器包括:一个由 $N=7$ 段组成的输入移位寄存器,每段有 $k=1$ 级,共 $N \times k=7$ 位寄存器:一组 $n=2$ 个模 2 和相加器;一个由 $n=2$ 级组成的输出移位寄存器。对应于每段 1 个比特的输入序列,输出 2 个比特。由此可知,2 个输出比特不但与当前的 1 个输入比特有关,而且与以前的(7-1)个输入信息比特有关。整个编码过程可以看成输入信息序列与由移位寄存器和模 2 和的连接方式所决定的。如果把这种连接方式看成系统响应,则编码器输出是输入信息序列与该响应的卷积,卷积码即由此得名。通常把 N 称为约束长度。常把卷积码记作(n,k,N),它的编码效率为 $R= k/n$。

在每个语音激活突发开始,FEC 编码器的移存器被设置成全零状态。接收端的 Viterbi 译码器在每个突发起始时假设处于此初始状态。所以,Inmarsat-C/F 系统采用 1/2 编码率、约束长度为 7 的卷积码,其生成多项式为:

$$g_1(x)=x^6+x^4+x^3+x+1$$

$$g_2(x)=x^6+x^5+x^4+x^3+1$$

目前,有三种卷积码的译码方式,即门限译码、维特比译码和序列译码。其中维特比译码是应用最广、效果最好的译码方法,它是一种最大似然算法,即把收到的码字与所有可能存在的状态码字比较选出一种码距最小的码字作为接收的码字。计算机的应用使这种算法运算非常快,因而也广泛应用。

Inmarsat-F 系统采用的就是 $R=1/2$、$N=7$ 的 8 电平软判决维特比译码器。对加性白色高斯噪声来说,3 bit 软量化(即 $J=8$)与硬量化相比可获得 2 dB 的性能改善。维特比译码过程并不复杂,译码器的运行是前向的、无反馈的。由于每级中每个状态上要进行"加一比一选"运算,因此译码器的复杂性与状态数成正比,因而也是随约束长度 N 的增加而指数增长的。因此目前只限于应用在较短约束长度($N \leqslant 10$)的卷积码中。

在实际实现时,只能建立一个固定的译码深度。译码深度 M 通常是用计算机模拟来确定的,在性能和设备量之间取一个折中。译码深度实际上是译码器的约束长度,它也是译码器所产生的译码延时,译码约束长度不必取得很长,这对于硬件实现是有利的。在实际中,通常取译码约束长度为编码约束长度的 3~5 倍已足够。近年来,由于超大规模集成电路的发展,已经有单片维特比译码器问世。

(2)(3/4,7)卷积码

Inmarsat-F 系统所用的(3/4,7)卷积码编码器是由(1/2,7)的卷积码经选择得出的。这一卷积码是将(2,1,7)卷积码的 6 个输出位去除 2 位得到。当输入第 1 位时,输出 G1 和 G2;输入第 2 位时,输出 G1;输入第 3 位时,输出 G2。

输入位: 1　　2　　3　　4　　5　　6　　7…

输出位:G1G2　G1　G2　G1G2　G1　G2　G1G2…

10.5.2.3 Turbo 码

国际移动卫星通信系统组织在最新公布的 Inmarsat-F 系统中，以 Turbo 码为核心技术，实现了“压缩频带的高速数据传输”。

Turbo 码的基本原理是多个子码通过交织器进行并行或串行级联（PCC/SCC），然后以类似内燃机引擎废气反复利用的机理进行迭代译码理。这种全新的信道纠错编译码器不但在抵御加性高斯噪声方面性能优越，而且具有很强的抗衰落抗干扰能力，其纠错性能接近香农极限。

Turbo 码理论一经提出便成为信道编码领域中的研究热点，在卫星通信和移动通信等数字通信系统中均有极大的应用价值。

（1）编码器

Inmarsat-F 系统中的 Turbo 码编码器由数据缓冲器、S 型数据交织器、16 状态系统递归卷积码（SRCC）编码器和删节器组成。经删节的编码按 4 比特/符号和方形 16 QAM 信号星座点一一对应输出。

测量统计和计算机模拟表明，Inmarsat-F 系统的信道由多径效应引起的衰落具有按照瑞利分布的慢速相位变化和幅度变化特性。当衰落严重时，就会造成一段时间误码。针对这一现象，Inmarsat-F 系统采用了交织技术，即在发射前将经编码后的符号分组，然后按某种次序排列发射。交织的长度要比衰落周期长得多，提高了抗突发干扰的能力。交织方式和交织深度的不同会直接影响编码输出总的距离特性，从而影响其纠错能力。

Inmarsat-F 系统中，Turbo 码编码器的两个子编码器采用相同的系统递归卷积码，它的前、后向生成的多项式分别是：$1+x^3+x^4$，$1+x+x^2+x^4$。

（2）译码器

由于传统的维特比算法（VA）对一定长序列来说是最佳译码，但它不能提供每个信息位的软信息，因此不能直接为 Turbo 码译码所用。Turbo 码迭代译码算法的核心是 SISO 算法，根据接收到的已编码序列对每一信息位做出准确的译码估计是进行迭代译码的前提条件。

Turbo 码纠错能力强，在小信噪比、多衰落的无线数字通信系统中，对提高通信系统的抗干扰和可靠性起着重要的作用，但译码延时大，而且在具体实现过程中有一些问题需要解决，如选择哪种 SISO 译码算法、采用何种硬件（芯片）以保证在规定的译码处理时间内完成所有的算法运算。

总之，Inmarsat-F 系统由于采用了代表通信纠错编码领域先进的 Turbo 码，成功地实现了通过卫星窄带信道的“压缩频带的高速数据业务”，实现了利用窄带卫星信道的多媒体应用。

10.5.3 扰码和解扰

将二进制数字信息先做“随机化”处理，变为伪随机序列，能限制连“0”码（或连“1”码）的长度。这种“随机化”处理常称为“扰码”。

扰码虽然“扰乱”了数字信息的原有形式，但这种“扰乱”是有人为规律的，因而也是可以解除的。在接收端解除这种“扰乱”的过程称为“解扰”。完成“扰码”和“解扰”的电路相应地称为扰码器和解扰器。

10.5.3.1 扰码的作用

（1）便于提取比特定时信息。因为如果数字基带信号连续出现较长的“0”或“1”序列，接收端就不能顺利地提取比特定时信息。用 m 序列扰乱后，就不会出现长的“0”或“1”序列，有利于提取比特定时信息。这一作用对 TDMA 系统是十分有益的。减少连“0”码(或连“1”码)以保证比特定时恢复质量是数字基带信号传输中的一个重要问题。

(2)实现能量扩散。因为当数字基带信号是周期不长的周期性信号或只发未经基带信号调制的载波时，已调波的频谱将局部集中并含有相当大的线谱，这就有可能使对同频段的地面微波中继系统的干扰超过规定值，也会对使用同转发器的其他已调载波的干扰超过允许值。经扰乱后的数字基带信号具有伪随机性质，其已调波的频谱将分散，上述干扰的程度就会减轻。

从更广泛的意义上说，扰码能使数字传输系统(不论是基带或频带传输)对各种数字信息具有透明性。这不但因为扰码能改善比特定时恢复的质量，还因为它能使信号频谱弥散而保持稳恒，能改善帧同步和自适应时域均衡等子系统的性能。

10.5.3.2 扰码和解码的实现

在 C 系统中，常常将扰码、卷积编码及交织组成一个完整的信号处理过程。扰码过程是发射端将待发射的数字序列与一个伪随机序列(PN 序列)模 2 和的过程，在接收端设置一个与发射端相同的伪随机序列发生器，与接收序列模 2 和恢复出原有数字序列。

当输入二进制信息码为全 0 码时，扰码器实际上就是一个 m 序列伪随机码发生器。伪随机码是指该序列的统计特性与投掷硬币所产生的随机序列的统计特性极为相似，具有很强的随机性。它的自相关函数特性如图 10-5 所示。伪随机码是最长线性反馈移位寄存器序列的简称，正如它的全名所表达的那样，m 序列是由带线性反馈的移位寄存器产生的序列，并且具有最长周期。

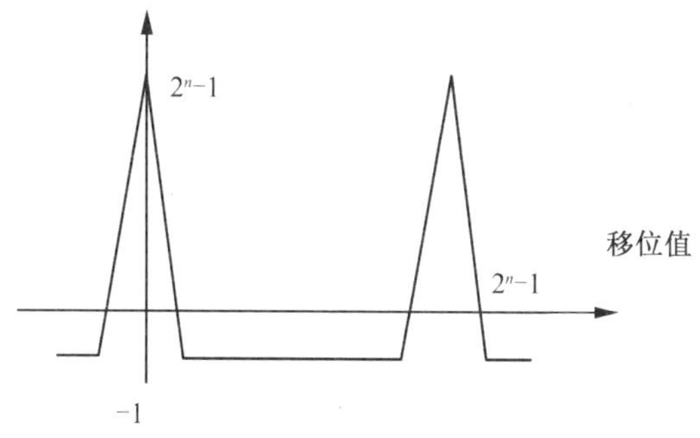

图 10-5 m 序列自相关函数移位值 2^n-1

带线性反馈逻辑的移位寄存器设定各级寄存器的初始状态后，在时钟触发下，每次移位后各级寄存器状态发生变化。观察其中一级寄存器的输出随着移位时钟节拍的推移会产生一个序列，称为移位寄存器序列。可以发现，移位寄存器序列是一种周期序列，其周期不但与移位寄存器的级数有关，而且与线性反馈逻辑有关，在相同级数情况下，采用不同的线性反馈逻辑所得到的周期长度不同，此外，周期还与移位寄存器的初始状态有关。图 10-6 是 Inmarsat-C 所采用的扰码器。

在图 10-6 中，不论有无传输信号，都使用“异或”门电路把 PN 码产生器所产生的码加到传输线路上，在发送信号中，维持随机型脉冲序列在接收端用与发送端相同的模式把 PN 序列加到接收信号上去，从而再生原来的信息。

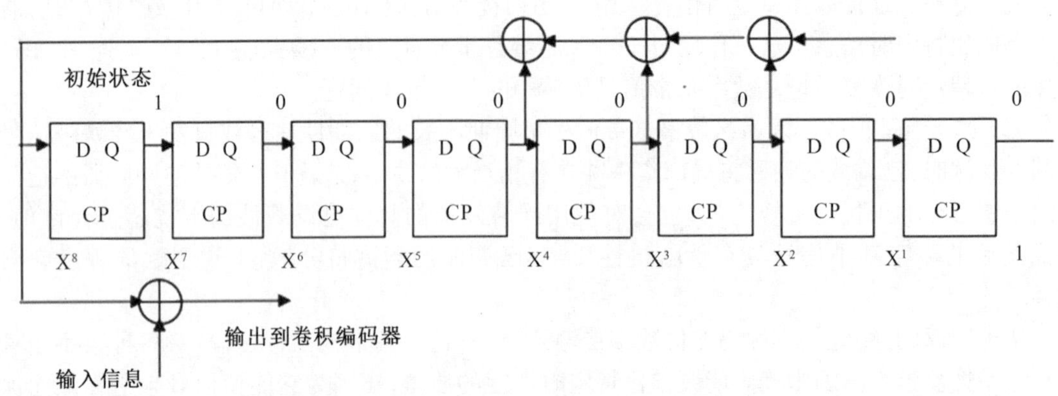

图 10-6 Inmarsat-C 所采用的扰码器(解码器也相同)

10.5.4 交织技术

不论是分组码还是卷积码,都是用来纠正随机误码的。但在实际的通信系统中,由于干扰或信道衰落的影响,经常会出现突发性错误。错误序列的长度即突发长度。

在 Inmarsat-C/F 系统中,采用 1/2 编码率、约束长度为 7 的卷积编码后,如果受到干扰或周期较长衰落的影响,则可认为相邻的至少 14 个符号都会发生错误。

纠正突发错误有两种方法:采用交织码(又称交错码)和专门纠正突发错误的纠错码。

在水平垂直监督码中将信息码元排列成方阵,然后对行和列分别进行检验,可达到检测突发错误的目的,由此构造的纠错码常称为交织码。若将能纠正 t 个随机错误的码为方阵的行码,i 个行码组构成一个方阵,则这种交织码保证可以纠正 t 个长度为 i 的突发错误。但若将能纠正 b 个突发错误的码作为行,同样用 i 个码组构成一个方阵,则该交织码可纠正长度为 $b\times i$(通常把 i 称为交织度)的突发错误。如果把码元排成 $n\times i$ 阵列,不按原先的次序传送,而是再按某种不同的次序传送,则这一过程称为交织。这样信号在信道中传输造成的连续误码经解交织后就被分散开来,再采用纠错编码译码进行纠错。解交织时,也将码元排成 $n\times i$ 阵列,然后恢复成交织前的排列顺序。

为了进一步提高纠错能力,可以在交错阵列中不仅对每行进行纠错编码,而且对每列进行纠错编码,这种形式的交错码称为乘积码。可见乘积码具有很强的纠错能力。

10.6 EGC 系统及 EGC 接收机

增强群呼(EGC)是 Inmarsat-C 系统的一个组成部分,是 NAVTEX 业务的补充。EGC 系统支持以下两种业务:

(1)安全网业务(Safety NET):播发海上安全信息(MSI);

(2)船队网业务(Fleet NET):向一个船队或一组船舶发送船队管理和一般公共信息。

EGC 还可以播发电子海图修改及其他各种信息。EGC 业务不仅应用在海上,作为 Inmarsat-C 系统的重要组成部分,也可以在路上乃至航空移动通信中。

因为 EGC 在 Inmarsat-C 系统及 GMDSS 系统中承担着特殊且重要的任务,所以通常称为

EGC 系统。

EGC 是 Inmarsat-C 系统网络协调站 TDM 信道中数据格式的一种。任何航行在 Inmarsat 卫星覆盖区内的船舶只要配备了相应的 EGC 设备,就能接收到由网络协调站通过该卫星的公共 TDM 信道播发的所有安全网信息。信息的接收一般不受船舶所在洋区的位置、气象和时间的影响,其性能明显优于地面的 NAVTEX 系统。

EGC 系统所提供的安全广播信息是免费接收的。

10.6.1　EGC 系统

EGC 系统包括 EGC 信息提供部门、Inmarsat-C 通信系统及 EGC 接收设备三部分,如图 10-7 所示。

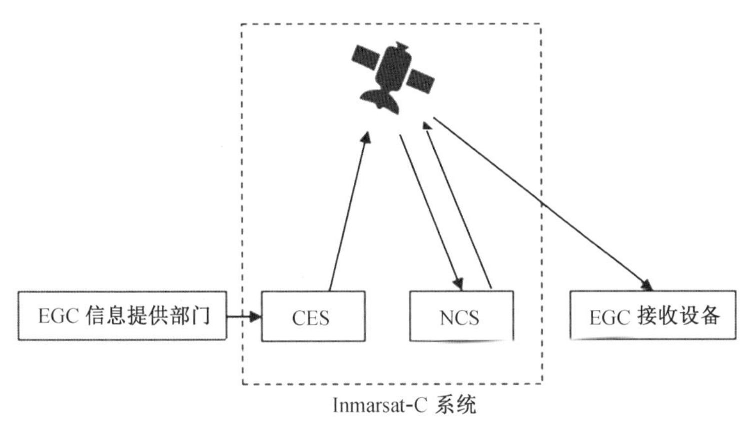

图 10-7　EGC 系统

10.6.1.1　EGC 信息提供部门

EGC 信息提供部门分为 Safety NET 信息提供部门和 Fleet NET 信息提供部门。它们将向岸站支付有关通信费用。

为确保 Safety NET 信息的可靠性及准确性,Safety NET 信息提供部门须经过 IMO 和 Inmarsat 批准注册,取得 Safety NET 业务的播发资格。在许多情况下,这些信息需先经过有关管理机构协调一致后再通过安全网发送。注册的信息提供部门可以是提供航行警告和电子海图更新信息的国家航道测量部门,提供气象预报和气象警告的国家气象部门,提供岸至船遇险报警和其他有关紧急信息的搜救协调中心,提供冰情警告的国际冰况监测部门等。

Fleet NET 船队通信网业务属于商业业务,其信息为一般的公众信息和船务管理调度等方面的信息。信息提供部门主要是商业新闻发布机构、船舶运输公司、渔业水产公司、铁路部门及公路长途运输公司等。这些经有关机构核准的信息提供部门应先在提供船队通信网业务的地面站登记取得资格,然后就可使用船队通信网业务为这些选定的船站播发各种信息。船站必须在信息提供部门进行登记并被登录到船队通信网 EGC 的闭路网络(Closed Net)才能使用船队通信网业务。

10.6.1.2　Inmarsat-C 系统

Inmarsat-C 系统主要是为 EGC 系统提供传输通道,所以 Inmarsat-C 中的信道格式、信令结构、抗干扰措施等仍然适用。整个信息播发过程仍需网络协调站和岸站来参与。Inmarsat-C系统是一个非实时的存储转发系统,ECC是其中的一种业务。MSI信息可根据国内和国际通信路径,通过电文、数据线路、Inmarsat-A、Inmarsat-B或Inmarsat-C传送给提供Inmarsat-C业务的岸站。向岸站传送电文的标准方法是采用电传方式。有些岸站还可通过X.25(分组交换协议)和X.4000信息处理标准接收来自智能微机终端传输的数据。

另外,经国内管理机关批准且CES能提供合适的设施,搜救协调中心、航道测量部门或气象部门可以在其办公地点安装一台船站,用来向提供服务的CES传送安全网信息。使用这种方法,除了支付EGC广播费用外,还应加上常规的Inmarsat通信费用。对于本国没有CES的信息提供者,采用这种方法可避免国际地面通信网出现问题和可能的信息延误,还可以用作常规地面通信网络传送紧急信息的备用手段。

Inmarsat-C岸站收到安全网电文并进行自动标准化处理。岸站对电文的准确与否不做检查,因此信息提供者必须严格按规定的格式认真拟定电文,然后,岸站通过站际信令信道将安全网电文发送给本洋区的网络协调站,由网络协调站再通过NCS的公共TDM信道将EGC信息播发出去。于是,守听在NCS公共信道的EGC接收设备就可将EGC信息接收下来。电文在岸站按优先等级排队,排队顺序为:岸至船遇险报警、紧急信息、安全和常规电文。

10.6.1.3 EGC接收设备

EGC信息接收设备的基本要求是应能连续接收Inmarsat-C公共TDM信道并对所收到的电文进行处理。EGC接收机可按操作员预先编制的程序自动拒收某些与本船无关的或重发的电文而不予打印。能接收EGC的船站主要有4种,其中2类Inmarsat-C船站是EGC信息处理器与Inmarsat-C船站共用天线射频单元、主机设备。这种EGC接收设备只能在船站处于空闲(Idle)状态(即没有通信)下才能接收EGC信息。

2类C船站提供两种工作模式,是通过软件选择设置的。

(1)合用模式(Inmarsat-C)

当船站接收机忙于接收正常的C站电文时,接收机调谐在岸站分配的TDM信道上,没有调谐在NCS公共TDM信道上,所以在这期间接收机无法接收在NCS公共信道上发送的EGC信息。但是许多Safety NET上的海上安全信息都会重播,所以接收机最终会收到这种信息。一旦完成正常通信,接收机将自动调谐到NCS公共信道上,随时可以接收在NCS公共信道上播发的EGC信息。

(2) EGC接收模式(EGC Only)

这里Inmarsat-C船站只是一个EGC接收机。这说明已经脱网,在恢复到合用模式之前,Inmarsat系统不会给这个船站发电文。EGC接收模式一般是为在某一特定时间内确保收到EGC信息,同时不会被其他Inmarsat-C电文中断而采用的措施。

10.6.1.4 EGC业务的费用

EGC系统中开放的Safety NET业务是免费接收的,而EGC信息提供部门将向提供EGC业务的岸站和国内电信部门支付有关费用。在Fleet NET业务中,接收该EGC信息的用户将向EGC信息提供部门支付费用,而EGC信息提供部门将向岸站支付费用。

10.6.1.5　EGC 系统业务的特点

(1)覆盖范围广,全球覆盖。

(2)方便灵活,可选择接收。

(3)保密性强,两级选择。

(4)费用低,Safety NET 几乎是减价播发,标准甚至低于一个船站的使用费;而 Fleet NET 的计费标准也只是比一个船站的使用费稍高。

对于 EGC 业务的利用,不仅有助于企业单位加强管理,提高营运效率,而且可及时、准确地播发安全信息,减少海难及灾害的发生,有助于遇险救助。

10.6.2　EGC 信息发送的寻址方式

EGC 信息的发送可根据信息提供部门的特殊要求和业务种类,采用灵活的寻址技术。在 EGC 系统中通常采用 4 种寻址方式:

(1)普通的广播寻址方式,用于播发 Inmarsat 系统信息和向所有移动终端的广播呼叫。

(2)CND 码寻址方式,用于向具有同一封闭网络识别码的船队播发信息。

(3)个别寻址方式,用于向某一移动终端播发信息(使用 9 位海上识别码 MMSI)。

(4)区域寻址方式,用于向可变圆形、矩形区域或预先确定的地理区域(如国际海事组织规定的 16 个航行警告区)内的所有移动终端播发信息。区域地址可以用预先定义的某一海域,如 NAVAREA 航区,WMO(世界气象组织)海域、NAVTEX 海域以经纬度表示的海域。

EGC 信息还可根据信息提供部门的要求进行可变的延时播发,也可由信息提供部门决定播发的次数和播发的时间间隔。信息提供部门具有取消正在播发或将播发的信息,以及决定何时取消的权力。

地址码是在 EGC 分组报文的前面指明。为了能响应本区域的 EGC 信息,EGC 接收机中的地理位置(船位)必须比较准确。定期更新船位或通过与船上的电子定位系统接口自动提供船位。如果 EGC 接收机超过 4 h 得不到船位更新,则会提醒操作人员;如果船位超过 24 h 得不到更新或者断电船位无效(全为零)时,则整个洋区内所有指明地理区域的高于常规优先权的电文都将被打印或存储在磁盘上。各 NAVAREA 航区的 EGC 信息是可以自由选择接收的,但对于船舶航线所要经过的所有航区的信息都应收到。

10.6.3　EGC 业务

10.6.3.1　EGC 信息的接入

CCITT F.127 建议,EGC 业务均采用“保密”接入,各个 LES 的接入会有所不同,以北京卫星地面站 C 系统为例,Safety NET 业务和 Fleet NET 业务均采用的是“两级选择”接入方式,EGC 信息提供部门向 LES 申请并登记后将被分配一个接入码,EGC 信息提供者用该接入码向 LES 进行呼叫,便可进入 EGC 业务系统,这就通过了第一级选择。

至于第二级选择,EGC 业务是采用 C 码接入。EGC 业务也是通过 C 码来进行定义的。EGC 业务的 C 码由 5 部分组成,即 $C_1C_2C_3C_4C_5$。

C_1 为等级码,对应 4 个通信等级,即常规、安全、紧急、遇险,分别用 0、1、2、3 表示,由一位数字构成。

C_2 为 EGC 业务代码,对应 EGC 各种业务的两位代码,如表 11-2 所示。

C_3 为地址码,EGC 的地址码有位数和规则的限定,并取决于业务代码(C 码)。它由 2~11 位数字构成。

C_4 为 EGC 信息的频度限码。

C_5 为文体显示码,决定输出的文字格式,目前只有“00”取值有效,它表示输出的文体是“国际五号字母表”(IA No.5)。

C 码由 EGC 信息提供者根据所要播发的信息及 ECC 业务属类掌握并加以选择。

每一个 EGC 信息提供者在申请 EGC 业务并被登记时,LES 对分配给信息提供者的接入码就做了规定,并将它存储在 LES 的 EGC 业务数据库中。以北京海事卫星地面站为例,每一个接入码,可以被规定 5 种 EGC 业务。也就是说,只有被批准的 EGC 业务,才能被 EGC 系统接收,并按要求播发出去。

10.6.3.2 EGC 业务的分类

EGC 的两种基本业务(Safety NET 和 Fleet NET)由于其用途不同,优先等级也不同,寻址方式也不同。Safety NET 信息优先权较高,常用作区域寻址;Fleet NET 则采用闭网识别(CNID)寻址方式和个别寻址方式。EGC 业务分类如表 10-1 所示。

表 10-1 EGC 业务分类表

代码	业务名称	归类	寻址方式	C_3 位数
00	All Ships(全呼)		广播	00
02	Group Call(群呼)	Fleet NET	CNID	5
04	WMO Rectangular Warning(WMO 矩形区域警告)	Safety NET	Rect. 区域	11
11	Inmarsat System Message(Inmarsat 系统信息)		广播	2
13	NAVTEX Re-Broadcast(NAVTEX 业务广播)	Safety NET	编码区域	4
14	Shore to Ship Distress Alerting to Circular Addresses(发向圆形区域的岸对船遇险警告)	Safety NET	Circ. 区域	10
22	WMO Meteorological Forecasts(WMO 气象预报)	Safety NET	编码区域	3
23	EGC System Message(EGC 系统信息)	Fleet NET	SES ID.	9
24	WMO Circular Warning(WMO 圆形区域警告)	Safety NET	Circ. 区域	10
31	NAVAREA Warning(导向区域警告)	Safety NET	编码区域	2
33	Down-Load Group ID(加载或取消 CNID 码)	Fleet NET	SES ID.	9
34	WMO Rectangular Forecasts(WMO 矩形区域预报)	Safety NET	Rect. 区域	11
42	WMO Meteorological Warning(WMO 气象警告)	Safety NET	编码区域	3
72	Electronic Chart Corrections(电子海图校正)	Fleet NET	CNID	7
73	发给确定海区的电子海图校正	Safety NET		

10.6.4 EGC 接收机

由于 EGC 系统是 Inmarsat-C 系统的一个部分，其接收机的构成与 Inmarsat-C 船站基本相同，如天线结构为 4 根螺旋天线，右旋圆极化波 $G/T \geqslant -24$ dB/K，甲板下设备也与 Inmarsat-C 船站接收通道相同。

EGC 接收机的频率为 1 530~1 540 MHz，信道间隔也为 5 kHz。

EGC 接收机能存储 20 个 NCS 信道，其中有 4 个应永久存储在 ROM 中，其他备用公共 TDM 信道在频率受到干扰或扩展时使用。

10.6.4.1 EGC 接收机的功能

(1)能在 NCS 公共信道上连续接收信息，并按 EGC 电文规程处理这些信息(必备)。

(2)能自动识别指向固定用户的用户码和由操作员选定的海域范围(必备)。

(3)能自动识别发往一个指定的 EGC 接收机的独特的电文。

(4)能自动识别发往一组 EGC 接收机的电文，接收机可由操作人员设置。

(5)能自动响应发给 EGC 接收机的组识别码的更新，按指令增加或删除组识别码。

10.6.4.2 电文编号

所有的 EGC 电文都经编号发出，每天的编号是唯一的。对于同一岸站发出的同一编号的电文，若接收机收到两次，则接收机不再打印。当接收的电文没有误码时，接收机会根据操作人员的设置将电文打印或保存。

电文的格式为：16 bit 电文顺序号、岸站识别码、电文的业务编号。

然后把上述内容存起来以便核对。EGC 接收机至少存储 255 个电文识别字(EGC Log)。这些电文识别字注明从电文收到后经过的时间。若又收到同一编号的电文，则把该时间复位到零。如果超过 60~72 h，则电文识别字自动消除。若接收的电文识别字超过了接收机的存储能力，则前面的电文识别字自动溢出。粗略估计，EGC 系统每天可发射 3 万个电文，完全满足 Safety NET 和 Fleet NET 的要求。

EGC 的 Safety NET 信息和 Fleet NET 信息可能会频繁地播发，并可能会很快占满船站或 EGC 接收机的存储空间(磁盘空间)，从而可能会丢失以后的电文。为避免出现这种情况，应经常检查船站上的 EGC 的记录并且打印或清除以前的电文。

习题

1. 在模拟调频通信中，如何降低门限点?
2. 模拟电话电路中，为何要采用语音压扩和语音激活技术? 这些技术会带来什么好处?
3. 在数字电路中，为什么要采用差错控制技术? 它有几种类型?
4. ARQ 有几种类型? 各是什么? Inmarsat-C 系统采用的是哪一种?
5. 常用的差错控制编码有哪些? A、C、F 系统中都采用了哪种差错控制编码?
6. 什么叫扰码? 扰码的作用有哪些?
7. Inmarsat-C 船站为什么要采用交织技术?
8. EGC 的业务种类有哪些?
9. 简述 EGC 系统的组成。

10. EGC 业务是如何收费的?

11. EGC 系统有哪几种寻址方式?

12. 简述 EGC 接收机的功能。

第 11 章　紧急无线电示位标(EPIRB)及搜救卫星系统

在 GMDSS 中,紧急无线电示位标(Emergency Position Indicating Radio Beacon,EPIRB)是一种用来发射特定无线电信号的信标,其目的是利用发射的信息向 RCC 进行遇险报警,以期确定遇险船舶的识别和位置,便于及时实施搜救行动。

EPIRB 是专用的船对岸的报警设备,其中符合 GMDSS 要求的主要有两种:

(1)406 MHz EPIRB

406 MHz EPIRB 是利用 COSPAS-SARSAT 系统极轨道卫星工作的。406 MHz EPIRB 同时含有载频为 121.5/243 MHz,周期为 1/3 s 的 300~1 600 Hz 滑音信号。

(2)甚高频紧急无线电示位标(VHF-EPIRB)

VHF-EPIRB 是工作在 VHF 频段的以 DSC 方式发射遇险报警信号的 EPIRB。

(3)L 波段 EPIRB

L 波段 EPIRB 是利用 Inmarsat-E 系统利用静止卫星工作的 EPIRB。工作在 1.6 GHz 的 L 波段,因 Inmarsat-E 系统于 2006 年 12 月 1 日关闭而停止使用。

根据 SOLAS 公约第四章关于船舶 GMDSS 设备配备要求的规定,所有 300 总吨及以上的公约船都必须配备 EPIRB。航行于 A2、A3、A4 海区的船舶必须配备 406 MHz EPIRB;而航行于 A1 海区的船舶可以配备 406 MHz EPIRB 或 VHF-EPIRB。

EPIRB 一般安装在驾驶室的两翼或其顶上的罗经甲板等上面没有遮挡的暴露场所,它可以由人工启动,也可以落入水中自动启动发射。

11.1　406 MHz EPIRB

11.1.1　COSPAS-SARSAT 系统

在 COSPAS-SARSAT 系统中工作的 406 MHz EPIRB 是应用最广泛的 EPIRB。COSPAS-SARSAT 系统是一种利用极轨道卫星搜索 121.5/243 MHz 和 406 MHz 频段上发射遇险信号示位标位置的系统。COSPAS-SARSAT 是一个国际联合的卫星搜救系统。通过足够数量且合理布置的卫星,以及较高频率稳定度的示位标,就可以使用低高度两极运行的卫星对陆、海、空的示位标发出的遇险报警信号进行中继。

COSPAS 是俄文 KOCΠAC 的译音,意为搜寻遇难运载体(船或飞机)的空间系统(Space System for Search of Distress Vessels);SARSAT 是英文 Search and Rescue Satellite-Aided Tracking 的缩写。

COSPAS-SARSAT 的系统组成如图 11-1 所示,它由空间段的卫星、地面部分的区域用户终端(Local User Terminal,LUT)和任务控制中心(Mission Control Center,MCC),以及用户的无线电示位标组成。

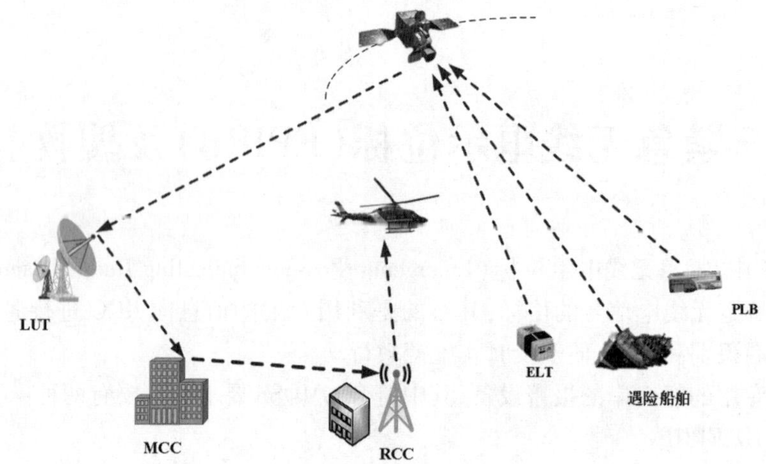

图 11-1　COSPAS-SARSAT 系统组成

11.1.1.1　COSPAS-SARSAT 系统的组成

(1)COSPAS-SARSAT 卫星

目前 COSPAS-SARSAT 卫星包括两种类型:运行在低高度、近极轨道的搜救卫星和运行在静止轨道的同步搜救卫星。

相应地,COSPAS-SARSAT 系统分为低近极轨道卫星搜救系统(Low-altitude Earth Orbit System for Search and Rescue,LEOSAR)和同步轨道卫星搜救系统(Geostationary Earth Orbit System for Search and Rescue,GEOSAR)两个分系统,如图 11-2 所示。

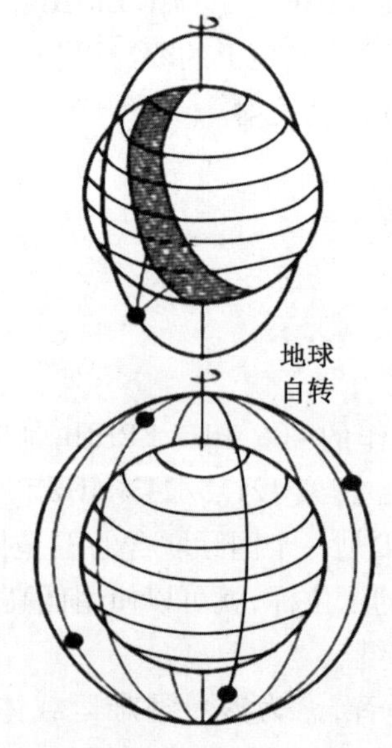

图 11-2　COSPAS-SARSAT 卫星的轨迹

①LEOSAR 卫星

LEOSAR 卫星星座由苏联的 COSPAS 卫星和美国的 SARSAT 卫星组成,卫星运行轨道为近极轨道,其中 3 颗为 COSPAS 卫星,3 颗为 SARSAT 卫星。COSPAS 卫星的高度为 1 000 km,卫星上配有 121.5 MHz 和 406 MHz 信号接收、处理设备。SARSAT 卫星是美国国家海洋和大气管理局提供的 NOAA 气象卫星,卫星高度为 850 km,卫星上配置由加拿大和法国提供的 406 MHz 信号接收和处理设备。

卫星运行在低高度可以降低对无线电信标发射功率的要求,例如 406 MHz 示位标的发射功率仅需要 5 W。卫星运行在近极轨道,使卫星的运行通过地球两极,实现对无线电示位标的全球覆盖。卫星的低轨道运行使卫星绕地球一周的时间仅需约 100 min,运行速度约 7 km/s。因此,卫星相邻两次通过同一地点的时间间隔较短,卫星与无线电信标之间由于相对运动产生的多普勒频移突出,便于对无线电信标进行定位。

搜救卫星的主要任务是对无线电示位标发出的遇险报警信号进行变频、存储、转发等处理,然后送给本地用户终端 LUT。对 406 MHz 的遇险报警信号既可以通过下行频率 1 544.5 MHz 实时转发给 LUT 进行处理,也可先存储起来遇到 LUT 时再转发。

②GEOSAR 卫星

GEOSAR 卫星位于地球静止轨道上,卫星带有 406 MHz 的转发器。GEOSAR 卫星星座包括美国提供的 GEOS 系列卫星、印度提供的 INSAT 系列卫星及欧洲气象卫星组织的 MSG 系列卫星。

(2)地面部分

①区域用户终端(LUT)

LUT 其实就是卫星地面站,它接收 COSPAS-SARSAT 通过卫星中继和下行频率发送的信标信号。对于两种不同的搜救系统 LEOSAR 和 GEOSAR,LUT 也分为 LEOLUT 和 GEOLUT 两类。

(a)LEOLUT,即 LEOSAR 系统的 LUT,它的主要作用是跟踪 LEOSAR 卫星并接收卫星转发的遇险示位标报警信号,然后解码、计算,给出信标识别码和位置数据,并把信标的报警数据和统计信息发送给相应的任务控制中心(MCC),同时接收 MCC 送来的系统信息,实时修正卫星的轨道参数。

(b)GEOLUT,即 GEOSAR 系统的 LUT,它接收并处理由 GEOSAR 卫星转发的 406 MHz 无线电信标的遇险报警信号,给出信标识别码和位置数据,并将此报警信息送给相应的任务控制中心(MCC)。一个 GEOSAR 卫星的覆盖区很大,GEOLUT 能提供所在卫星覆盖区内近乎实时的无线电示位标的报警数据。

②任务控制中心(MCC)

MCC 必须和 LUT 相连接,一个 MCC 至少要连接一个 LUT。MCC 的主要功能是:

(a)收集、整理、储存和分类来自 LUT 与其他 MCC 的数据。

(b)分析数据的可信度,过滤虚假报警,解除模糊值。

(c)向相关搜救协调中心(RCC)或搜救联络点(Search and Rescue Point of Contact, SPOC)发送示位标的报警和定位数据。

(d)监视本 MCC 服务区的整个系统状况,在 COSPAS-SARSAT 系统内进行数据交换。

(e)与搜救通信网络进行信息交换。

COSPAS-SARSAT 系统对全球的地理区域进行划分,每一个 MCC 按照所属地理区域位置与一个搜救服务区相对应。在接收到 LUT 送来的报警数据后,MCC 首先判断报警位置。如果报警位置发生在自己的搜救服务区内,MCC 会向自己的 RCC 或搜救协调点发送报警信息,给出示位标的登记信息和报警位置。如果报警位置发生在自己的搜救服务区以外,MCC 将向自己所属的节点任务控制中心(Nodal MCC)发送报警信息,再由节点任务控制中心把相应的报警信息转发给距离报警示位标最近的 MCC,以便实施搜救行动。

MCC 处理的数据主要有无线电示位标的遇险报警数据和 COSPAS-SARSAT 系统管理信息两大类,即:

遇险报警数据是 406 MHz 信标发来经卫星中继、LUT 处理的数据,包括示位标的位置、遇险性质、识别码等。该数据在 MCC 和 RCC 之间传送时插入救助工作所需交换的其他信息。

系统管理信息主要用于 COSPAS-SARSAT 系统的有效工作,为用户提供更高精度和更加及时的报警数据,包括用于决定信标位置的数据表、所有分系统现时的状态数据和管理系统协调工作的信息。

系统管理信息包括卫星的时间校正、卫星遥控数据、卫星指令和协调通信等。卫星星历表或轨道信息提供卫星的位置和运行轨道的数据,用于跟踪卫星和计算遇险信标的位置;卫星的时间校正数值是确定遇险信标位置所必需的信息;遥控数据用来提供卫星上 SAR 设备的状态信息;卫星指令用来校正卫星的轨道偏差;协调通信则是系统管理所需的通信,以保证可靠的系统信息和报警数据的交换。

截至 2015 年 12 月,全球已经投入运行的有 53 个 LEOLUT,23 个 GEOLUT 及 31 个 MCC,LUT 的地理分布和工作范围可以覆盖地球的极大部分区域。

(3)无线电示位标

无线电示位标实际上就是一台可完全独立工作的全自动小型发射机,目前示位标有三种:航空用紧急示位发射机(Emergency Locator Transmitter, ELT)、航海用紧急无线电示位标(EPIRB)和陆上使用的个人定位信标(Personal Locator Beacon,PLB)。

GEOSAR 系统使用的示位标需内置全球卫星导航系统(Global Navigation Satellite System, GNSS)接收机。由于卫星位于静止轨道上,与地球上的示位标没有相对运动,不能通过两者之间的多普勒频移来对信标进行定位。因此,示位标内部需安装有 GNSS 接收芯片以提供位置信息,以便示位标发射报文过程中进行编码处理,将示位标的位置信息直接编入报文中,以提供实时的位置和时间信息。同时,这种示位标也可以工作在 LEOSAR 系统。示位标按频率分为两种:

①121.5/243 MHz 示位标

这种示位标满足国际民用航空组织(ICAO)的标准,主要用在轻型飞机上。COSPAS-SARSAT 系统没有对 121.5/243 MHz 示位标提出规范和要求。121.5/243 MHz 示位标有下述缺点:

(a)只能工作于实时模式。只有与示位标处于同样的卫星共视区内的 LUT 才能处理该报警信号。当卫星共视区内无 LUT 时,搜救中心收不到报警信号。

(b)定位精度差。

(c)示位标没有自己的识别信息,不利于确定遇险者。

(d)所受干扰多。

②406 MHz 示位标

与 121.5/243 MHz 示位标相比,406 MHz 示位标有以下特点:

(a)增加全球覆盖模式。无论示位标位于地球上什么位置,只要有卫星通过,就都可成功地报警。

(b)定位精度高。因要求示位标的频率稳定度较高。

(c)示位标有唯一的识别码。

(d)示位标格式中有运载体和与遇险有关的信息。

(e)系统容量大。

(f)所受的干扰少。

自 2009 年 2 月 1 日起,COSPAS-SARSAT 系统的 ELT、EPIRB 和 PLB 的工作频率都是 406 MHz,系统已经终止 121. 5/243 MHz 的示位标业务,并且为满足用户的需求,增加了 406 MHz 示位标的使用频率。截至 2015 年 12 月,全球拥有无线电示位标的总数已达到 160 万个。

无线电示位标通常采用手动或自动两种启动方式。航空器用的 ELT 都采用撞击式自动启动方式,陆上用的 PLB 一般采用手动启动;而船用 EPIRB 既可使用手动,又可使用自动启动方式,其自动启动方式一般是 EPIRB 沉入海水下面 2~4 m,静水压力释放器开始释放,示位标浮出水面后开始发射报警信号。

11.1.1.2　COSPAS-SARSAT 系统的基本工作原理

(1)COSPAS-SARSAT 系统的工作模式

COSPAS-SARSAT 系统提供实时和全球覆盖两种工作模式。

①实时模式(中继模式)

这种模式只提供区域性覆盖,当 LUT 和示位标同时处在卫星的共视区内时,卫星接收示位标的信号,测出多普勒频移并从信号中恢复出信标数据。数据信息经处理,以卫星的下行频率 1 544. 5 MHz 做实时转发,由卫星共视区内的任一 LUT 接收。所以这种工作模式也叫中继模式。

②全球覆盖模式(存储转发模式)

LUT 和示位标不同时处在卫星的共视区内,当卫星接收到示位标的信号时,测出多普勒频移,并对示位标信号实时处理形成数据信息,因在共视区内找不到 LUT,就先将数据存储起来。但随着卫星的运行,等到它的共视区内出现 LUT 时,即以 1 544. 5 MHz 下行频率将存储的信息向 LUT 转发。这样,每一个信标都能由所有工作的 LUT 定位,保证了位于全球任何地方的示位标所发射的报警信息都可得到可靠的接收和转发,从而实现全球覆盖。

全球覆盖模式也称存储转发模式,其缺点是存在报警延迟,延时时间取决于信标相对于卫星的轨道和 LUT 的位置等。

(2)COSPAS-SARSAT 系统的 LEOSAR 对无线电示位标的定位原理

COSPAS-SARSAT 系统的 GEOSAR 卫星相对于地球是静止的,不存在多普勒频移,所以不能使用多普勒频移原理对示位标进行定位。GEOSAR 示位标一般通过内置的 GNSS 接收机进行定位,并对示位标发射报文进行编码处理,即报文中含有示位标的位置信息。

COSPAS-SARSAT 系统的 LEOSAR 卫星对示位标的定位是基于低近极轨道卫星与信标之间的相对运动产生的多普勒频移,由多普勒频移、卫星的星历计算出信标的位置。

①多普勒频移原理

当频率为 λ,传播速度为 c 的信号源,以速度 v 接近或者远离观测者的方向运动时,观测者测得的信号源频率分别为$f' = f[c/(c-v)]$或$f' = f[c/(c+v)]$。

由以上公式可以看出,观测者测得的频率与信号源的实际频率不同,两者之间存在频率差:$f_d = f' - f$,这就是多普勒频移。频率差的大小取决于观测者与信号源的相对运动速度。

②多普勒频率曲线

COSPAS-SARSAT 系统的 LEOSAR 卫星对信标进行检测时,可将信标看作地面上的信号源,载波频率f_c = 406 MHz 为固定不变值。卫星作为观测者在其轨道上做相对于信标的圆周运动,尽管它在轨道上运动速度恒定,但相对于信标的运动速度在时刻变化。

卫星在轨道上的运动速度可以看成以信标为中心的径向(朝向信标)运动的速度和与径向速度相垂直的横向运动速度这两者的矢量合成。卫星相对于信标的径向运动速度的变化,将使多普勒频移产生变化。

卫星离信标较远时,卫星在轨道上的运动速度可以近似看作相对于信标的径向速度,而横向速度近似为零。当卫星运动到信标正上方时,卫星在轨道上的运动速度就是相对于信标的横向速度,而径向速度为零。当卫星朝向信标运动时,径向速度朝向信标,卫星测得的信标频率大于信标实际发射的载波频率,多普勒频移为正。随着卫星的运动,径向速度逐渐减小,卫星测得的信标发射频率也将逐渐减小。当卫星运动到信标上空的瞬间,径向速度为 0,卫星测得的信标频率正好等于信标实际发射的载波频率,此时多普勒频移为 0。当卫星继续运动离开信标时,其径向速度改变方向,卫星测得的信标频率低于信标发射的载波频率,即多普勒频移方向改变,为负值。

利用已知的卫星星历表数据、卫星测得的多普勒频率曲线和对应时间,LEOLUT 就能计算出信标的位置。

③根据已知的卫星轨道,计算得到的信标位置可能位于卫星轨道的左边,也可能位于右边。其中一个是信标的真实位置,另一个是虚像位置,即信标位置的“模糊”。但对于 406 MHz 信标,由于其发射频率的高稳定度,我们可以利用地球每分钟约 0.25°的自转速度会造成两个可能位置的多普勒频移存在差别,依此来确定真实的一个。

LEOLUT 测算 406 MHz 信标的位置,需要接收 3~4 个信标信号的时间为 3~4 min,定位精度一般在 2~3 n mile。

11.1.2 406 MHz EPIRB

406 MHz EPIRB 是船用的无线电示位标,发射信号的载波具有较高的频率稳定度,改善了系统对模糊值的判定,提高了系统的定位精度。406 MHz EPIRB 可以在全球的任何地方使用,随着空间轨道上卫星数量的增多,406 MHz EPIRB 报警通知时间会不断缩短。

11.1.2.1 406 MHz EPIRB 的设备组成

按结构来分,目前 406 MHz EPIRB 设备可分为两种型式:一种是示位标(信标)固定在一个安装支架上(支架式);另一种是示位标放置在一个存放盒内(箱体式)。因此,406 MHz EPIRB 设备一般由示位标和固定或存放信标的安装支架或存放盒两部分组成。

示位标的安装支架和存放盒一般都是浮离式的。它们的底座内都装有磁铁,一旦示位标装上去,示位标内的磁性开关就会打开。对于支架式的 EPIRB,示位标通过释放器的螺栓(销)固定在安装支架上;箱体式的 EPIRB 则是通过释放器的螺栓(销),把存放示位标的盒子底座与上面的盖子拴在一起。一旦船舶遇险,船体下沉,一般当 EPIRB 下沉到水下 2~4 m 时,静水压力释放器就会自动启动,撞断塑料螺栓(销),这样示位标将脱离支架或存放盒,浮出水面。此时海水开关导通,磁性开关闭合,电池供电,EPIRB 就开始发射报警信号。为此,示位标通常需要安装在上面没有遮挡的暴露场所,一般安装在驾驶室的两翼或顶上的甲板上。

示位标的天线一般为全方向性天线,有些示位标的天线可弯曲,便于存放在支架或盒子内。

发射启动开关用于手动报警,只要把示位标从支架或存放盒中取出,闭合此开关就将启动遇险报警。

电子单元包括 CPU 信息处理和控制、调制器、频率合成器、功率放大器及磁性开关和光接收器等。若是 GEOSAR 的示位标,还应包括内置 GNSS 接收机。光接收器主要完成示位标的 MMSI 码的写入。

此外,示位标的外壳通常要求橙色或橘黄色,顶部有闪光灯,通常还带有反光材料,白天依靠较强的日光反射,以便更容易被搜救人员发现,夜间由闪光灯闪烁,使其在很大范围的海面上可见,闪光灯电源由光敏开关控制。白天能自动关闭。

示位标的电池由于重量相对较大,因此位于示位标的底部。依照 EPIRB 的规范要求,示位标被启动后至少应工作 48 h,为此,示位标中通常使用高性能的锂电池,电池的有效期一般在 4~5 年。

海水开关,也称为水敏开关,其实是裸露在示位标下半部的两个电极,如果示位标浸入海水中,两个电极就会导通。水银开关只在 GMDSS 实施初期的 EPIRB 产品中使用过,使用水银开关的示位标,通常必须倒置安放,由于环保因素,生产厂家早已停用。

平时由于磁性开关和水敏开关通常不导通,因此电池并不向电子单元供电。

11.1.2.2　406 MHz EPIRB 的性能规范

406 MHz EPIRB 的性能规范如表 11-1 所示。

表 11-1　406 MHz EPIRB 的性能规范

射频信号			
载频(5 年以后)			406.025 MHz ±0.005 MHz
频率稳定度	短期稳定度		2×10^{-9}/(100 ms)
	中期稳定度	平均斜率	1×10^{-9}/min
		剩余频率变化	3×10^{-9}
输出功率(50 Ω 负载)			小于或等于 1.25 : 1
寄生辐射(载频的 5 MHz 带宽外)			低于 50 dB
载频谐波			低于未调制波 30 dB
相位调制			2DPSK,峰值为 1.1±0.1 rad
调制上升和下降时间			<150±100 s
数字报文			
报文重复周期			50 s±5%
失效模式			发射停止不超过 45 s
比特率			400 kbps±1%

续表

载波恢复(等幅波)		160 ms±1%
比特同步		全是“1”(共15个)
帧同步		000101111(自实验时为011010000)
数字报文	短格式	280 ms±1%
	长格式	360 ms±1%
温度特性	范围	-20~55 ℃
	温度梯度	5 ℃/h
	温度冲击	30 ℃温差允许15 min内
最短工作寿命		48 h

示位标每50 s发射约0.5 s持续期的5 W射频脉冲功率,载频相当稳定。用数字编码对相位进行调制。较好的频率稳定度保证了较好的定位精度,较高的峰值功率增加了检测概率,低的占空系数保证可处理卫星共视区内多达90个同时报警的示位标,并且保证了较低的功率消耗。失效模式是指示位标有故障时,内部需检测,停止发射时将不超过45 s。在30 ℃温差范围内,允许15 min内的性能下降,也就是15 min后应恢复到标准值。

11.1.2.3 406 MHz EPIRB的操作和使用特性

406 MHz EPIRB应具有以下操作和使用特性:

(1)应装有防止意外被启动的装置,并能手动启动和手动关闭。

(2)应配有短时工作周期闪光灯,在暗处能被启动,向附近的幸存者和救助单位指示其位置。

(3)应配有可用作系绳的浮力短索,且应防止示位标浮离时被缠在船舶结构上。

(4)示位标表面颜色应为黄色或橙色,并配有反光材料。

(5)具有指示正在发射信号的指示装置,在不使用卫星系统的情况下,能测试示位标是否正常工作。

(6)在静水中能直立浮起,在任何海况下均具有正稳性和足够的浮力,示位标浮离后能自动启动。

(7)在浸入水中的过程中,能承受45 ℃的温差变化,且不应受海水或油的影响,长时间暴露在阳光下应保持性能不变。

(8)从20 m高处跌落水中而不致损坏。

(9)在10 m水深处至少能在5 min内保持水密。

(10)示位标外部应清楚标有简单的操作说明、电池的失效日期及编程写入的识别码。

11.1.2.4 406 MHz EPIRB的日常维护保养

EPIRB设备的日常维护保养主要包括以下内容:

(1)经常检查示位标周围有无杂物堆积、有无新的障碍物,如果会影响应急示位标的正常工作,应及时清理。

(2)定期检查示位标存放盒或固定支架是否牢固,有无腐蚀及爆裂等情况,若发现有安全隐患,应及时解决。

(3)定期检查示位标电池和静水压力释放器的有效期,如果即将到期,应尽快通知公司主管部门及时更换。电池的有效期一般为 4~5 年,释放器的有效期一般为 2 年。

(4)每季度利用设备自身提供的自检测方式,检测设备工作状态,但应注意避免发生误报警。

(5)保持 EPIRB 表面的船名、呼号、MMSI 码、电池和释放器的有效期等各种标记清晰。

(6)船舶到港时要注意防盗。

(7)由于 EPERB 有水敏开关和释放器,因此在冲洗甲板时不要对着 EPIRB 冲洗,以免发生误报警,或者导致释放器误动作。

11.2　VHF-EPIRB

按照 GMDSS 对船舶通信设备的配备要求,在 A1 海区航行的船舶可以配备能在 VHF CH70 上发送 DSC 遇险报警的甚高频紧急无线电示位标(VHF-EPIRB),代替 COSPAS-SARSAT 系统的 406 MHz EPIRB。

VHF-EPIRB 作为船对岸的专用报警装置在水中能自动浮起、自动发射,也可以由人工启动发射。一旦有关海岸电台接收到 VHF-EPIRB 的 DSC 报警信号,就由海岸电台将报警信息送往有关 RCC,并由 RCC 采取及时有效的搜救措施。此外,附近船舶的 VHF DSC 设备也同样能接收到 VHF-EPIRB 的遇险报警。

VHF-EPIRB 发射的遇险报警信息按 DSC 遇险呼叫格式进行编排,包括:船舶识别码(MMSI)、遇险性质、遇险时船位、船位有效时间及要求随后的通信方式等信息,其中遇险时船位由船上导航仪通过示位标接口输入(没有导航仪接入时,船位为 5 个“99”,时间为 2 个“88”),遇险性质指明是“EPIRB 发射(EPIRB Emission)”。

VHF-EPIRB 的每次发射由 5 个相同 DSC 序列组成(DSC 的单频呼叫尝试),相邻两次发射的时间间隔为$(230+10n)$s,其中 n 表示发射的次数。

VHF-EPIRB 的主要技术指标如下:

(1)工作频率:156.525 MHz(VHF CH70)。

(2)发射类别:G2B。

(3)占用带宽:<16 kHz。

(4)输出功率(EIRP):≥100 mW。

(5)天线极化方向:垂直极化。

(6)调制:2FSK;副载波:1 700 Hz,频移±400 Hz;调制速度:1 200 bit/s。

(7)电池容量足以维持 VHF-EPIRB 工作至少 48 h。

11.3　L 波段 EPIRB

11.3.1　Inmarsat-E 系统

Inmarsat-E 系统是 Inmarsat 的遇险与安全服务系统,基于现在的 4 颗静止卫星结构,确保能可靠地实现船至岸遇险报警。

Inmarsat-E 系统允许 EPIRB 不中断地接入 Inmarsat-E 遇险报警网,并非常迅速地将遇险信息送至搜救协调中心,典型时间为 1 min。EPIRB 的遇险信息包括船舶识别码、船位、航向和航速等。船位可由内置的船舶导航系统或卫星导航接收机得到。精确的船位及迅速的报警极大地提高了搜救行动实施的效率。

图 11-3 是 Inmarsat-E 岸站的结构框图。收到遇险信号后,岸站把信号放大,并转换成中频信号(IF),然后送至数字接收处理器(DRP)。中频信号在数字接收处理器中转换成基带信号并数字化。EPIRB 所发射的连续帧被存储并叠加以增强在存储器中的信噪比。这种处理可获得 2~3 dB 信噪比的改善。Inmarsat-E 系统允许非常低的遇险信号功率及由于 EPIRB 移动引起的多普勒频移的影响。遇险信息经过解码并通过分组交换网(X. 25)或常会的电传网(Telex)送至搜救协调中心,以便组织营救。估计 Inmarsat-E 系统一年可处理 42 500 个全报警周期的 EPIRB 信号。这完全满足 IMO 关于同时处理 20 个超过 48 h 的遇险信号的 GMDSS 要求。

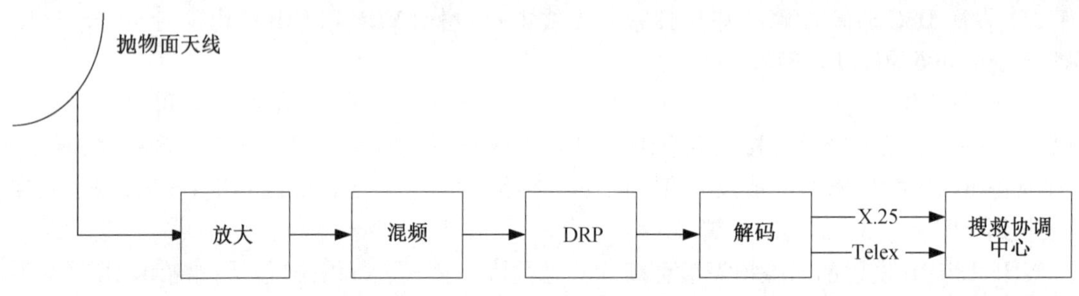

图 11-3　Inmarsat-E 岸站结构框图

由 8 个 Inmarsat-E 岸站和 4 个 Inmarsat-E 搜救协调中心构成了 Inmarsat-E 遇险报警网络,确保了 100%的成功率。

除了规定的 8 个 Inmarsat-E 岸站外,国际移动卫星组织一直鼓励其他 Inmarsat 岸站作为 Inmarsat-E 岸站的备用岸站。

Inmarsat-E 岸站的技术特性如表 11-2 所示。

表 11-2　Inmarsat-E 岸站的技术特性

参数	内容
输入中频频率	70 MHz
输入带宽	50 kHz
报文传递时间	2 min
工作原理	数字信号处理、数字滤波、通道识别、比特同步、帧同步、纠错译码、解码
灵敏度	高斯信道 13 dBHz;实时信道为 15 dBHz

11.3.2　L 波段 EPIRB

L 波段 EPIRB 由天线、发射机、微处理器、存储器电源、控制面板与船舶电源、遥控器及导航仪的接口所组成。对 L 波段 EPIRB 的操作特性要求如下:

(1)EPIRB 是可自由漂浮的装置。当遇险时,既可人工启动又可在自由漂浮时自动启动。

(2)船用导航仪可通过 NMEAI 0183 接口向 EPIRB 的数据总线提供串行数据,也有一些 EPIRB 本身就具有接收导航信息的能力,可自动更新位置信息。在这种情况下,数据被直接送入遇险电文发生器。

(3)Inmarsat-E EPIRB 还可在不向卫星发射信号的情况下进行自检。自检时可看到遇险报警的电流发射及可能存在的设备故障。

(4)Inmarsat-E EPIRB 还配有可闪烁的光强度为 0.75 cd 的闪光灯,闪光灯只在黑夜自动启动。

Inmarsat-E EPIRB 还可配有 9 GHz 的搜救雷达应答器(SART)或自动船位更新装置。这主要是用来在实施搜救过程中找到漂浮中的 EPIRB 的实际位置。

EPIRB 的电池有足够的容量发射遇险报警 4 h。如果配有闪光灯、SART 或内置自动船位更新装置,则可至少发射 48 h。电池寿命应清晰地标在 EPIRB 的外面。

微处理器及其存储器。存储器用以对固定的船舶识别码存储,对导航仪经接口来的数据进行暂存,然后按要求的信号格式由微处理器进行编排,送到发射机调制器部分,因此,微处理器及其存储器完成信号改格式编排的程序控制及数据存储功能。

1.6 GHz 发射机包括晶振、调制与强放部分。

各国厂家提供的 L 波段 EPIRB 样机在方案上大同小异,其中比较成熟的是德国的 DRCS 示位标。壳体结构仍采用现在遇险系统中的 2 182 kHz 示位标的壳体。该浮体具有优良的抗环境干扰的能力(如温度、振动、冲击及抗海水侵蚀等),在结构上有充分的灵活性。

Inmarsat-E 系统及其 EPIRB 具有以下特点:

(1)除南、北极部分地区以外的全球覆盖。

(2)遇险报警迅速、无延时。

(3)可配有 SART 或自动位置更新装置及闪光灯,搜救寻位迅速。

(4)除 Inmarsat-E 系统以外的其他 Inmarsat 系统岸站也能收到 L 波段 EPIRB 的报警信号。报警成功率很高。

(5)由于配有 SART,可清楚地了解搜救飞机或船舶是否可以收到呼救遇险信号。

(6)系统本身没有定位能力,定位需人工注入位置数据或由船上导航仪经接口注入,或者采取转发方法,定位精度取决于船舶导航仪的定位精度。无论是定位数据转发或导航仪数据注入,都需一定形式的接口,但由于不统一,要做出对各种导航仪都适用的通用型接口在技术上很难。

习题

1. 被 IMO 认可并被 GMDSS 使用的 EPIRB 有哪几种类型?
2. 简述 COSPAS-SARSAT 系统的组成。
3. 简述 COSPAS-SARSAT 系统的 LEOSAR 对无线电示位标的定位原理。
4. 简述 COSPAS-SARSAT 系统的两种工作模式。
5. 试述 406 MHz EPIRB 的设备组成。
6. 试述 406 MHz EPIRB 的操作和使用特性。

第 12 章　船用电源与天线

12.1　GMDSS 对船用电源的要求

在 GMDSS 中,对应急电源专门提出了具体要求,这些具体要求考虑的出发点是在船舶遇险或者失去动力的情况下,保证通信畅通。

要求 GMDSS 设备必须既能在船舶的主电源下工作,又能在备用电源下工作。主电源出故障时备用电源是 GMDSS 的唯一电源。除了充电过程外,备用电源应独立于船舶主电源。

具体要求如下:

(1)船舶应配备一个或多个备用电源,当船舶主电源和应急电源发生故障时,向无线电装置供电,以便进行遇险和安全通信。这些备用电源应总是能提供给 VHF;无线电设备;在 A2 海区航行的船舶,备用电源还应提供给 MF 无线电设备;在 A3、A4 海区航行的船舶,备用电源还应能提供到 MF/HF 无线电设备或者 Inmarsat 移动站及任何附加负载,其供电时间至少为:

①对于配备了应急电源的船舶,如果该应急电源完全符合有关要求,备用电源应能向上述无线电设备供电 1 h 以上。

②对于配备了应急电源的船舶,如果该应急电源不完全符合有关要求,备用电源应能向上述设备供电 6 h 以上。

说明:以上两条是海安会拟议中的 SOLAS 公约第Ⅳ章 13.2.1 至 13.2.3 条修正案。

③遇险情况下,每台无线电设备所需备用电源的电负荷 = 1/2 发送所耗电流+接收所耗电流+任何附加负荷所耗电流。

(2)船舶在海上航行时,应始终备有足够的电源供无线电设备工作,且能为无线电设备的一个或多个备用电源组成部分的任何蓄电池进行充电。

(3)一个或多个备用电源应独立于船舶推进动力及船舶电力系统。

(4)除 VHF 无线电设备外,一个或多个备用电源,如可能,还应同时向其他无线电设备供电。

(5)一个或多个备用电源可以向应急电力照明供电。

(6)当备用电源由一个或者多个可充电的蓄电池组成时,应备有可对这些蓄电池自动充电的装置,该充电设备应能在 10 h 内通过充电使其达到最小容量要求。

①当船舶不出海时,应在不超过 12 个月的间隔期内,使用适当的办法检查蓄电池及检查蓄电池的容量。

②检查蓄电池容量的一种方法是用通常的工作电流和时间(如 10 h)对蓄电池组彻底地充电和放电。

③对充电的评定可以在任何时候进行。

④在充放电记录本上写明放电电流、放电时间、放电试验结束时酸性蓄电池的比重或碱性蓄电池每单个电池的电压及当时的气温。

⑤检查的时间和地点也应在记录本上注明，以备主管当局验船师查阅。当船站在海上时，不应进行大量的放电。

(7)作为备用电源的蓄电池组的位置和安装应保证：

①最有效的使用；

②合理的寿命；

③安全可靠；

④不论充电与否，电池的温度应保持在出厂说明书规定的温度范围内；

⑤在任何气候条件下，充满电后的电池应至少提供要求的最小工作小时数。

(8)如果需要将船舶的导航或其他设备的信息连续输入本章要求的无线电设备中，以确保其适当的性能，应备有能确保在船舶主电源或应急电源发生故障时，能继续提供此类信息的设备。

12.2　船舶备用电源的组成与分类

船用的备用电源分为一次性电池和蓄电池。

(1)一次性电池

一次性电池即不能充电的电池，它的使用寿命取决于内部活性物质的量。一般说来，电池越大，工作寿命越长。最常见的一次性电池俗称干电池，每节 1.5 V。这种电池在 GMDSS 设备中不使用。

现代一次性电池有多种，一般按其内部主要化学物的名称来命名，如碱性电池(1.5 V)、汞电池(1.4 V)、锂电池(45 V)。

衡量一次性电池质量的指标是它的“搁置寿命”，即从生产出来后搁置起来不用直到不能用时的时间。

一次性电池一旦制造出来后，其内部化学反应就开始了。这种反应是内耗的，它将减弱电池的效率。干电池常常因内部这种反应而毁坏了外部的容器造成电子设备的腐蚀；而现代一次性电池基本上不会出现这种现象。但是，这种反应仍会减少内部包含的能量，如干电池 12 个月内能量将内耗 20%，碱性电池 30 个月内能量将内耗 10%，汞电池 5 年内能量将内耗 20%，而锂电池 5 年内能量将内耗 2%。因此，GMDSS 设备(如 EPIRB)内使用的一次性电池基本上为锂电池。

(2)蓄电池

GMDSS 蓄电池由一组或多组组成。蓄电池作为船舶的主要备用电源，寿命长，通常能充放电多次，在 GMDSS 船舶无线电中占有重要的地位。船舶上常用的蓄电池可分为两类：酸性蓄电池和碱性蓄电池。

由于碱性蓄电池造价高、输出电压低，目前船舶广泛采用酸性蓄电池，一般为铅酸蓄电池。铅酸蓄电池分别为固定型和移动型两大类，船上使用的蓄电池大多数是移动型蓄电池。移动型蓄电池是便于携带、移动情况下使用的直流电源，对其要求是体积小、重量小、具有优良的耐震和耐冻性能。

12.2.1 铅酸蓄电池的组成和工作原理

12.2.1.1 铅酸蓄电池的组成

铅酸蓄电池主要由容器、正负极板、隔离板、电解液等部分组成(见图 12-1)。

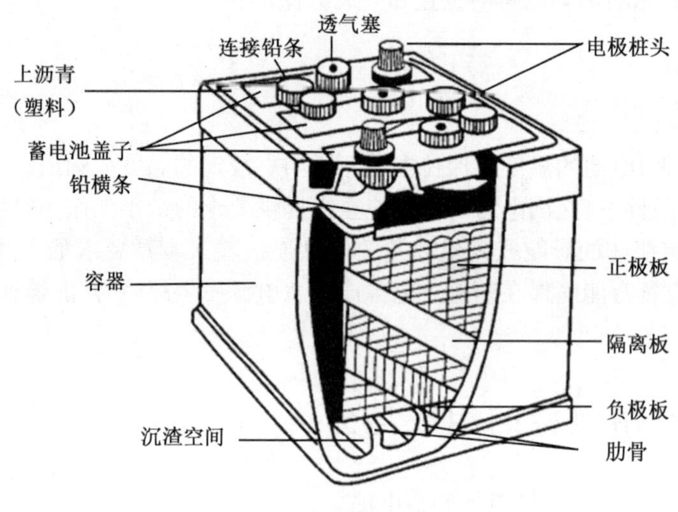

图 12-1 铅酸蓄电池结构图

(1)容器

铅酸蓄电池的容器,用来盛放腐蚀性很强的电解液和极板组,外壳通常用玻璃、硬橡胶、塑料等耐腐蚀材料制成。

(2)极板

为增加电池容量,在蓄电池内部安装多块极板,分为正极板和负极板。蓄电池的充电过程依靠极板上的活性物质和电解液中硫酸的化学反应来实现。正极板上的活性物质是深棕色的二氧化铅(PbO_2),负极板上的活性物质是海绵状、银白色的纯铅(Pb)。铅酸蓄电池的极板由板栅和铅粉构成,铅粉是在蓄电池进行电化学反应时起主要作用的活性物质。铅粉质量的好坏、原料的纯度、氧化度的高低、颗粒的大小等,对蓄电池容量大小和使用寿命长短都有很大影响。

(3)隔离板

隔离板是一种耐酸、多微孔物体,以便电解液渗透,而且应具有良好的耐酸性和耐碱性。隔离板的种类很多,通常使用的隔离板有木隔板、微孔橡胶隔板、微孔塑料隔板、玻璃丝隔板等。它的作用是将正极板和负极板隔离,防止正、负极板接触而造成蓄电池内部短路。

12.2.1.2 铅酸蓄电池的工作原理

蓄电池是化学电源的一种,它能把电能转化成化学能储存起来,当需要时再把化学能转变为电能。

铅酸蓄电池由二氧化铅(PbO_2)的正极板和绒状纯铅的负极板浸入电解液所构成。由于电极和电解液之间产生化学变化,两极之间产生电压。如果用灯泡把外电路接通,灯泡会立即发亮。这种把化学能转变为电能输出电流的现象,称为蓄电池的放电。在放电过程中,正、负极板的活性物质是硫酸铅。

如果把放电后的蓄电池两极与充电电源两极分别连接，使充电电源输出的电流沿蓄电池放电时电流的相反方向通过蓄电池，使蓄电池放电时变化的活性物质还原，重新储存电能，这种将电能变为化学能的现象称为蓄电池的充电。

放电化学反应式为：

$$PbO_2+F_2H_2SO_4+Pb \longrightarrow PbSO_4+2H_2O+PbSO_4$$

正极　电解液 负极　正极生成物　负极生成物

放电过程中，电解液中硫酸分子不断减少，水分子相应增加，因此电解液浓度逐渐下降。在实际工作中，电解液密度的高低是判断放电程度的标志。

充电化学反应式为：

$$PbSO_4+2H_2O+PbSO_4 \longrightarrow PbO_2+2H_2SO_4+Pb$$

正极　电解液　负极　正极生成物 负极生成物

充电过程中，电解液中的硫酸成分增加，水分子减少，因此电解液的浓度逐渐增加，密度逐渐升高。铅酸蓄电池充电是否完成，可以由电解液密度的高低来判断。

充放电期间，铅酸蓄电池的极电压会有一些变化，不过电解液变化更明显。所以常用电解液的密度作为检查铅酸蓄电池状态的依据。一般来说，充满电时电解液密度为 1.230 g/cm^3（标准密度为 1.280 g/cm^3），若密度低于 1.180 g/cm^3，则必须充电。

对电池状态快速估计的另一种方法是“加载”法（测“端电压”法）。空载时电池组电压为 24 V，但是若带上负载，如全功率时 MF/HF 发射机，则其极电压会下降，下降的程度取决于电池的放电状态。若电池组已全放电，极电压可能降至 20 V 左右；若充满电，同负载下，极电压可能为 23~23.5 V。放电程度越大，极电压下降得就越多。

铅酸电池应周期性地（间隔一周左右）、部分地进行充放电，以维护其效率。

12.2.2　碱性蓄电池的组成和工作原理

碱性蓄电池又称碱性电解质电池，它以碱性物质作为电解质，但电解质并不消耗，仅完成导电的作用。碱性蓄电池具有体积小、机械强度高、工作电压平稳、大电流放电、使用寿命长等特点。

碱性蓄电池由于极板活性物质材料的不同，分为铁镍蓄电池、镉镍蓄电池、银锌蓄电池。它们均能适应大电流放电，具有优于铅酸蓄电池的特性。但由于价格高昂，制作材料选择困难，它的应用目前不如铅酸蓄电池广泛。

12.2.2.1　镉镍蓄电池的组成

镉镍蓄电池主要由正极板、负极板、电池槽等组成，其主要结构和功能如下：

正极板：正极板的活性物质是氢氧化镍。为了增加活性物质的导电率，在其中加入低于 1 cm 的高纯度鳞状石墨片。正极板的结构是将已经填满活性有效物质的盒子压入镀镍的板栅格子内。正极板的盒子由在氢气中焚烧过的多孔镀镍钢带制成，盒子的两侧制有沟槽。镉镍蓄电池在最初充电和放电过程中，极板活性物质会因膨胀而使其体积增加，因此盒子的容积应留有余地。

负极板：由镀镍的薄钢片制成的盒子，将填满活性物质的盒子置于镀镍钢制板栅的框上，即构成一片负极板。

电池槽：由镀镍钢板制成，由槽盖、槽筒、槽底三部分焊接成一体。在电池槽盖上设有带自动阀的注液孔，使用时应注意不要使这个孔堵塞。

12.2.2.2 碱性蓄电池工作原理

铁镍蓄电池、镉镍蓄电池在充电终止时，正极板上为三氧化二镍或氢氧化镍。铁镍蓄电池负极板上的活性物质是铁粉，镉镍蓄电池负极板上的活性物质是镉和铁的混合物。

铁镍蓄电池、镉镍蓄电池在放电终止时，正极板上的活性物质转变为氧化镍或氢氧化镍。铁镍蓄电池负极板上的活性物质转变为氧化铁或氢氧化铁，镉镍蓄电池负极板上的活性物质是氧化镉或氢氧化镉。

氢氧化钾溶液在充电、放电过程中，只起传导电流和介质的作用，电解液的成分不变，浓度变化也很微小。因此，不能用测量电解液浓度的方法来鉴别蓄电池所储存的电能，只能使用电压表来测量蓄电池的电压。现在许多船用蓄电池的充电设备自带自动充放电控制器，并有电压、电流指示，可以非常方便地查看蓄电池的状态。

铁镍蓄电池电极在充放电过程中的化学反应如下：

$$Ni(OH)_2+Fe(OH)_2 \xlongequal{} NiO_2+Fe+2H_2O$$

镉镍蓄电池电极在充放电过程中的化学反应如下：

$$CdO+2NiO \xlongequal{} Ni_2O_3+Cd$$

12.2.3 蓄电池的使用注意事项和维护保养

12.2.3.1 铅酸蓄电池

(1)电解液的配制

供酸性蓄电池用的电解液可以从市场上购买，也可以自己配制。铅酸蓄电池一般用密度来表示电解液的浓度，电解液的密度就是 1 cm^3 电解液的质量。浓硫酸的密度为 1.83 g/cm^3，蓄电池所用的电解液密度为 1.25~1.30 g/cm^3，常以 1.280 g/cm^3 为准。

①配制过程

(a)准备工作

准备耐酸、耐热、大小合适的容器 1 只，洗净后用蒸馏水洗一遍。

穿戴好防护用具，如胶皮围腰、胶皮手套、胶鞋、护目镜等。

准备好 5%小苏打溶液，以备冲洗溅到皮肤上和衣服上的硫酸。

准备好密度计 1 只，以便测量电解液密度。

玻璃棒 1 支。

(b)配制过程

将按比例准备好的蒸馏水放入容器中，再将浓硫酸慢慢注入水中，同时不断用玻璃棒搅动。如果温度上升过快，应暂停注入硫酸，待温度下降后再注入。然后用密度计测量密度，如果密度偏低，则可加入密度为 1.40 g/cm^3 的硫酸溶液；若密度偏高，则掺入蒸馏水调整。

(c)密度的测量

电解液的密度与温度有密切关系，当温度升高时，硫酸溶液因受热而膨胀，密度降低。测量密度时，以温度为 20 ℃ 作为标准。

船用密度计通常为吸式密度计，使用时先捏紧橡皮圆球，并将密度计插入溶液中，松开橡皮球，电解液被吸入玻璃管内，管内的浮子上浮，从密度计浮子上可读取读数。

②配比的计算

船用蓄电池电解液的标准密度是 1.280 g/cm^3，若采用密度为 1.830 g/cm^3 的浓硫酸和蒸馏水进行配制，则蒸馏水与浓硫酸的体积比为 2.75∶1，也就是在按体积计算时，取 2.75 单位纯净的蒸馏水与 1 个单位的浓硫酸混合配制。如果按质量之比来配制电解液，则蒸馏水与浓硫酸的质量之比为 1.65∶1。根据上述配比，可计算出配制电解液所需浓硫酸和蒸馏水的质量，但是应注意上述配比仅为参考数据，应以实际测得的浓度为准。

③配制时的注意事项

(a)由于硫酸极易溶于水，且在溶解过程中，会释放出大量的热，因此在制备电解液时要十分小心。一定要把硫酸慢慢地沿着容器壁倒入水中，同时不断搅拌。千万不能把水倒入硫酸中，因为硫酸密度比水大得多，如果把水倒入硫酸，水将浮在硫酸的液面上，水和硫酸作用产生的大量热量不能迅速散发出去，将使温度突然升得很高，形成局部剧烈沸腾，大量酸滴会从容器中喷溅出来，造成危险。

(b)配好的电解液不能立即倒入蓄电池中，必须待电解液的温度冷却至室温时才能注入蓄电池。

(c)要注意穿戴好防护用具。

(2)蓄电池的充放电

①充电前的准备工作

蓄电池充电前必须做好以下工作：

(a)检查充电室通风是否良好，当蓄电池接近充电完毕时，会产生大量的氢气和氧气，适当比例的氢氧混合会成为爆炸性气体，同时在产生气泡时，将硫酸溶液带到空气中形成酸，这将影响健康。因此，充电时必须有良好的通风。

(b)用棉纱擦净蓄电池表面，并用刮刀除去电极上的氧化物。

(c)检查液面，如液面低落，应加入蒸馏水。

(d)捣通盖子上的通气孔。

(e)用粗软导线将蓄电池接入充电电路。

(f)接通电源，蓄电池充电。

②新蓄电池充电

为新蓄电池充电是一项很重要的工作，它直接影响蓄电池的使用寿命与容量，必须认真对待。

首先应对蓄电池进行检查。检查项目包括：内部有无干裂、板极间是否清洁、连线是否正确等，并将盖子上的透气孔薄膜撕去，然后注入配好的电解液，液面应高出极板约 20 mm，加满电解液后至少停留 4 h，以保证蓄电池的活性物质被电解液浸透，使化学变化进行得更彻底。

充电过程中充电电流一般控制在 8~10 A，每 2 h 检查一次液体比重、电压与温度的变化，并做好记录。如有个别电池温度下降，应检查内部是否短路。初充时，电流、电压和温度逐渐上升，然后趋于平稳。温度高于 45 °C 时，应适当减小充电电流，使温度保持在 35~45°C。充电约 50 h 后，正负极板产生大量气泡，每个单电池电压为 2.60 V 左右，并在 1~2 h 保持不变，说明充电完毕。再检查液体密度，若密度不等于 1.285 g/cm^3，则应用吸管将电解液吸去一部分，并加蒸馏水或密度为 1.40 g/cm^3 的稀硫酸，再充电，以使水和电解液充分混合，直到电解液密度为 1.285 g/cm³ 为止。

③蓄电池的放电

蓄电池放电要注意以下几个问题：

(a)充电的电池要定期放电使用。

(b)不可将电池剧烈放电，连续放电时间不超过 24 h。

(c)放电后要尽快充电，不要超过 24 h。

(d)做好放电记录，发现不正常立即解决。

④铅酸蓄电池的均衡充电

均衡充电也叫过充电，铅酸蓄电池在运行中往往因长期充电不足，过放电或其他一些原因，使极板出现硫化现象，而使电解液、容量、电压等产生不均衡。为了防止这种现象产生，可对电池进行均衡充电，用以纠正蓄电池中的某一电池在使用中所发生的不均匀现象，使各个电池都达到均衡一致的良好状态。一般为定期进行，但遇到下列情况之一时，应及时进行均衡充电。

(a)极少充放的电池，每月进行一次。

(b)紧急放电的终止电压超过了规定的数值。

(c)放电电流过大。

(d)放电后未及时进行充电。

(e)电池长时间搁置等。

(3)蓄电池的日常维护

①建立蓄电池充放电记录本，认真记录各组电池工作情况。

②电池使用中要保持各部分表面清洁。

③注意盖子要拧紧，但盖子上的通气孔必须畅通。

④每周检查一次液体密度，若密度降至 1.245 g/cm³，应立即充电，以防老化。

⑤若液面因蒸发而低落，只能加蒸馏水，不能加硫酸，液面应高出极板 10～15 mm。若电解液面降低较多，则必须加进电池中同样浓度的电解液。

⑥船用电池一般可每月进行一次全充全放操作。

⑦蓄电池安放间的室内温度不得超过 45 ℃。

⑧电池接线柱如发现白色硫化物时，可用棉纱蘸苏打溶液揩去，将连接部分刮亮，涂上一薄层凡士林油。

⑨为了避免蓄电池发生短路，金属工具及其他易导电的物件切不可放置在电池盖上。

⑩电池在寒冷地区使用时，不能使电池完全放电，以免电解液冻结，损坏电池。在寒冷地区使用的电池电解液浓度可适当增加。

(4)极板硫化及其处理方法

铅酸蓄电池在正常使用条件下，正负极板上的活性物质大制分是松软的硫酸铅小结晶，这些小结晶状的硫酸铅均匀地分布在极板中，在充电时很容易恢复成原来的二氧化铅和海绵铅。如果在极板表面出现白色结晶的粒状斑点，这些斑点是比较粗大的硫酸铅结晶，质地坚硬，在正常充电时很难溶解，不易变成原来的有效物质，这种现象叫作“极板硫酸化”，简称“硫化”。

这些粗而硬的硫酸铅晶体，体积大，因而会堵塞极板活性物质的细孔，阻碍了电解液的渗透和扩散作用，并且由于“硫化”层的导电性能差，电池的内电阻增大了，而且时间一长，这些粗而硬的硫酸铅就会失去可逆作用,结果使极板的有效物质减小,放电容量降低,使用寿命缩短。

①极板硫酸化的现象

(a)蓄电池的容量显著降低。

(b)充电开始时,电压上升很快;放电时电压急剧下降,即过早地降至终止电压。

(c)在充电过程中,电解液浓度增加很慢。

(d)充电时,电解液温度升高得快,导致过早冒气,气泡粗大。

(e)对蓄电池进行解剖,仔细观察可以发现,负极板表面粗糙,而且极板颜色不同于正常颜色,正极板呈浅棕色,负极板呈浅灰色,还有白色斑点的硫酸铅布满极板表面。

②极板硫酸化处理方法

处理极板硫酸化的目的是使硫酸电解液易于向活性物质深处扩散深入,经过反复充电,使极板深处细孔内的活性物质获得较好的电化作用。

(a)轻者——用初次充电的第二阶段电流,连续地进行过量充电,待其电解液面产生大量气泡,电解液浓度及电压达正常值。

(b)重者——将电池以 10 h 放电率的电流放电至终止电压,倒掉电池内的电解液,加入蒸馏水,用初次充电的第二阶段充电电流进行连续充电,待电解液密度上升至 1. 15 g/cm^3 左右时,再按上述放电率放电至终止电压。继续以原来充电电流进行过量充电,直到电解液浓度及电压在 3~4 h 内基本稳定,然后调整电解液浓度至规定值,进行 10 h 放电率放电,当放出的容量能达到额定容量的 80%时,表示处理工作基本完成。对于硫酸化程度特别严重的蓄电池,应予报废。

12. 2. 3. 2　碱性蓄电池

(1)安装要求

碱性蓄电池在充电过程中放出大量氢氧气体,需要通风装置,以防爆炸。碱性蓄电池允许与铅酸蓄电池装在同一室内,并且必须和可能产生火花的地方隔绝开。

(2)正常充电

铁镍蓄电池和镉镍蓄电池的正常充电电流为其本身额定容量的 25%。铁镍蓄电池在正常充电时,两极电压从 1. 6 V 开始逐渐升高,最后达到 1. 8 V,整个充电过程中电压变化不大。在全部充电过程中都发生气泡,这些气体主要是在负极板上析出的氢气。

铁镍蓄电池和镉镍蓄电池的正常充电方法是以正常充电率充电 7 h。在充电期间,必须注意蓄电池的温度。对于不加氢氧化锂的电解液,其温度不得超过 30 °C。加入氢氧化锂的电解液,其温度允许高于 30 °C,但不得超过 40 °C。在温度过高时,应停止充电,待冷却后再进行充电。

在充电时一般不取下塞子,防止二氧化碳进入蓄电池内,使电解液失效。当蓄电池在充电过程中产生气体时,塞子会发出“嘘嘘”的声音,此时应检查并保证塞子的橡胶套管的弹性良好,否则蓄电池的内部气体不能逸出,将会引起外壳膨胀。

碱性蓄电池的充电程度的正确判断方法是:观察两极间的电压。铁镍蓄电池电压升至 1. 8 V,镉镍蓄电池电压升至 1. 75 V,如果经 1 h 后电压仍无显著变化,并且充入的电量已达放出电量的 140%时,即可认为充电已完成。

(3)正常放电

铁镍蓄电池和镉镍蓄电池的正常放电是以 8 h 放电率进行的,但也有以 5 h 放电率进行的。影响碱性蓄电池放电程度的是活性物质细孔率、有效面积、导电程度及盛放活性物质的钢盒与活性物质之间的接触程度等,与电解液的浓度和扩散速度等无关。如果放电终止电压不受限制,则用各种不同的放电率放电,可得到几乎相同的容量。由于使用碱性蓄电池有一定的允许终止电压,所以使用中要避免过大过小的电流放电。放电过程中,可以根据蓄电池的端电压变化来确定其放电程度。

(4)碱性蓄电池的日常维护

①蓄电池的外部与槽箱应保持清洁和干燥。将镀镲部分擦净之后,必须涂以凡士林油,以防生锈。

②发现蓄电池外部有生锈痕迹时,应用布蘸石蜡擦拭,切不可用金属工具或砂纸打磨。

③经常检查橡胶垫,如发现损坏,应立即更换。

④每次充放电前,应检查各极柱连接是否松动。

⑤电解液面应保持高出极板 10~15 mm,如因蒸发而致电解液不足,则添加纯水补充。液面应有适量的液状石蜡,以防止电解液和空气中的二氧化碳之间起化学反应。

⑥在任何情况下,都禁止明火靠近充电的蓄电池。蓄电池在使用和保存中不能使用金属器具将正负极板或负极与外壳同时接触,防止短路。

⑦当用固体氢氧化钾或氢氧化钠配制电解液时,为了避免碎片或溶液溅到眼睛、皮肤和衣服上,可在蓄电池室内准备含 3%硼酸的溶液,以备清洗之用。

12.3 船用天线

12.3.1 天线的作用与参数

12.3.1.1 天线的作用

天线是辐射或接收电磁波的装置。根据天线辐射或接收电磁波的不同,一般分为发射天线和接收天线。发射天线的作用是把已调高频电流的能量转换成电磁波能量向空间辐射出去;接收天线的作用是将来自空间的电磁波能量转换为高频电流能量。因此,发射天线与接收天线都是一种能量转换装置,并且可以证明它们具有互易性,即收、发天线可以互换使用,其参数基本不变。

12.3.1.2 天线的参数

天线的主要参数有:

(1)极化

极化表示电磁波中电场矢量 E 的方向。如垂直极化中,E 是垂直的,要求用垂直天线发射,如前几章介绍的 VHF 天线、用于中波段的鞭状天线、后述的 121.5 MHz EPIRB;如果 E 是水平的,则电磁波做水平极化,要求采用水平天线,如前述的笼形和水平天线,SART 的波也是水平极化的。有时也用圆极化,它是垂直极化与水平极化的结合,如卫通船站、406 MHz EPIRB 都用右旋圆极化的天线。

(2)极化图

极化图也称方向性图,这是天线最重要的指标,它表示天线向不同方向射出去的功率或场强的示意图,如垂直天线是在水平方向达最强、垂直方向为零的横 8 字图形。

(3)天线增益

由于天线具有极化图,天线辐射功率可以集中在某一方向上,天线的这种方向性可用天线的功率增益 G 表示,某方向的 G 可定义为:

$$G = \frac{\text{天线辐射功率}}{\text{基准天线辐射功率}}$$

基准天线是指在一切方向上均匀辐射的各向同性天线。

(4)辐射电阻

辐射电阻是发射天线的重要特性之一,它与辐射功率成正比。

(5)输入阻抗

天线与收发射机连接端所反映的阻抗,对发射机而言,在调机、修理时考虑用假负载来代替天线,假负载与天线输入阻抗相对应,如中波,用 2~10 Ω 电阻与 250~1 000 pF 电容相串联,短波用 20~2 000 Ω 电阻,一般短波假负载取 75 Ω,对接收机而言,天线输入阻抗为选择接收机与之连接用馈线阻抗的依据。

(6)有效长度

有效长度可用来衡量天线的辐射、输入阻抗之类的性质,它在数值上为天线电流均匀分布时的有效长度。

(7)效率

效率为天线辐射电阻与天线辐射电阻、天线损耗电阻和之比。

(8)互易性

天线是高频交流电与高频电磁波的转换装置,所以同一根天线,既可作为发信天线,也可作为接收天线。

12.3.2　常见船用天线简介

船用天线种类很多,一艘远洋船舶往往配备十几副天线,每副天线都有其特殊用途。船用天线从长波到微波几乎都有,其形状各异。几种常见的船用天线如下:

12.3.2.1　T 形和 Γ 形天线

船用中高频收发射机的工作频率覆盖了整个中波及短波波段(1.6~27.5 MHz)。由于船上空间有限,不可能对每个波段都配置一副专用天线,因此船用单边带发射机通常只配一副主天线,该天线是按中波发射方式设置的,短波也从该天线中发出。由于中波传播主要靠地波传播,而地波传播一般采用垂直极化方式,因此中波天线一般采用垂直天线。

船用中高频收发射机的天线通常采用 T 形或 Γ 形加顶天线,如图 12-2 所示。

大家知道,天线要能有效地辐射电磁波,其天线长度 L 与辐射的电磁波波长 λ 应相比拟,即 L/λ 应尽可能大。由于中波的波长较长,而由于空间条件限制在船上架设垂直天线不能架得太高,因此天线长度与波长之比 L/λ 就会很小,天线的辐射电阻 R 就会很小,从而引起天线辐射效率极低和天线过压。对垂直天线加顶(即加上水平天线)后,垂直天线的有效高度 h 将大大增加,增大了 L/λ 值,从而增大了电阻 R,使天线辐射效率提高,同时,加上水平天线后能产生较大的电容,增加了天线的输入电容,减小了容抗,从而减小了天线的过压。

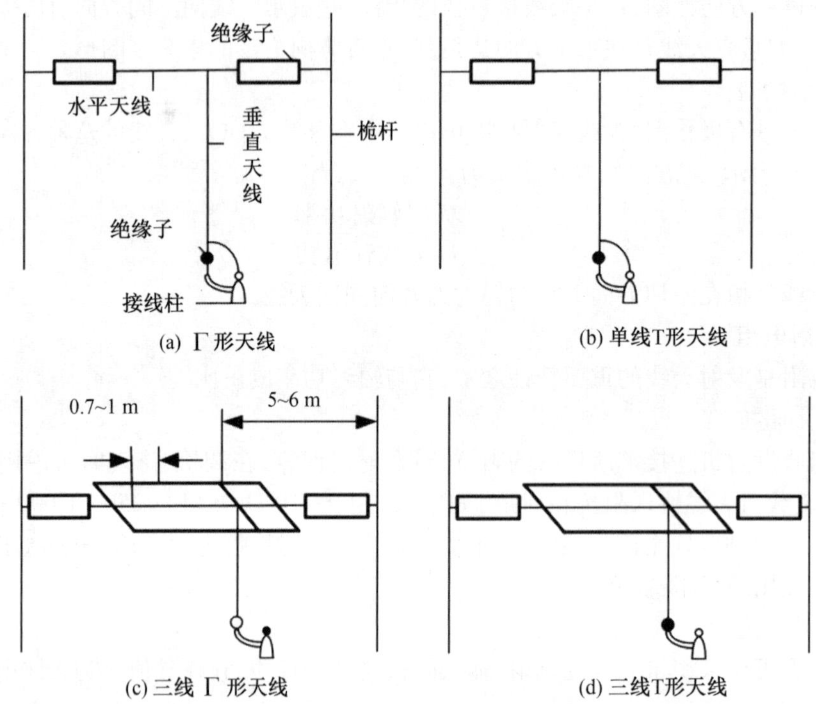

(a) Γ形天线 (b) 单线T形天线

(c) 三线 Γ 形天线 (d) 三线T形天线

图 12-2 T 形和 Γ 形天线图

天线加顶可以采用单线加顶或多线(一般为三线)加顶。对于单线加顶的 T 形和 Γ 形天线,天线尺寸限制及船身、海水损耗、绝缘子潮湿漏电等将引起天线较大的损耗。特别是当工作在中波波段时,这种天线由于相对尺寸小,天线呈较大容性,为使天线谐振,必须在天调网络中加入加长线圈来平衡,又导致了天调网络损耗增大,从而在中波波段工作时辐射效率极低。为提高效率,常采用多线加顶方式。采用多线加顶方式,在安装时应注意,必须使垂直下引线(垂直天线部分)至少离桅杆 5~6 m,水平天线之间间距不应小于 70 cm,以避免辐射电阻 R 的减小。发射主要靠 T 形或者 Γ 形天线的下引线,所以下引线应尽可能垂直。至于是采用 T 形天线还是 Γ 形天线,主要取决于无线电板房距桅杆的位置。对于 T 形和 Γ 形天线,由于空间限制,天线的尺寸不能任意选择,只能按船上桅杆高度及其间距进行配置,加之在船舶装卸货时不得不将天线经常放下、吊上,不仅麻烦,而且极易损坏,因此,出现了直立桅杆式天线。

12.3.2.2 直立桅杆式天线

直立桅杆式天线也称带拉索的桅杆天线,如图 12-3 所示。它基本上由以下 4 部分组成:

(1)高频绝缘子:在天线底座,用于支撑天线。

(2)桅杆:底部绝缘的空心桅杆,电流沿外表面流到顶部,辐射高频能,内表面没有电流流过。

(3)加顶电容圈:起加顶作用。

(4)拉索:起固定天线作用。

这种天线与 T 形和 Γ 形天线相比,有以下优点:

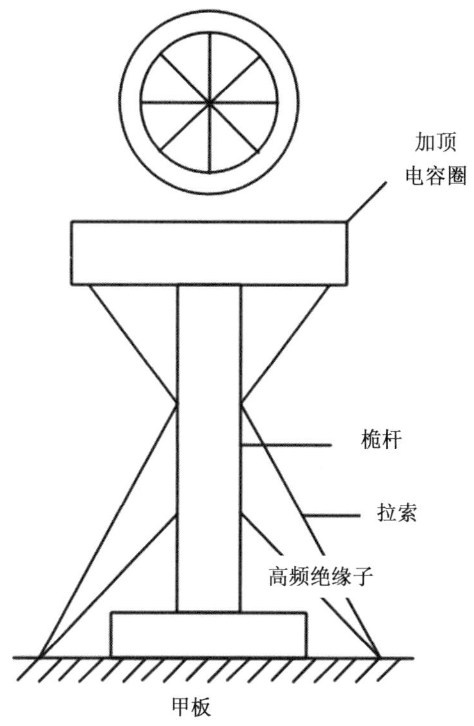

图 12-3　直立桅杆式天线

①不影响船舶装卸货,无须拆卸天线;

②T 形和 Γ 形天线遇雨或结冰时,绝缘子附挂的冰水将会使天线与桅杆短路,而直立桅杆式天线无此问题。

③可进行标准化设计,不受具体船体限制。

这种天线的缺点:

①对底部绝缘要求高;

②天线固定困难;

③由于拉索的存在,天线所占面积较大。

为此,有改进型的顶馈接地桅杆式天线和立式桅杆天线(也称自立式竖笼天线)。

12.3.2.3　鞭状天线和垂直天线

它们主要用于接收机和导航系统中。对于鞭状天线,由于天线长度一般小于工作波长,天线呈较大容性,通常经由天线耦合器再接入接收机。天线耦合器中的负载线圈可抵消天线容性特征。

12.3.2.4　垂直半波偶极天线

垂直安装的半波偶极天线属于宽频带天线,常用于 VHF 通信,工作频率可扩展到 144～165 MHz。该天线每臂长 $\lambda/4$,馈电点在其中心处。

12.3.2.5　环形天线

环形天线是把铜线绕成框形,形状有三角形、正方形、长方形、圆形等,而根据绕法又有平绕、螺线绕等。环形天线可用于测向，如图 12-4 所示。

12.3.2.6 全向性天线

全向性天线能够接收所有方向来的无线电波，不需要伺服装置调整天线指向。图 12-5 所示的天线就是 Inmarsat-C 标准船站使用的全向性天线。

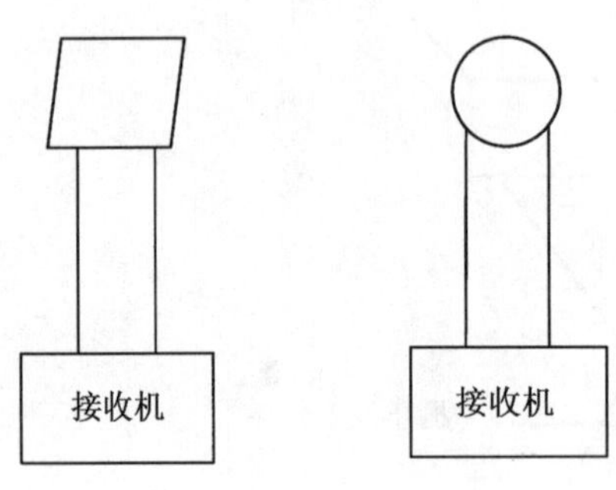

图 12-4 环形天线

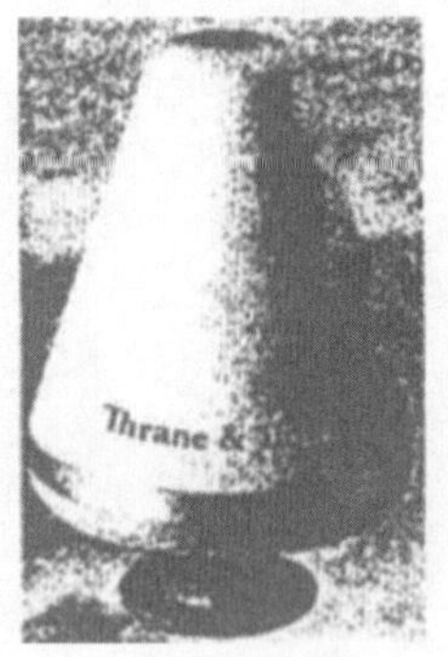

图 12-5 Inmarsat-C 船站天线

12.3.2.7 抛物面天线

图 12-6 所示的天线就是抛物面天线。这种天线使用聚焦技术，能获得较高的发射和接收增益。如图所示，从卫星发来的信号被碟状的抛物面天线所接收并反射聚焦到主焦点，信号在主焦点被收集，由于信号能被集中，因而通过主焦点馈送至移动站电子单元的信号电平大大提高，也就是获得了高的天线增益。由于天线具有互易性，接收原理同样适用于船站向卫星发送信号的情况。

目前，船舶上安装的 A 型、B 型移动站和 M 船站，都采用抛物面天线。由于这种天线具有极强的方向性，因此在使用这种天线进行通信时，要求必须时刻将天线对准所使用的卫星，而且在天线与卫星之间，必须保持通透，不能有任何障碍物存在。图 12-7 所示 Inmarsat-M 标准船站所用的天线就是抛物面状天线。

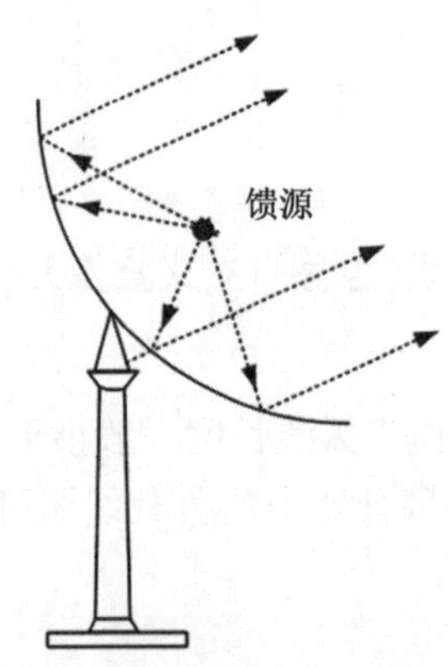

图 12-6 抛物面天线示意图

图 12-7 Inmarsat-M 标准船站所用的天线

12.3.2.8 阵列天线

图 12-8、图 12-9 所示的 NERA 公司的 Inmarsat-F 标准天线就是阵列天线的一种实例。该天线由 4 块波束阵列天线组成。用跟踪控制模块控制相移器的开关，从水平和垂直方向上调

整阵列天线指向静止卫星,实现点波束通信。

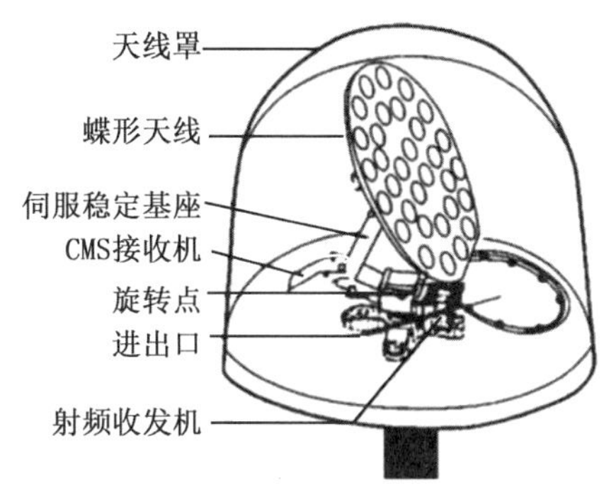

图 12-8　Inmarsat-F 船站(NERA)天线(一)

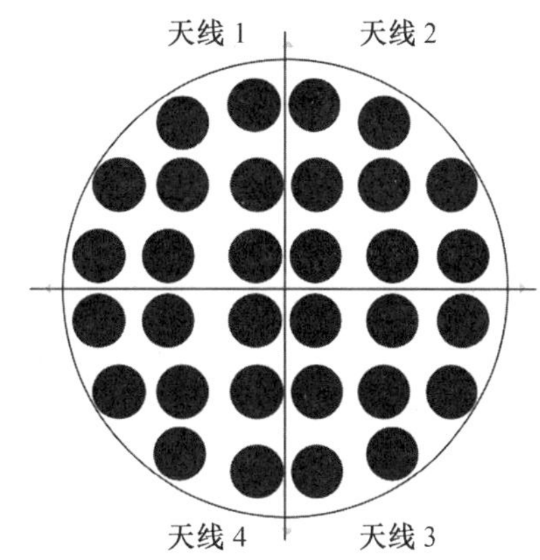

图 12-9　Inmarsat-F 船站(NERA)天线(二)

图 12-9 中,天线由 4 块 LNA 单元组成,其中每一个包含了一个相移器。跟踪控制组件控制相移开关。相移开关能被连续地接通。100 Hz 用于水平(方位)控制。25 Hz 用于垂直(仰角)控制。

12.3.3　船用天线安装注意事项

船用天线能否有效地工作,很多情况下取决于是否正确地安装和使用。

在选择天线的安装位置时,应该遵循的原则是,选出的位置能够得到船舶条件所允许的最佳天线参数,这些参数与上甲板构件的构造方法、无线电报房的位置、桅杆及上层建筑物有关。

在使用中波天线时,应充分考虑其效率与气候条件间的密切关系。在雨雪、风暴天气,绝缘电阻下降,会导致主天线效率下降。为了防止中波天线的绝缘电阻急剧下降,最好采用由多个绝缘子组成的绝缘链,并最好能在桅杆天线的本体上安装由玻璃钢制成的圆锥形专用保护罩。

发射天线最好集中在直接靠近无线电报房的区域内,接收天线则应尽可能远些。

T 形和 Γ 形天线的水平部分通常都挂在两根桅杆之间。天线的垂直下引线必须离金属桅杆尽可能远,距离一般不小于 7~8 m(与桅杆高度有关)。

在安装天线时还应注意以下几点:

(1)无论哪种形式的船用天线,其结构应能承受 11 级的风力(风速 29 m/s)。

(2)当采用线状天线时,天线材料应采用铜或铜合金制成的多股绞合线。

(3)跨距在 45 m 以下,截面积为 16 mm^2;跨距在 45 m 以上,截面积为 25 mm^2。

(4)安装天线的索具应能从两面升起及放下,天线悬垂不应超过两悬挂点距离的 6 %。

(5)采用平行天线时,其间距不应小于 700 mm。

(6)每根天线应由一整根绞合线构成,在天线与下引线必须打结时,应予以编织,且应可靠焊接。

(7)天线下引线端处,应以带绝缘子的支索固定,下引线端应与铜接线端子可靠连接,并接至引入绝缘子上。

(8)接收天线应与发射天线远离。

(9)天线对船体的绝缘电阻,在气候干燥时,应大于 10 MΩ,高湿度气候,应大于 1 MΩ;天线装置应远离烟囱、通风筒、桅杆及上层建筑其他金属物体，其距离应不小于 1 m；为防止强风或其他外力拉断，应用天线保安装置。

(10)发信天线引入无线电室内，应通过具有高频高压的绝缘子，并不至于积水，引入内部的接线，应采用直径不小于 12 mm 铜柱或高频电缆，引入端结构应便于连接与拆下。

(11)发射机至天线引入端间的馈线，应采用 8 mm 铜管或高频电缆，馈线应用绝缘子固定在天花板或舱壁上。

(12)收信天线的每根馈线，应采用高频屏蔽电缆且保持屏蔽，馈线应尽可能短。

(13)在架设天线时，亦应考虑地线问题。

(14)无线电设备的接地，分高频接地与保护接地，发射机的高频接地，应用独立的接地铜排，它以最短的途径(长度不超过 1.5 m，总接地电阻小于 0.02 Ω)，将设备外壳与船体上的接地板连接。

(15)无线电收发信设备的接地铜排应分开安装。

(16)无线电收信设备的保护接地，可以接至主接地铜排，或使用截面积不小于 6 mm^2 的软铜线接至焊接于船体金属处的直径不小于 6 mm 的螺栓上。

(17)在人员易于通过之处，装设垂直位置的发射天线引入线时，应有防护措施，以人手碰不到引线为安全。

(18)安装 Inmarsat 移动站天线时，应注意先仔细阅读安装说明书，了解天线的安装图和注意事项。天线的安装地点不能有遮挡物，并远离船员经常工作和接近图 12-10 所示天线的架设的地点，天线周围要有适当的提醒防辐射标志。

天线架设的示意图如图 12-10 所示。天线的保护装置如图 12-11 所示。

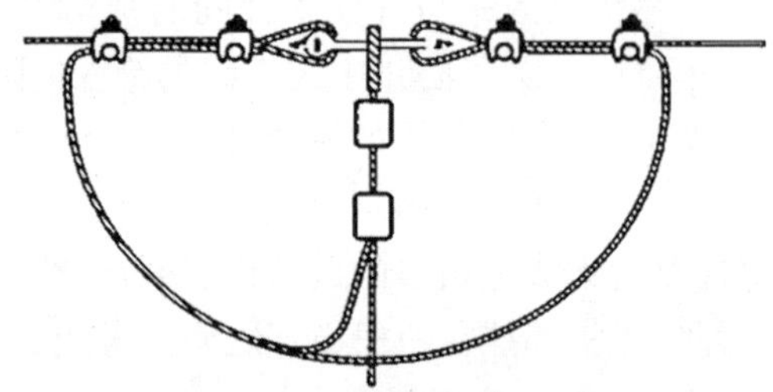

图 12-10　天线架设的示意图

12.3.4　天线的维护与保养

对天线应当有计划地进行定期检查、维护和保养。春、夏之交与秋、冬之交应调节天线的张力；定期检查天线，天线松紧要适度，不应绷得过紧，也不应过于松弛；应当定期地给天线的拉线、卸扣、绳圈和夹头等上黄油，以避免拉线等被腐蚀；应当定期地对天线桅杆敲锈和涂防腐漆，避免桅杆被腐蚀；在船舶到港为装卸货而放下天线时，可检查一下天线有无断裂或铜锈，发现问题应及时清洁或更换；检查天线绝缘子有无破损，若有破损应及时更换，并应经常清洁绝缘子，除去所积的烟尘，以提高绝缘强度；应定期测量天线对地的绝缘强度，若绝缘强度过低，则应找出降低的原因，予以排除；当暴风雨来临时，若可以，应把天线放下，以免天线被强风所刮断；定期检查，尤其是在雷雨季节检查避雷装置，需要时做适当调整；检查接地是否良好，保证有良好的接地；经常清洁室内天线。只有认真地做好天线的维护和保养，才能使天线始终处

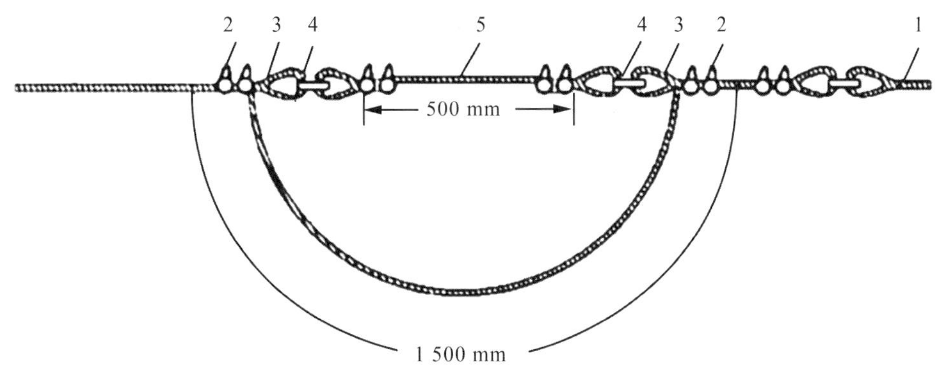

图 12-11　天线的保护装置

1—天线吊索;2—夹子;3—套环;4—卸扣;5—截面积小于主天线的铜绞线

于良好的工作状态。对使用天线应定期维护,及时清除天线绝缘子表面的污秽。紧固天线的螺帽要经常除铜锈,涂黄油维护。在雨雪天气,要防止因冰水附挂在绝缘子而造成天线短路。

开航前要对天线进行全面检查,特别是在大风和台风季节,要注意检查天线的抗风力,如果发现问题,应及时采取措施。

习题

1. GMDSS 设备对备用电源的要求有哪些?
2. GMDSS 设备中常采用什么类型的一次性电池? 为什么?
3. 检查铅酸电池的状态的方法有哪几种? 电池在满充和全放状态时典型值各是多少?
4. 镍镉电池的充电与铅酸电池相比有何特点?
5. 船舶常用中短波天线有几种? 各有什么特点?
6. 试述船用天线安装的注意事项。
7. 试述船用天线的维护与保养。

第 13 章　GMDSS 现代化及其新兴通信技术

13.1　GMDSS 现代化的新要求

近年来,随着通信和信息网络技术及 GMDSS 海上安全信息业务现代化的进展,现有业务模式也需要推进改革。现有广播系统中,NAVTEX 系统沿岸播发业务已过载,并且数据速率太低,需要更高数据传输速率的系统以处理大量沿海警告的能力。Inmarsat SafetyNet 广播业务还基本能够满足需要;HF 广播只有极少数的国家实施,且船舶的使用数量难以评估。具体而言,NAVTEX 系统需要更高的数据传输速率,以满足沿岸警告信息不断增长的数据量要求。虽然,SafetyNet 系统可以处理目前的信息量,但需要监控由 Inmarsat FBB 播发海上安全信息的实施,以解决需要跟踪特定卫星来完成信息接收的问题。

参照 IMO 对 GMDSS 现代化的相应要求,以及未来 E-Navigation 的深入实施,在海上安全信息收发及扩展方面,需要扩大对安全、防海盗、港口、VTS 的信息范围,更好地显示海上安全信息,并具备整合信息至导航设备(ECDIS、INS 等)的能力,但现有系统已不能满足 GMDSS 现代化的要求,主要包括以下几个方面:

(1)接收到实时的海上安全信息,以及与船舶导航相关的航行警告或广播时,应能够实时地在电子屏幕上显示给航海人员;

(2)现有系统缺乏对接收信息进行处理、分类和过滤,并将数据分发给导航系统的技术手段;

(3)现有系统缺乏将通信信息或海上安全信息在导航系统上显示的技术手段;

(4)缺乏警告信息在导航屏幕上呈现的技术手段;

(5)NAVTEX 或 SafeyNET 缺乏对海上安全信息进行排列及显示的有效手段;

(6)缺乏在导航系统上根据用户选择,或基于任务显示的技术手段;

(7)缺乏存储、共享和分发 MSI 的有效网络;

(8)除非优先级别信息,现有系统不能以实时模式接收 MSI 或其他导航警告/广播,并与导航系统显示进行整合;

(9)不能将信息实时地显示在导航系统上,以支持驾驶台操作;

(10)缺乏整合附加的屏幕设备,以显示数字发布信息及 MSI 的能力;

(11)缺乏发送端和接收端的接口信息,以监控本地、岸台警告广播和 GMDSS 系统(NAVTEX、NAVAREA 信息)的能力;

(12)缺乏评估显示信息的准确性和可信度的有效、统一手段;

(13)缺乏指示可靠性水平的有效方法;

(14)缺乏对通信设备信息源和通道管理的系统;

(15)缺乏实现船与船之间无缝通信、交互导航信息的协议;

(16)缺乏船与岸之间交互数据的有效技术手段和程序;

(17)缺乏整合 GMDSS 设备的能力;

(18)缺乏对电子文件进行检索定位的有效手段;

(19)现有电子系统不能自动确定可用数据的状态,以及对最新和最全面数据的自动恢复能力。

因此,国际海事组织(IMO)和国际电信联盟(ITU)积极推进水上遇险及安全通信领域新技术、政策和频谱需求研究,以满足航运界日益增长的通信信息服务需求。

13.1.1 IMO 的相关进展

2008 年,IMO 的无线电通信与搜救(COMSAR)分委会第 12 次会议首次提出审议 GMDSS 需求。

2009 年,IMO 的海安会(MSC)第 86 次会议批准了 COMSAR 第 13 次会议关于“开展对 GMDSS 要素和程序复审问题范围研究”的提案。

2010 年,COMSAR 第 14 次会议上成立特别工作组。

2012 年,COMSAR 第 16 次会议确定 GMDSS 复审和现代化研究范围和任务。

2012 年,海安会第 90 次会议正式批准并启动 GMDSS 复审和现代化项目。

2017 年,NCSR 第 4 次会议形成了最终文本,并附带一个详细审查计划。

13.1.2 ITU 相关工作进展

国际水上无线电通信技术主要由 ITU 无线电通信组(ITU-R)主导,NCSR 分委会就 GMDSS 复审和现代化工作与 ITU-R 保持了密切联系。ITU 在 2012 年世界无线电通信大会上通过了与 GMDSS 复审与现代化工作密切相关的两项重要议题。

359 号决议频谱划分规则以支持 IMO 的 GMDSS 现代化和 E-Navigation。

360 号决议复审有助于引入可能的新的通信技术应用和新应用方面的规划条款并考虑调整相应的频谱划分,以改善水上无线电通信质量。该决议建议在 ITU-R 研究结果基础上修订了《无线电规则》,以引入更多水上无线电通信应用。

GMDSS 现代化进程的推进,能够极大地提高通信速度及通信系统的有效性和准确性,保障信息的传输质量,降低误报警率,提高搜救效率。同时通过对新功能的拓展,也可以极大地改良失事船舶定位的准确性和信号传输的安全性,从而形成一个体系完备、功能多样、保障有力的系统,最大限度地保护海上生命和财产安全。

此外,GMDSS 现代化可以建立以需求为导向的服务机制,能够极大地拓宽业务范围,提高服务水平,实现通信服务的多元化。同时它对于发掘北极航线等新业务的通信服务潜力,以及丰富北斗卫星、E-Navigation 等新技术的应用,具有深远的影响。

13.2 甚高频数据交换系统 VDES

13.2.1 VDES 通信网络系统概述

近年来,随着海上船舶数量的日益增加,AIS 在一些交通繁忙的地区呈现高链路负载,严重影响航行安全。为了缓解 AIS 数据通信压力、保障航行信息可靠传输,国际航标协会 International Association of Lighthouse Authorities,IALA)提出甚高频数据交换系统(VHF Data Exchange System,VDES),支持船舶身份识别、位置报告和跟踪、船舶航行数据、搜寻和救援支持的功能,以扩充海上通信容量,提高海上通信的可靠性,保障海上船舶的航行安全。

VDES 设计的目的是在实现全球范围内海事 VHF 移动波段上提供更高、更强的数据交换能力。VDES 旨在整合支持以下既有功能: AIS、ASM 数据交换,E-Navigation、GMDSS 现代化。VDES 的概念是以 ITU-RM. 1842-1 为核心发展的。ITU-RM. 1842-1 共描述了 4 种传输系统,传输速率最高可达 307. 2 kbps。

国际上已经对 VDES 信道的分配方案给出了建议,VDES 应用主要有电子邮件、海上安全信息播发、船舶和港口保安安全信息、渔业信息和报告、船舶位置和动态报告、气象信息、遥感监测信息、电子海图更新等。

目前,国际上给出了 VDES 设备的设计架构,根据海上安全委员会 MSC (85/26/Add 1, Annex 20)的规定,GMDSS 现代化项目应该支持 IMO 的 E-Navigation 战略。VDES 作为 E-Navigation 战略的重要通信方式,在 GMDSS 现代化项目实施过程中不可或缺。

VDES 在陆基系统的基础上,扩展由卫星星座、VDES 岸基系统、设备终端和信息控制中心组成的通信网络;在 VHF 数据链路上,集成了多种交换功能:AIS 功能、特殊应用消息(Application Specific Message,ASM)功能和甚高频数据交换(VHF Data Exchange,VDE)功能;在数据业务上,可全面支持 AIS 与 ASM 数据交换业务、电子导航(E-Navigation)、增强海事通信(Enhanced Maritime Communication,EMC)、全球海上遇险与安全系统(Global Maritime Distress and Safety System,GMDSS)现代化。VDES 可以全面提高海上船舶数据通信的能力,它将在海洋搜寻和救援、海洋资源的勘探、航行安全保障和海洋环境的保护方面发挥重要作用。

在 NCSR 第 4 次会议的总结报告中,会议期间提出的 GMDSS 现代化草案,认同 VDES 在上述覆盖范围内播发 MSI 的重要性,并对 VDES 的技术发展进行持续关注。

相较于 AIS,VDES 具有以下优势:

(1)VDES 中与船舶安全性相关的报文和实时船舶位置报文的消息优先级最高,这两类消息有专门划分的频段,从而为报文信息的发送和接收提供高质量的传输信道。

(2)VDES 具有更强的灵活性,与 AIS 系统的被动接收报文不同,VDES 系统中船舶和海上用户可根据自身需求,向特定港口、船舶、海图信息中心等主动推送或者索取相关信息。

(3)VDES 在信道的划分与整合方面做了非常大的调整,对信息传输速率的提升提供了主导性的帮助。

13.2.2 VDES 通信网络结构

VDES 的模型架构分为五部分:船站设备、岸站设备、VDE 卫星地面段、VDE 卫星空间段和信息服务中心。VDES 通信网络架构如图 13-1 所示，在此框架下，船舶可根据自己所处的位置不同，向网络中的其他参与者广播自身位置信息并与其交换数据信息。当船舶距陆地较远时，可以通过卫星来实现与岸站之间的通信。

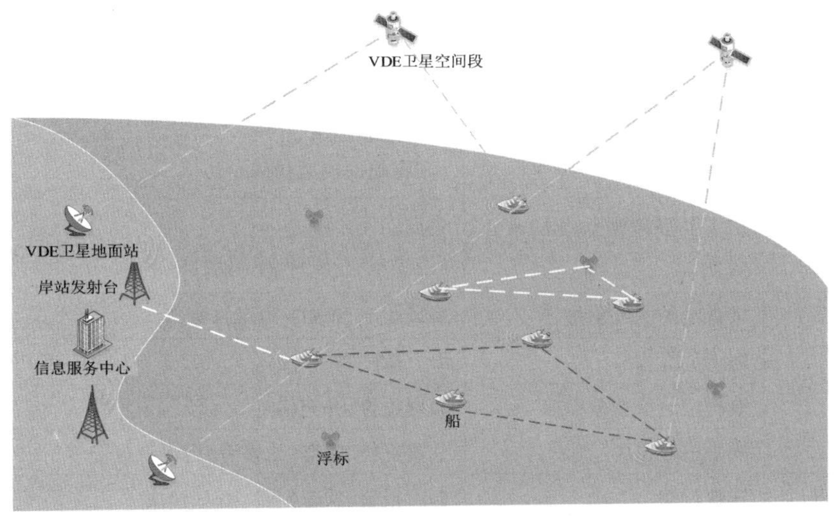

图 13-1　VDES 通信网络架构

根据 ITU-R M. 2092-0 的建议，未来的 VDES 将被设计为具有 18 个海上 VHF 信道，其中包括 2 个 AIS 信道、2 个 ASM 信道、12 个 VDE 信道和 2 个长距离 AIS 信道，具体的频段分布和功能描述如图 13-2 所示。

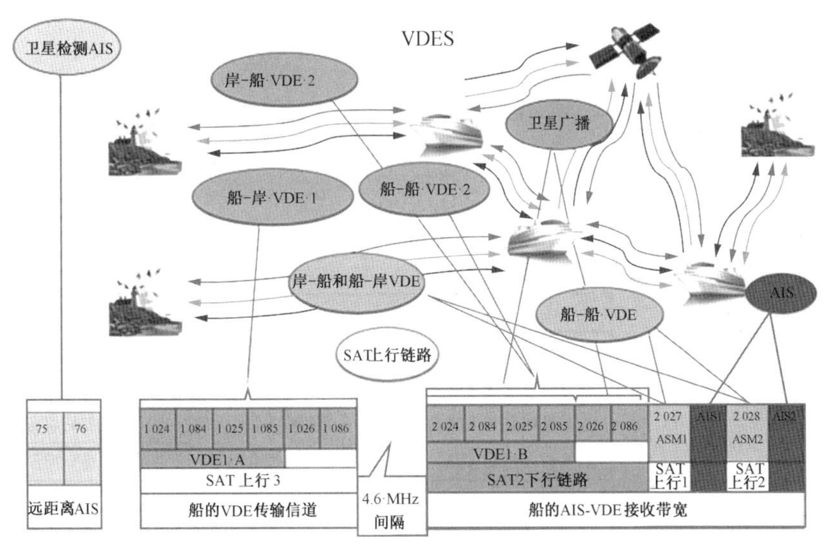

图 13-2　VDES 信道分配示意图

表 13-1 总结了在 VDES 终端上可通过 LEO 卫星传输的一些典型海事应用场景。在公海或北极地区使用卫星被确定为弥补目前海上通信方面差距的合理措施。

表 13-1 VDE-SAT 典型海事应用场景

信息性质	服务	产品
卫星-船安全信息播发	气象,海冰	海图、公告/通告
	危险物	危险物识别和定位 (集装箱、离岸设施、浮木、浮筒等)
	区域通告	限制通航区域 (根据航海出版物确定)
	基于卫星增强系统的改正服务	长周期误差校正 (卫星星历、时钟、电离层)
船-卫星报告	来自船舶的气象报告	现场观测、WMO/VOS 计划等
	海上危险物	海上危险物
	航行记录仪数据提取	数据报告、补充信息等
	船舶位置报告	危险货物、海盗、受害者/目击者报告
搜救 SAR	搜救行动	遇险报警、状态报告、RCC 确认

13.2.3 VDES 通信网络相关技术

VDES 结构应该采用开放系统互联层的 1~4 层,即物理层、链路层、网络层、传输层,其系统的网络体系结构与 OSI 模型的关系如图 13-3 所示。物理层负责将来自发射端的比特流传输到数据链路上;链路层规定数据如何打包,以便对数据传输应用错误检测和修正;网络层则主要负责解决数据链路的拥塞问题;传输层主要负责把数据划分成合适大小的数据包并将数据包排序。

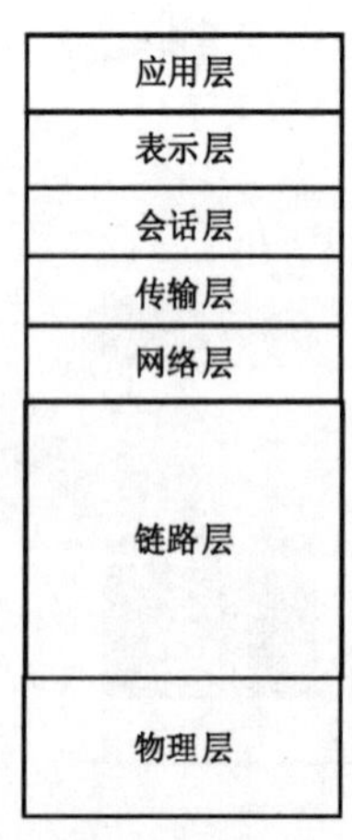

图 13-3 VDES 网络体系架构与 OSI 模型的关系

VDES 包含不同种类的信道,系统根据其不同的需求采用不同的调制解调技术,为信道提供不同的消息载量。VDES 采用将 GMSK、$\pi/4$ QPSK、$\pi/8$ QPSK 及 8×16-QAM 多重调制解调手段相交组合的方式,以提高单位载频的通信传输速率。

数据链路层的作用是保证船与船、船和岸及船和卫星之间数据帧的可靠传输。该层分为三个子层:链路管理实体(LME),数据链路服务(DLS)和媒体访问控制(MAC)。其中,MAC主要在 VHF 数据链路中为信息传输提供一种可靠高效的数据传输方法。VDE 地面系统应该支持 FATDMA、RATDMA、ITDMA 等 TDMA 的接入。

网络层主要负责对消息优先级指定、传输包在信道之间的分配和解决数据链路拥塞的管理等任务,传输来自岸站的单播、多播、轮训和公告牌传输,以及船舶和船岸之间的单播的数据包,从而保证船与船、船和岸及船和卫星之间数据帧的可靠传输。该层主要包含建立和维持信道连接、消息的管理和优先级指定、传输包在信道之间的分布和数据链路拥塞解决方案等功能。网络层中将消息被定义为 4 个优先级。其中,优先级 1 最高,为关键链路管理消息;优先级 2 为安全相关消息;优先级 3 为询问和对询问的响应;优先级 4 最低,为所有其他信息。

传输层的主要作用是通过采用分段、确认和复用技术,将数据转换为适当长度的传输包,并对数据包排序,从而保证船与船、船与岸及船舶和卫星之间的可靠传输。该层主要涉及诸如 UDP、SNMP、安全文件传送协议(Secret File Transfer Protocol,SFTP)和简单邮件传送协议(Simple Mail Transfer Protocol,SMTP)等的一些互联网协议。

目前,VDES 的一些标准和规则仍在制定中,但已经有一些公司与各国海事部门开展合作,参与 VDES 各项标准和规定都在制定、开发试验样机及测试性能。随着海上应急通信相关需求的不断提升,VDES 的作用日益凸显,并逐渐成为海事局、船舶国际业界公认的高效船舶数据通信方式。未来,VDES 的落地应用也将全面提升海上通信的性能,进而保障船舶航行安全。

13.3 NAVDAT

20 世纪初,中频 500 kHz 为国际水上莫尔斯电报遇险和安全呼叫频率;自 1999 年开始,国际海事组织 IMO 通过修订的 SOLAS 公约,强制实施全球海上遇险与安全系统 GMDSS,逐步取代了莫尔斯遇险和安全业务。

但随着 GMDSS 系统海上安全信息业务的不断发展,现有系统已不能满足 GMDSS 现代化,以及未来 IMO E-Navigation 深入实施的需要。

参照 IMO 对 GMDSS 现代化的相应要求,以及未来 E-Navigation 的深入实施,在海上安全信息收发及扩展方面,需要对现有业务模式推进改革,扩大对安全、防海盗、港口、VTS 的信息范围,更好地显示海上安全信息,并具备整合信息至导航设备(ECDIS、INS 等)的能力。

2009 年,国际电信联盟无线电局正式将“利用 500 kHz 频段实施海上安全信息数字广播业务”列入 2012 年世界无线电通信大会(WRC-12)水上移动业务议题研究范围;2012 年 ITU 根据欧洲部分国家的前期研究成果,发布了工作在 500 kHz 频带的中频海上移动服务数字广播系统 NAVDAT,播发由岸到船的与海上安全相关信息的技术建议书,包括系统结构、消息种类、调制方式等技术要求。

NAVDAT 系统是 E-Navigation 对增强 GMDSS 海上安全信息业务功能的重要补充。本节将介绍 NAVDAT 在现有 GMDSS 海上安全信息业务需要改进方面所发挥的作用,并概述 NAVDAT 系统定义、架构和主要功能,以及 NAVDAT 系统对 GMDSS 现代化的增强作用。

13.3.1 NAVDAT系统架构及功能

13.3.1.1 NAVDAT 系统的定义

NAVDAT 为工作在 500 kHz 频带的中频海上移动服务数字广播系统，播发由岸到船的与海上安全相关信息。

NAVDAT 系统与现有的全球 NAVTEX 系统不冲突，采用的时隙分配方式与现有的 NAVTEX 相似，可由 IMO 以统一的方式进行协调。其实用数据传输速率为 12～18 kbps，远高于现有的 NAVTEX 系统的 50 bit/s，约为现有 NAVTEX 系统传输速率 300 倍。

13.3.1.2 NAVDAT 系统架构

NAVDAT 系统由信息管理系统、岸基网络、岸基发射机系统和船载接收机系统等部分组成，如图 13-4 所示。

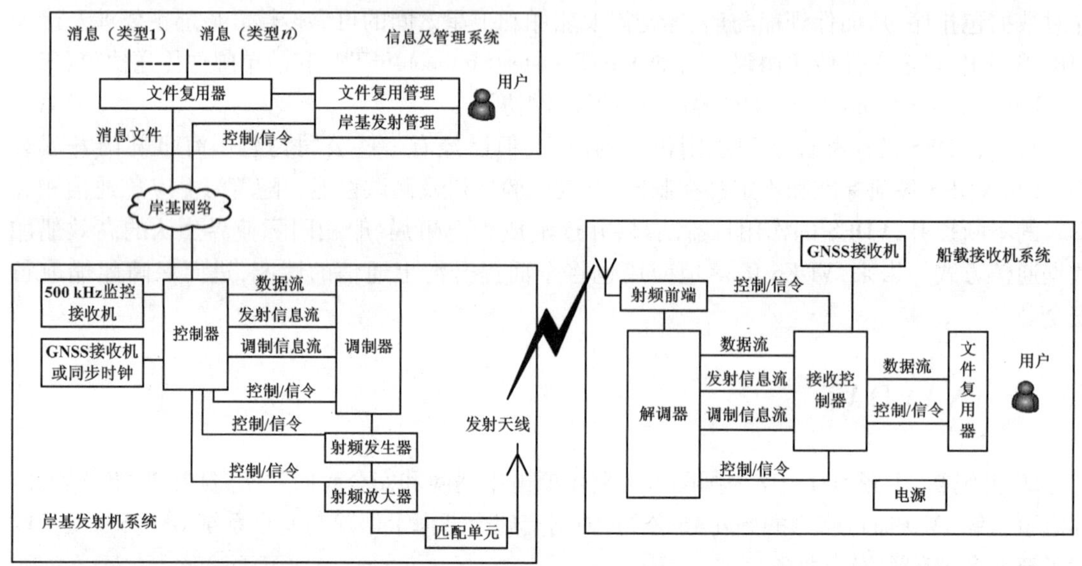

图 13-4 NAVDAT 系统总体架构

(1)信息及管理系统

信息及管理系统用于收集及控制所有种类的信息，创建需要发送的消息文件，并根据消息文件优先级别和重复播发的需要，建立发射程序。

信息及管理系统包括发送信息、文件复用器、文件复用管理、岸基发射管理四个部分。

发送信息包括来自气象局、海事局、安全机构等部门和航运企业的各种类型的消息。

文件复用器用于对各类信息源的消息文件进行汇总，根据需要对消息文件进行加密，并按照信息的种类、收件人、优先级别和时效性进行格式化，发送到 NAVDAT 系统发射机。

文件复用管理为人机界面系统，操作员可以查看来自信息源的信息，设定消息文件的优先级别和发送周期及接收人，管理消息文件的加密。文件复用管理的部分功能可以自动处理，例如消息的时效性和发送周期可以根据消息源设定，或者来自信息源的消息已被设定优先级别。

岸基发射管理同样为人机界面系统，通过网络连接到发射机，可用于监控发射状态指示，主要包括:发送确认、报警、有效发射功率、同步报告等,也可对发射机的参数进行调整,如发射功率、OFDM 参数、发射机制等指标。

(2)岸基网络

岸基网络为用户将消息文件传输至发射机的通信网络,可以是宽带、低数据速率网络,或者是本地文件共享。

(3)岸基发射机系统

岸基发射机系统用于接收来自信息及管理系统的消息文件,将其转换为正交频分复用(Orthogonal Frequency Division Multiplexing,OFDM)信号,并发送射频信号至天线,广播数字信息至海上船舶。

岸基发射基站的最低配置应包括:保护访问权限的本地服务器、OFDM 调制器、500 kHz 放大器、带匹配单元的发射天线、GNSS 接收机或自动同步时钟、带天线的监控接收机。

(4)船载接收机系统

船载接收机系统对 OFDM 信号进行解调,重建消息文件;根据消息文件的应用类型进行排序,并使其对其他专用设备变为可用。

13.3.1.3　NAVDAT 系统主要功能

NAVDAT 系统的主要功能包括以下几个方面:

(1)消息类型

NAVDAT 系统可以播发来自安全和可控的信息源的所有类型消息,包括但不限于下列消息:航行安全信息、安保信息、防海盗信息、搜救信息、气象信息、引航或港口信息、船舶交通管理系统文件等。

(2)播发模式

通播:向所有船播发信息;

选播:以组呼或群呼的方式播发信息;

单播:通过海上移动业务识别码,向单船播发信息。

(3)工作频率、调制方式和传输速率

NAVDAT 系统工作频率为中频 500 kHz 频段采用 10 kHz 带宽发射,采用正交频分复用数字调制技术,在 16-QAM 调制模式下,典型的原始数据传输速率约为 25 kbps,结合 0.5~0.75 的纠错编码率,实际实用传输速率为 12~18 kbps。

提高编码率可以增加有效数据传输速率,但也会相应地降低无线电覆盖范围。

13.4　Inmarsat-FB 系统

Inmarsat-FB 系统是指依托 Inmarsat 第 4 代卫星构建的新一代全球移动卫星通信系统。自从 2005 年 3 月 Inmarsat 发射第一颗 4 代卫星开始,海事卫星全球宽带系统进入起步阶段。2005 年 12 月,Inmarsat 首先向陆地用户推出了新 BGAN 业务,BGAN 是宽带全球局域网(Broadband Global Area Network)的英文缩写,它吸取并兼容了第三代数字通信(3G)的先进通信技术优势,在卫星通信中结合了便推称动窗带、网络通信的需求,以 42 kbps 的速率提供移动语音和高速数据服务。此后,Inmarsat 又积极向海上和航测域推进宽带业务,2007 年推出了面向海上用户的 FB(Fleet Broadband)业务和面向用户的 SB(Swift Broadband)业务。FB 业务可以为海上用户同时提供话音和最高速率可达 432 kbps 的宽带数据服务，此外，还能让用户按照需要选择有确保高达 256 kbps 数据传输速率的流媒体 IP，以促进海上通信更多高级应用的实现。SB 业务为航空用户提供的同步话音和宽带数据服务，使飞行中的各种应用成为可能，包括空中交通控制、航空安全通信、飞行计划和气象信息更新，以及其他电子飞行包（Electronic Flight Bag）应用。它还将促成空对地电话技术、电子邮件、互联网、文本服务和飞行中乘客移动电话服务实现。

海事卫星全球宽带系统构建了一个很好的移动信息快速通道，开通的新 BGAN、FB 和 SB 业务就像是三条新干线，引领陆、海、空领域移动通信进入宽带数据业务的新时代。

2008 年 8 月 19 日第三颗Ⅰ-4 卫星发射升空，标志着 Inmarsat-FB 宽带业务实现开通南、北两极以外的全球覆盖。

2018 年 5 月 22 日，国际海事组织海事安全委员会（MSC 99）正式批准了国际海事卫星组织 GMDSS 批准其 Fleet Safety 解决方案的申请。该应用覆盖了全套 Fleet Broadband 终端，包括 FB150、FB250、FB500 和 Fleet One。

13.4.1 Inmarsat-FB 系统结构及特点

Inmarsat-FB 系统结构如图 13-5 所示，图中Ⅰ-4 表示 Inmarsat 第 4 代卫星；SCC（Satelite Control Centre）和 NOC（Network Operation Centre）分别为卫星控制中心和网络控制中心（Satellite Control Centren）；BSS（Business Support Systems）为宽带业务支持系统，承担用户管理、呼叫记录控制中心；BSS（Business Support Systems）为宽带业务支持系统，承担用户管理、呼叫记录的发布和业务账单等功能；SAS（Satellite Access Stations）为宽带业务卫星接续站，承担移动用户 IP 网、全球陆地公网及 GSM（Global System for Mobile Communication）数字蜂窝网的接入；BGAN 表示陆用宽带移动终端，FB 表示海用宽带移动终端，SB 表示航空用宽带移动终端。为了实施卫星宽带业务，Inmarsat 引进了 3 个新的 SAS。一个位于荷兰的 Burum，另一个位于意大利的 Fucino，每个 SAS 都有两个天线分别对着两颗Ⅰ-4 卫星，以向印度洋和大西洋区域提供宽带业务；第三个位于美国的夏威夷，服务于太平洋区域。

lnmarsat-FB 系统具有以下特点：

（1）系统由新的第 4 代卫星支持，3 颗Ⅰ-4 卫星可实现除两极外的全球覆盖。

（2）系统基于“动态网络管理系统”部署卫星波束容量。可以根据用户业务需求的变化调整第 4 代卫星某个点波束的位置，以分担邻近繁忙点波束的工作量，保证用户的通信效果，尤其是标准 IP 的传输速度。

（3）系统除了支持传统的电路交换数据和话音业务之外，还支持 IP 数据业务，并能与 GSM 网络互联互通。

（4）宽带移动终端满足 3G 标准，与 3G 移动通信产品具有很好的适用性和兼容性。

（5）宽带移动终端体积小，便于携带和安装。

Inmarsat-FB 系统是世界上第一个通过单终端真正在全球范围内同时提供话音和数据服务的移动通信系统。通过该系统可满足人们对移动多媒体的需求，实现对全球任何地方发生的事件进行实时的视频直播和远程参与，解决多点电视会议，数字视频点播及其他各种多媒体节目传输问题；可满足移动办公的需求，移动终端可以作为虚拟办公室，随时随地进行业务联系、信息共享、高速互联网及企业专网接入，并实现对企业活动的远程管理；还可满足人们移动

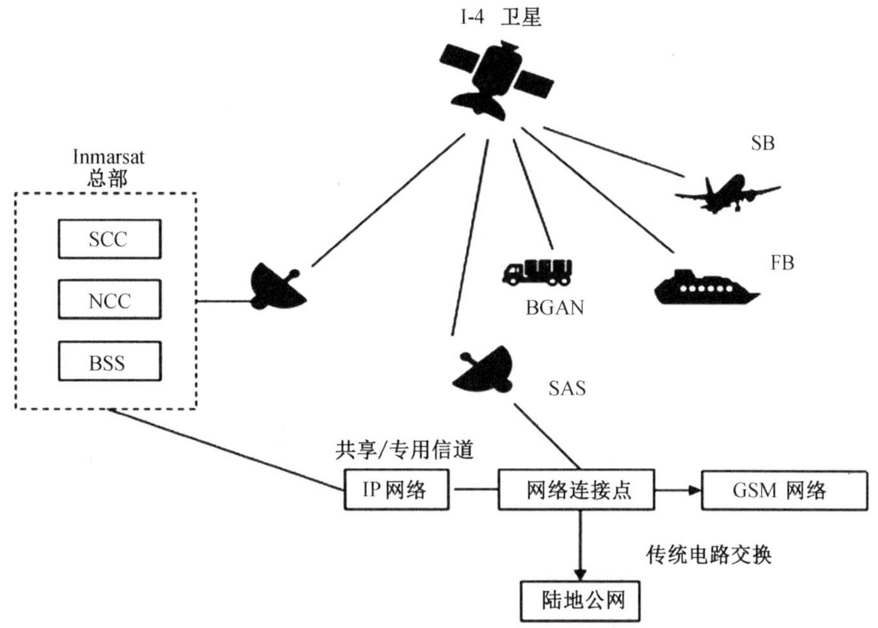

图 13-5　Inmarsat-FB 系统结构图

娱乐包括实时网络游戏、广告、节目点播、理财与咨询等通信需求。同时，Inmarsat-FB 系统作为最理想的应急通信系统，可满足突发事件、特殊环境条件下的应急救援、应急指挥等的通信需要。

13.4.2　Inmarsat-FB 系统提供的业务

FB 是海上宽带业务的简称。FB 为海上用户提供了便捷、高效、安全、覆盖全球的高质量卫星数据通信手段，对改善和加强海上安全指挥通信能力、加强海上应急抢险救助能力、提高海上运输管理和效率、提高海上其他行业和社会公众信息通信能力具有重大意义。FB 系统向海上用户提供的业务有：

13.4.2.1　电路交换网业务

（1）直拨语音电话。4 kbps 的话音，其清晰程度与陆地电话相同，并可在海上用户之间、海上用户与陆地电话网用户或移动电话网用户之间进行话音通信。同时，支持多种增值服务，如语音留言、来电显示、呼叫保持、呼叫等待、呼叫转移和呼叫禁止等。

（2）传真/数据，包括 ISDN 和 3.1 kHz 信道的 G3/G4 传真和调制解调器方式的数据通信。

（3）支持传统的 ISDN 设备，包括可视电话、适配器、用户交换机等。

13.4.2.2　IP 网业务

IP 网业务有两种应用方式：一种是标准 IP 应用，另一种是流媒体 IP（Streaming IP）应用。

标准 IP 应用是一种动态速率业务，当 FB 终端建立标准 IP 连接后，可以共享此连接，以进行各种数据业务，如网页浏览、E-mail、文本短信、E-fax 网络传真等，在该共享信道上的速率最高可达 432 kbps。

流媒体 IP 应用是一种可选速率业务，用户根据需要对 IP 信道的传输速率进行选择，以实现有质量保证的通信，如 IP 电话、视频会议，FTP（File Transfer Protocol）数据传输等。可选择的传输速率有 32 kbps、64 kbps、128 kbps 和 256 kbps，可同时为不同的应用选择不同速率。对于 FB 终端，通常标准 IP 是主要的连接，可以独立运行，也可以设定为流媒体 IP，它是标准 IP 内的附属连接，两种连接的 IP 地址是共享的。

13.4.2.3 专用流媒体 IP 业务

专用流媒体 IP 业务是一种请求式保证速率业务，传输速率有 32 kbps、64 kbps、128 kbps 和 256 kbps。它通常是标准 IP 以外的附属连接，通过专用信道实现。多个专用流媒体 IP 连接加在一起可以达到整个 FB 终端的最大通信能力，其 IP 地址与标准 IP 共享，按时间计费。

FB 的独特之处，除了实现真正意义上的 IP 业务外，还在于它具有多业务同时进行的特点。过去海上业务通常都是单通道的，电话、传真、数据三者同一时间只能通一路。海上宽带充分响应了当前通信技术宽带化和个性化发展的潮流，用户在使用话音呼叫的同时，可以保持一个或更多高速数据的连接，满足在船舶上用一部终端实现多种通信的需求。如在打电话的同时可以收发短信、访问电子邮箱、网络浏览、文件传输、召开视频会议等，让船舶的工作模式和岸基办公室实现同步，进而从根本上改变海上通信的方式，提高工作效率。

13.4.3 FB 设备分类

目前，Inmarsat-FB 根据性能的不同定义了三种终端类型和批准型号，包括 FB150，FB250 和 FB500。所有终端均使用稳定的定向天线，并且尺寸和重量各不相同。

FB150：专为中小型船只设计，并提供高达 150 kbps 的标准 IP；

FB250：提供最高 248 kbps 的标准 IP 和最高 128 kbps 的流 IP；

FB500：提供最高 432 kbps 的标准 IP 和最高 256 kbps 的流 IP。

设备厂商有丹麦 Thrane & Thrane、新加坡 Addvalue、日本 JRC、日本 Furuno 等公司，各厂商设备的性能标准一致，具体性能差异如表 13-2 所示。

表 13-2 FB150、FB250 和 FB500 性能比较

性能参数	FB150	FB250	FB500
覆盖	全球		
话音	4 kbps AMBE+2	4 kbps AMBE+2 3.1 kHz 音频	4 kbps AMBE+2 3.1 kHz 音频
传真	无	3.1 kHz 音频信道 G3 传真	3.1 kHz 音频信道 G3 传真
手机短信	标准 3G 文本短信，每条最多 160 字符		
数据 ——电路交换 ——标准 IP ——流媒体 IP	 无 最高 150 kbps 无	 无 最高 284 kbps 32/64/128 kbps	 Euro ISDN：64 kbps 最高 432 kbps 32/64/128/256 kbps
多连接同时在线	话音和数据、传真和数据、数据和数据、短信和数据		
接口	RJ-U Ethernet/PoE	RJ-11 RJ-45 ISDN Ethemet/PoE	RJ-11 RJ-45 ISDN Ethemet/PoE

13.4.4　Inmarsat-FB 与 Inmarsat-F77 的比较

Inmarsat-FB 船站是 Inmarsat-F 船站的演进产品，有些 Inmarsat-F 船站升级可转换为 Inmarsat-FB 船站。Inmarsat-FB 船站与 Inmarsat-F77 船站相比，甲板上设备体积和重量减小了，性能却有了较大提高，如表 13-3 所示。

表 13-3　FB 与 F77 性能比较

性能参数	海上宽带（FB）	F77
话音	高清晰话音，可以和数据业务同时进行	高清晰话音，但不能和数据业务同时进行
ISDN&3.1 kHz 信道	64 kbps，按时间计费	64 kbps，按时间计费
IP 包数据通信	3G，最好情况下速率可达 432 kbps，按数据流量计费	MPDS，最好情况下速率可达 64 kbps，按数据流量计费
流媒体 IP	保证 32/64/128 kbps 或 256 kbps 传输速率，按时间计费	无
传真	3.1 kHz 音频的 G3/G4+软件传真 9.6 kbps 和 3.1 kHz 音频的 G3/G4	
文本信息	最多 160 个字符的文本短信无	
满足 GMDSS 要求	不满足	满足

与 F77 相比，FB 的优势在于：

（1）能提供更快、更具成本效益的数据连接服务。FB 的传输速率最高可达 432 kbps，是 F77 最大传输速率的 3 倍多，并且可以根据需要选择 IP 业务连接方式和传输速率。

（2）语音和数据业务可同步进行。能够提供更多的通信选择，同时也为船舶管理提供了一个很好的平台。

（3）可以发射和接收最多 160 个字符的文本短信。在与手机运营商有合同的前提下，任何一部手机都能随时与 FB 终端互发短信。

FB 的不足之处是不满足 GMDSS 要求，不具有遇险报警和通信功能。

习题

1. 推进 GMDSS 现代化的新兴通信技术有哪些？
2. 什么是 VDES？VDES 的网络结构如何划分？
3. 试述 VDES 通信网络的相关技术。
4. 试述 NAVDAT 的系统架构及功能。
5. 简述 Inmarsat-FB 系统的结构及特点。
6. 试述 Inmarsat-FB 系统提供的业务。
7. 与 F77 相比，FB 的优势是什么？

附录 缩写索引

缩写	中文名称	英文全称
AGC	自动增益控制	Automatic Gain Control
AIS	船舶自动识别系统	Automatic Identification System
AIS-SART	自动识别搜救发射器	Automatic Identification System and Rescue Transmitter
ARQ	自动请求重发	Automatic Repeat Request
BDS	中国北斗卫星导航系统	Beidou Navigation Satellite System
CBRS	通播接收台	Collective Broadcast Receiving Station
CBSS	通播发射台	Collective Broadcast Sending Station
CCIR	国际无线电咨询委员会	International Radio Consultative Committee
CDMA	码分多址	Code Division Multiple Access
CFEC	广播性前向纠错方式	Collective Forward Error Correction
CSS	海面搜救协调员	Coordinator Surface Search
DGPS	差分全球定位系统	Differential Global Positioning System
DPCM	差分脉冲编码调制	Differential Pulse Code Modulation
ELT	紧急示位发射机	Emergency Locator Transmitter
EOS	序列终止符	End of Sequence
EPIRB	紧急无线电示位标	Emergency Position Indicating Radio Beacon
FCC	美国联邦通信委员会	Federal Communications Commission
FDM	频分多路复用	Frequency Division Multiplex
FDMA	频分多址	Frequency Dvision Multiple Access
FEC	前向纠错	Forward Error Correction
FSK	频移键控	Frequency-Shift Keying
GEO	地球静止轨道	Geostationary Earth Orbit
GEOSAR	同步轨道卫星搜救系统	Geostationary Earth Orbit System for Search and Rescue
GLONASS	格洛纳斯卫星导航系统	Global Navigation Satellite System
GMDSS	全球海上遇险和安全系统	Global Maritime Distress and Safety System
GNSS	全球卫星导航系统	Global Navigation Satellite System
GPS	全球定位系统	Global Positioning System
GSMC	全球短报文通信	Global System for Mobile Communications

续表

缩写	中文名称	英文全称
HF	高频段	High Frequency
HTS	高通量通信卫星	High Throughput Satellite
IDC	瞬时频偏控制	Instantaneous Deviation Control
IGSO	倾斜同步轨道	Inclined Geo Synchronous Orbit
IMCO	联合国的政府间海事协商组织	Intergovernmental Maritime Consultative Organization
IMO	国际海事组织	International Maritime Organization
IMO	国际海事组织	International Maritime Organization
Inmarsat	国际移动卫星通信系统	International Maritime Satellite Organization
ISDN	综合业务数字网	Integral Service Data Net
ITU	国际电信联盟	International Telecommunication Union
LEOSAR	低近极轨道卫星搜救系统	Low-Altitude Earth Orbit System for Search and Rescue
LTE	长期演进	Long Term Evolution
LUT	地面部分的区域用户终端	Local User Terminal
MCC	任务控制中心	Mission Control Center
MCU	微控制单元	Microcontroller Unit
MEO	中地球轨道	Medium Earth Orbit
MF	中频段	Medium Frequency
MMSI	水上移动通信业务标识码	Maritime Mobile Service Identify
MMSI	海上移动业务识别码	Maritime Mobile Service Identity
MMSI	海上移动通信业务标识	Maritime Mobile Service Identity
MSC	海上安全委员会	Maritime Safety Committee
MSI	紧急安全信息	Maritime Safety Information
NBDP	窄带直接印字电报	Narrow Band Direct Printing Telegraphy
PCM	脉冲编码调制	Pulse Code Modulation
PD	鉴相器	Phasedetector
PLB	个人定位信标	Personal Locator Beacon
PSTN	公共交换电话网络	Public Switched Telephone Network
RAM	随机存取存储器	Random Access Memory
RCC	救助协调中心	Rescue Coordination Center
SART	搜救雷达应答器	Search and Rescue Radar Transponder
SBSS	选择性广播发送台	Selective Broadcast Sending Station
SCPS	单路单载波	Single Channel Per Carrier
SDMA	空分多址	Space Division Multiple Access

续表

缩写	中文名称	英文全称
SFEC	选择性前向纠错方式	Selective Forward Error Correction
SMS	短消息服务	Short Message Services
SPOC	搜救联络点	Search and Rescue Point of Contact
SSB	单边带	Single Side Band
SSMA	扩展频谱多址	Spread Spectrum Multiple Access
TDM	时分多路复用	Time Division Multiplex
TDMA	时分多址	Time Division Multiple Access
UAV	无人机	Unmanned Aerial Vehicle
ULDB	超长航时气球	Ultra Long Duration Balloon
USV	无人水面艇	Unmanned Surface Vessel
VCO	压控振荡器	Voltage Controlled Oscillator
VHF	甚高频段	Very High Frequency
VSAT	甚小口径终端	Very Small Aperture Terminal
WARC	世界无线电行政大会	World Administrative Radio Conference
WMAN	无线城域网	Wireless Metropolitan Area Network
WMN	无线网状网	Wireless Mesh Network
WSN	无线自组网	Wireless Self-organizing Network
WWNWS	世界航行警告业务	Word-Wide Navigational Warning Service

参考文献

[1]刘伟潮. GMDSS 系统与设备[M]. 上海:上海交通大学出版社,2017.

[2]胡卫东,谢斌,等. GMDSS 系统与设备[M]. 武汉:武汉理工大学出版社,2010.

[3]杨广治,唐信源. GMDSS 船用通信设备(上)[M]. 大连:大连海事大学出版社,1997.

[4]杨广治,刘柏森. GMDSS 船用通信设备(下)[M]. 大连:大连海事大学出版社,1997.

[5]杨永康,刘伟潮. 海上无线电通信[M]. 北京:人民交通出版社,2001.

[6]刘伟潮,汤旭红. 海上无线电通信业务[M]. 上海:上海浦江教育出版社,2012.

[7]刘伯森,黄耀惊. GMDSS 通信设备[M]. 大连:大连海事大学出版社,2005.

[8]唐信源. 海上无线电通信[M]. 大连:大连海事大学出版社,1999.

[9]陈放. GMDSS 通信设备与业务[M]. 大连:大连海事大学出版社,2008.

[10]王丽娜,王兵. 卫星通信系统[M]. 2 版. 北京:国防工业出版社,2014.

[11]汪春霆,张俊祥,等. 卫星通信系统[M]. 北京:国防工业出版社,2012.

[12]杨永康,毛奇凰. 海上无线电通信[M]. 2 版. 北京:人民交通出版社,2009.

[13]中国海事服务中心. 信息技术与通信导航系统[M]. 大连:大连海事大学出版社,2012.

[14] 杨广治. 全球海上遇险与安全系统[M]. 大连:大连海事大学出版社,1995.

[15] Inmarsat Fleet F77 FECLOM 70 技术手册[S]. 日本古野电气公司.

[16] Inmarsat-C MES FELCOM 15 技术手册[S]. 日本古野电气公司.

[17] MF/HF 组合电台 FS-2570 技术手册[S]. 日本古野电气公司.

[18] VHF 电台 FM-8800S 技术手册[S]. 日本古野电气公司.

[19] 朱小刚,李琛,陈锐. 海事卫星第五代卫星系统特点及发展前景分析[J]. 卫星应用,2016(07):58-62.